Lunario sentimental

Letras Hispánicas

Leopoldo Lugones

Lunario sentimental

Edición de Jesús Benítez

CÁTEDRA

LETRAS HISPÁNICAS

Ilustración de cubierta: Jesús Benítez

© Ediciones Cátedra, S. A., 1988
Josefa Valcárcel, 27. 28027-Madrid
Depósito legal: M. 21.613-1988
ISBN: 84-376-0761-2
Printed in Spain
Impreso en Lavel
Los Llanos, nave 6. Humanes (Madrid)

Índice

LUNARIO SENTIMENTAL

Introducción

Leopoldo Lugones

LA SOCIEDAD HISPANOAMERICANA EN EL CAMBIO DE SIGLO: DE LA OLIGARQUÍA A LA CRISIS

Durante la segunda mitad del siglo XIX, tras la independencia política de las nuevas repúblicas, se produce un turbulento período de fuerte inestabilidad social por las luchas civiles en busca del poder. Los mandatos de distinto signo se van sucediendo de forma más o menos alternada hasta que, entre 1870 y 1880, se producen una serie de gobiernos oligárquicos que, con el apoyo de la iglesia católica o del ejército, consiguen una etapa de estabilidad y cierto desarrollo económico. Como consecuencia, se originan abundantes cambios sociológicos, influidos también por la llegada de capitales norteamericanos y europeos que buscaban expansión o nuevas fuentes de materias primas para satisfacer las necesidades provocadas por la incipiente industrialización que se producía en el mundo occidental.

De cualquier manera, en Hispanoamérica se mantiene el latifundio como forma predominante de posesión de la tierra, ya sea en manos de la Iglesia o en las de los herederos de las estructuras semifeudales de la época colonial. Estos latifundios exigen abudante mano de obra no especializada que fundamentalmente se busca entre los indios y el campesinado y, por otra parte, se ven muy dependientes de las escasísimas infraestructuras básicas (ferrocarriles, puertos marítimos, etc.) que se instalan en esta época por cuenta de los capitales de países más desarrollados y que suponen una nueva forma de dependencia que perdurará en Hispanoamérica. Se producen las primeras exportaciones de materias primas, pero se hace clara la necesidad de seguir importando todos los productos ya acabados. Junto con este naciente comercio, se empieza a recibir en el nuevo continente la fuerte corriente de emigrantes que habrá de nutrir una gran parte de la población ciudadana y que será fuente de abundantes aportaciones artísticas.

Otra consecuencia de todos estos cambios será la aparición en la escena política de una clase social prácticamente nueva en Hispanoamérica: la burguesía urbana, surgida fundamentalmente del comercio. Este nuevo grupo sociológico adquiere importancia con gran rapidez, aunque no llegara a suponer una cifra elevada, por localizarse en los escasos pero grandes núcleos de población. De esta burguesía surgirán con frecuencia aspirantes a competir con los gobernantes tradicionales en las distintas repúblicas y, sobre todo, los nuevos intelectuales y artistas que marcarán con sus gustos las modernas orientaciones culturales y estéticas. Esta nueva clase se mantiene alejada del proletariado no sólo por la distancia de la ciudad al campo o al suburbio, sino también por un abismal alejamiento de intereses generales. Por el contrario, sí fue bastante frecuente el establecimiento de una clara conexión política entre burgueses y oligarcas, siempre en detrimento de la clase inferior. De esta forma, la alta burguesía y la de origen comercial se ven sin competidores sociales, la separación entre el proletariado y el resto de la sociedad se agranda cada vez más y se pierde toda posibilidad de comunicación política de los grupos inferiores con otros adyacentes que le ayuden para llegar al gobierno.

Las minorías oligárquicas, tanto militares como civiles, tienen en común una cierta tendencia al laicismo —cuando no es claramente anticlerical— como forma de defensa frente a un posible competidor económico, debido a las grandes posesiones eclesiásticas. El fundamento de esta oposición se busca en ideologías positivistas más o menos disfrazadas bajo formas «científicas» o «progresistas», normalmente localizadas en los grupos políticos que se autodenominan «liberales». En consecuencia, no es extraño encontrar en Hispanoamérica ciertas formas de religiosidad que intentan un cierto compromiso y que en otras zonas parecen haberse orientado a fines distintos, como son, por ejemplo, los masones, que ofrecen una vía de acceso a la lucha por el poder sin renunciar a lo religioso, lo «científico» o lo «positivo». Por otra parte, la masonería gozaba de cierto prestigio social gracias a su activa intervención en favor de la independencia de las nuevas repúblicas y por haberse mantenido como elemento importante en la ideología liberal norteamericana.

El positivismo filosófico se extiende como tendencia de moda en todo el continente durante la segunda mitad del siglo XIX. Pero, en muchos casos, se queda simplemente en eso, una moda, ya que difícilmente se podía mantener una forma seria de pensamiento basado en el progreso o la ciencia positiva en unos países que, en muchos casos, todavía no habían superado una etapa estrictamente agrícola. Esto no quere decir, como es lógico, que no podamos encontrar intelectuales de importancia e ideologías muy seriamente mantenidas.

En conjunto, la circunstancia socioeconómica hispanoamericana atraviesa una etapa de progreso que culmina hacia 1890 y que produce grandes cambios sociales. Por ejemplo, entre la nueva burguesía surge un exigente mercado de objetos de lujo, una verdadera necesidad de conocer las últimas modas y un marcado interés por conseguir una vida confortable. Como es lógico, el ambiente local no está preparado para diseñar y fabricar los nuevos productos, y los ricos hispanoamericanos los buscan en Europa, especialmente en Francia. Las ciudades se urbanizan de acuerdo con modelos del viejo continente. Se establece un floreciente comercio de obras de arte (cuadros, porcelanas, esculturas, joyas, objetos de vidrio) de origen oriental, centroeuropeo o francés, que llegan a los distintos países con regularidad. La música también viene de Europa, y se extiende el gusto por la ópera y el vals. Sólo puede haber reacción autóctona en el grupo de artistas que contaba en el momento con ciertas posibilidades inmediatas: los escritores. Pero, como la literatura de la época más reciente no se había caracterizado por su calidad ni su originalidad, en su ansia de renovación, los escritores hispanoamericanos buscan sus nuevos modelos en las fuentes más dispares.

Frente a una sociedad dominada por la aristocracia del dinero, el escritor se encuentra en una situación desconocida hasta entonces: había sido el cronista o el cantor oficial de las hazañas de la clase superior, de una especie de nobleza de las armas o de la sangre, y ya no hay sucesos gloriosos que cantar, ya no se producen gestas ni quedan grandes hombres y, en consecuencia, tienen que buscar sus temas en otros campos. El poeta hispanoamericano ha perdido su función de glorificador de la clase elevada y tienen que dirigir sus creaciones hacia su destinatario más inmediato: su propia clase burguesa. La poesía, y la literatura en general, se convierte en un objeto estético, pierde su anterior funcionalidad y es un «lujo» comparable a la pintura, los tapices, etc. El artista burgués dedica sus esfuerzos a la alabanza del burgués «liberal» porque mantiene una anticuada idea de dependencia, necesita de un protector que le estimule y al que pueda complacer. El mecenazgo ya no ofrece ninguna funcionalidad y, aunque no podemos olvidar su frecuente práctica encubierto bajo las formas de cargos políticos y, sobre todo, de puestos diplomáticos, el escritor se ve obligado a buscar otras fuentes económicas.

El mercado literario, sin embargo, todavía no está dispuesto para mantener a los autores. Apenas hay infraestructura editorial y lo más frecuente es que los mismos escritores sean los que financien sus propias ediciones (sólo al comienzo del siglo XX aparecerán editoriales que fomenten y protejan la edición a través de las colecciones, sistema que, de alguna manera, asegura ciertas ventas al predeterminar algunos rasgos de las obras). En consecuencia, los poetas se ven obligados a publicar en periódicos y revistas para rentabilizar su trabajo más rápidamente. Este tipo de publicaciones adquiere gran importancia durante el modernismo y son la fuente de subsistencia y el medio de comunicación más frecuente entre los artistas. Las publicaciones periódicas, aunque en muchos casos sean de tiradas cortísimas o de vida efímera, circulan con abundancia y facilidad por todo el continente americano y por España, y son leídas con atención por una minoría muy selecta pero influyente en materia de arte. Resulta sorprendente, en la actualidad, observar las listas de colaboradores en periódicos y revistas desde finales del siglo pasado por la calidad, profusión y aparente facilidad de comunicación. Esto, a la larga, no tiene como resultado una mejora en la situación económica del escritor, pero sí da lugar a un fenómeno importante que es su profesionalización: ya no nos vamos a encontrar con autores que, en realidad, son políticos, educadores, nobles o militares, sino con personas dedicadas plena y exclusivamente a la literatura. Se puede decir que nace una nueva figura social —el artista— que, con claros antecedentes románticos y relacionado frecuentemente con la denominación de «raro» o de «decadente», va a ser incluso el tema central de buena parte de la prosa modernista.

Otra consecuencia de la dedicación al periodismo de los escritores profesionales es el desarrollo de las formas literarias condicionadas por el medio (como el cuento o el poema, siempre marcados por la necesaria brevedad) e incluso la aparición de un nuevo género, la crónica, de la mano de autores hispanoamericanos. En general, el periodismo ofreció a los modernistas la ventaja de la retribución inmediata de su trabajo, con lo que se incrementó la tendencia, ya muy marcada, hacia la ocupación exclusiva del escritor.

Estos jóvenes artistas se enfrentan de lleno con uno de los aspectos de la sociedad en que vivían y que les desagradaba especialmente: el materialismo. Tanto por parte de las ideas positivistas dominantes entre los grupos más próximos al poder, como por la de los antecesores inmediatos en la práctica literaria (llámense realistas o naturalistas), los modernistas creen verse rodeados por espíritus materialistas, por multitudes uniformes, sin personalidad, por mentes positivas sólo preocupadas por lo económico y lo físico, y reaccionan radicalmente —al menos en un principio— hacia posturas opuestas. Ante este medio que creían que no estaba a su altura, los modernistas se atormentan íntimamente y se enfrentan a sus conciudadanos. La primera consecuencia ante el fracaso de no poder modificar la sociedad es buscar conscientemente la evasión —tanto en lo artístico como en lo personal al crearse «paraísos artificiales»—, buscar lo ideal, con el más feroz individualismo, en una forma de protesta que quiso ser muy seriamente descalificadora. Pero esta postura no pudo mantenerse porque fue interpretada como frivolidad y algunos modernistas pronto recondujeron sus obras hacia zonas menos ambiguas, pero sin renunciar a sus ideales. Otros, en cambio, se dejan arrastrar por el «mal del siglo» y lo reflejan claramente en sus obras con su melancolía, angustia, pesimismo, preocupación por la muerte o el destino.

El modernismo literario: Hispanoamérica encuentra su estilo

Durante la primera mitad del siglo XIX, se desarrolló en Europa un estilo artístico fuertemente marcado por el idealismo y por defender un radical punto de vista subjetivo que se conoce como *Romanticismo.* Pocos años después se produjo la aparición de escritores, sobre todo en prosa, que bajo la denominación común de *Realismo,* publicaron obras en las que se pretende una fidelidad absoluta a la descripción del mundo en que vivían. Se localizan en Rusia, la Gran Bretaña y Francia (Pushkin, Dickens, Balzac), y su expansión se ve reforzada por una segunda generación, aún más radical, llamada *Naturalismo* (Zola).

Más o menos por las mismas fechas (1866) apareció también en Francia un importante grupo poético denominado *Parnasianismo,* en el que destacaron Baudelaire, Gautier, Leconte de Lisle, Catulle Mendès, Heredia, etc., que pretendía la objetividad literaria a través de la descripción pura, sin sentimientos, de la belleza ideal, en unos ambientes de lujo y suntuosidad y con unos medios lingüísticos riquísimos. Hacia 1876, el mismo Baudelaire junto con Verlaine, Mallarmé, Rimbaud y otros, formaron una nueva tendencia poética, llamada *Simbolismo,* que valoró una vez más lo subjetivo en busca de nuevas capacidades expresivas del idioma y de una mayor libertad formal. En el mundo hispánico, el *Simbolismo* coincidió en parte con el *Noventaiochismo* español y con el *Modernismo* del otro lado del Atlántico.

Los escritores modernistas reciben las influencias de todos los grupos europeos, pero se les acumulan especialmente los rasgos idealistas del romanticismo y de las últimas escuelas francesas. En consecuencia, el Modernismo hispanoamericano ofrece características de todas las escuelas contemporáneas y esto hace que uno de sus rasgos definitorios sea precisamente la capacidad de síntesis o de adaptación.

Es muy frecuente referirse a este movimiento como si se tratara de una etapa literaria definible con la misma exactitud teórica con que podemos hablar del Barroco, Neoclasicismo o Romanticismo. Se aplica el término «modernista» con gran facilidad desde la perspectiva actual, pero en todo momento la crítica ha encontrado enormes dificultades para definir lo que se quería decir y todavía resulta un tema polémico.

Es evidente que tendremos que seguir utilizando la denominación de *Modernismo* para entendernos, pero será conveniente establecer algunas salvedades iniciales. En primer lugar, no debemos olvidar que no se trató de una escuela con programa, maestros y seguidores estables. Más bien fue una tendencia que atrajo durante un tiempo a una serie de autores que casi nunca tuvieron una clara conciencia de unidad y que, con frecuencia, evolucionaron en total libertad. De manera que no es extraño encontrar que muchos escritores hispánicos de la época presentan sólo alguna etapa modernista o simplemente influencias más o menos circunstanciales. Fue un movimiento de extraordinaria amplitud y complejidad cuyos límites entran en contacto con técnicas de los realistas, naturalistas o simbolistas, con ideas religiosas ortodoxas y heterodoxas, con cientificismo y fantasías exacerbadas, humor y decadentismo fatalista...

Un rasgo destacado dentro de esta tendencia es, sin duda, el de representar el primer momento en el ámbito hispánico en que se entiende el poema como objeto artístico, armónico, muscial y, sobre todo, unitario. Los poetas inician la tendencia a considerar cada una de sus obras como un sistema en el que todo ha de funcionar en armonía y por las relaciones que se establecen entre cada uno de sus elementos.

Por otra parte, debemos tener también en cuenta que lo caótico, lo indefinido, lo sugerente o ambiguo fueron verdaderas metas ideales para muchos escritores de esta época. En consecuencia, no nos debe extrañar el encontrar en sus textos abundantes referencias que nadie puede desentrañar con total seguridad. Es muy frecuente que no «entendamos» lo que un poeta modernista quiso decir, pero sí percibamos lo que esa expresión sugiere; esto suele molestar mucho a cierto tipo de lectores, pero es exactamente lo que el autor quiso. Como para los romáticos, el misterio continúa siendo muy atractivo para los modernistas; no se trata de un misterio para producir solamente el miedo en el lector, sino más bien para transmitir también sensaciones de vértigo, inseguridad, aventura, indefinición, eternidad...

Así pues, uno de los rasgos definitorios del Modernismo literario hispanoamericano sería su falta de límites claros, su difusión en contacto con aportaciones estéticas de muy diferentes corrientes artísticas, sean literarias o no. En este sentido, destacan algunos elementos fundamentales heredados de la estética romántica, como son el individualismo extremo y el ansia de libertad llevada a límites poco frecuentes en la literatura escrita en castellano.

Por otra parte, huyendo del prosaísmo que veían dominando el mundo literario hispánico, los modernistas buscan la elegancia, el lujo más refinado y, como consecuencia, se produce una renovación total a partir, en primer lugar, de la forma: en cuanto a la métrica, se vuelven a utilizar versos y estrofas en desuso y se crean nuevas formas y combinaciones; los recursos simbólicos se valoran grandemente: las metáforas e imágenes son tan abundantes como ricas de contenido y el color, por ejemplo, llega a ser un elemento simbólico y estético importantísimo (casi se podría considerar como una especie de subcódigo comunicativo especial).

En cuanto al contenido, en las obras se valoran especialmente el exotismo, el cosmopolitismo y la postura evasiva, conseguida mediante la imaginación o la fantasía que les llevan a situar sus textos en ambientes mitológicos, en la Grecia clásica, China, Japón, India, Arabia, la Europa medieval, Francia... El escritor se deja arrastrar por cierto paganismo y sensualidad que le hacen parecer poco moral. Y, desde luego, estos escritores no se ajustaron a lo que normalmente llamamos moralidad, mantuvieron una línea de conducta marcada sólo por la absoluta sinceridad con ellos mismos, sin preocuparse por ser más o menos coherentes frente a «la gente». La única meta del artista en el Modernismo era la belleza, el arte, y, como consecuencia, se mantuvieron al margen de ciertos temas, como el político.

Este enfrentamiento con la sociedad les lleva a ignorarla frecuentemente y, como conclusión, a la valoración especial de todo lo que suponga estilo personal, sin admitir ningún dogma. En el choque con sus contemporáneos, a los que los modernistas consideraban masificados y prosaicos, sienten su propio fracaso y comienzan a aparecer frecuentes incursiones temáticas en ciertas materias de la patología psicológica; por esto son frecuentes los protagonistas dominados por el pesimismo, la angustia, la depresión, el sadismo, la mezcla de misticismo y erotismo.

La mayor parte de los críticos se muestra de acuerdo en que el primer autor del nuevo movimiento fue el cubano José Martí con la edición de su *Ismaelillo* en 1882, pero es evidente que ya se pueden rastrear rasgos modernistas en autores anteriores. A partir de esas fechas, se desarrollaron dos grandes etapas en el movimiento: la de iniciación o asentamiento, localización en países situados por encima de la línea ecuatorial y representada por Manuel Gutiérrez Nájera (México), Julián del Casal (Cuba), José Asunción Silva (Colombia) y Rubén Darío (Nicaragua) entre otros; y un segundo momento, a partir de 1896, localizado en torno al Río de la Plata, en el que destacaron, además de Darío, Leopoldo Lugones (Argentina), Julio Herrera y Reissig (Uruguay), Ricardo Jaimes Freyre (Bolivia, pero vivió en Argentina), José Santos Chocano (Perú), Amado Nervo (México), Guillermo Valencia (Colombia).

En el segundo momento, se traslada al Río de la Plata el centro de gravedad modernista, por haber fallecido la mayor parte de los iniciadores y por la presencia en Buenos Aires de Rubén Darío a partir de 1893. En esta ciudad publicó libros tan importantes como *Los raros* y *Prosas profanas,* en 1986, fecha en que llegó Lugones a la capital. Junto con Jaimes Freyre, los tres fueron los autores modernistas más importantes de la época, en compentencia con Julio Herrera y Reissig.

SITUACIÓN LITERARIA ARGENTINA

Durante el último cuarto del siglo XIX, la Argentina vive, con mayor intensidad quizá que otros países americanos, un especial momento que supone su acceso definitivo a la modernidad. Por ejemplo, en 1880 se produce la federalización de Buenos Aires y la definitiva organización del país gracias a un cierto renacer económico por el comienzo de las exportaciones de la producción agropecuaria.

Es el período en que gobiernan personalidades tan fuertes como Domingo Faustino Sarmiento, Nicolás Avellaneda o Julio A. Roca y que, aunque agitado por algunas sacudidas militares, económicas o políticas, consigue un evidente progreso general. El parlamentarismo se mantiene como forma ideal de gobierno y se siguien modelos teóricos norteamericanos.

Los políticos, que suelen ser también escritores —recordemos que es el momento de la llamada «Generación del 80»—, llevan a cabo un intensísima labor de promulgación de leyes y asentamiento de instituciones fundamentales para el progreso de la nación, como el Colegio Militar (1870), el Banco Nacional (1871), el Boletín Oficial (1871), la Escuela Naval (1872), el Observatorio Astronómico, el Banco Hipotecario Nacional (1887), el Consejo Nacional de Educación (1887), la Facultad de Filosofía y Letras (1895), y también se desarrollan, amparadas por cierto liberalismo de la escuela de Adam Smith, abundantes empresas privadas que han marcado la evolución económica durante muchos años. En general, se produce una fuerte adaptación del país a tendencias internacionales. También aparecen las primeras asociaciones sindicales, con periódicos que les sirven de órganos de expresión, y se funda el Partido Socialista (1894).

Como ocurre en buena parte de los países de la zona, en Argentina se establecen las tendencias culturales positivistas, racionalistas y empiricistas o neocientíficas, que tanto recelo provocaron entre algunos de los más jóvenes artistas de la época.

En estas circunstancias es cuando se produce la llegada de Rubén Darío a Buenos Aires, en agosto de 1893. Ya ha publicado *Azul* y *Abrojos,* ha viajado por El Salvador, Chile, Colombia, Nueva York, Madrid y París, y sus ideas sobre la nueva estética modernista arrastran fácilmente a algunos jóvenes escritores. La estancia de Darío se prolongó durante cinco años especialmente intensos para la literatura argentina. Una muestra del arraigo del modernismo es la abundancia de publicaciones (aunque algunas de vida efímera) como *La Revista de América,* fundada por Darío y Jaimes Freyre, *La Biblioteca* de Paul Groussac, *La Montaña* de José Ingenieros y Leopoldo Lugones, las secciones literarias de los diarios *La Nación* y *La Prensa,* y sobre todo *El Mercurio de América,* dirigida por Eugenio Díaz Romero. La confirmación del modernismo en el país se llevará a cabo con la llegada de Lugones a Buenos Aires en 1896.

En las primeras décadas del siglo XX la historia de la Argentina no deja de sufrir conmociones como la aparición, hacia 1910, de la Unión Cívica Radical (partido que colabora en la promulgación en 1912 de una nueva ley electoral en la que el sufragio universal abría las puertas del poder político a nuevos grupos sociales en detrimento de la burguesía), como la huelga general de Córdoba en 1918 o el golpe de estado del general Uriburu contra Yrigoyen en 1930. Pero, en conjunto, se puede decir que es una etapa en que continúa la expansión del país hasta alcanzar sus puntos culminantes hacia 1918 por el avance de la producción industrial y hacia 1925 gracias al continuo desarrollo agrícola y comercial.

El modernismo argentino tuvo un crecimiento marcado por las posturas extremas y por su rápido agotamiento. Se observa un primer momento de poesía preciosista, de musicalidad y formalismo como el que aparece en la obra de Leopoldo Díaz, Jaimes Freyre o el primer Lugones. Los jóvenes se dejan arrastrar por la nueva moda, proliferan los imitadores y aparecen versiones o aplicaciones modernistas hasta en la ropa o los peinados.

En la primera década del siglo, como resultado de la aparición en España de los *Cantos de vida y esperanza* de Darío, los poetas modernistas argentinos escriben obras en las que, sin dejar de cuidar la forma, se pone especial cuidado en profundizar su contenido, como el Lugones del *Lunario sentimental,* de las *Odas seculares,* o los primeros libros de Enrique Banchs. Después, tras la muerte de Darío, los argentinos parecen buscar un nuevo director en la figura de Lugones, pero sus «oscilaciones» entre el criollismo, el clasicismo o la poesía narrativa no son comprendidas y el movimiento entra en decadencia a través de una etapa de poesía intimista, subjetiva y sencilla que prepara el camino para la llegada del Ultraísmo (es el momento de Baldomero Fernández Moreno, Alfonsina Storni o Pedro Miguel Obligado).

Leopoldo Lugones, biografía de un extremista estético

Tengo como siempre la condición del viento, y no me ocupo del polvo que levanto al pasar. Las canas que me han salido no amortajan ninguna ilusión: son mi segunda florescencia. Sí, pues, vuelvo como partí: excesivo, imprudente, impertinente, contradictorio y desagradable. Rebelde a toda soberanía, incluso la del pueblo, pues por el hecho de no estar ella en mí, ya no puedo ser sino su siervo o su prófugo. Peligroso para el orden; celoso de mi libertad con uñas y dientes: como una fiera; caprichoso de la brisa como un pájaro, y como él sin otro tesoro que mi canto y mi color; ejemplo pernicioso de duda y de controversia; glorioso cuando con mi peligro de ratón he puesto el cascabel al gato del fariseo; dichoso cuando, a pesar de los dioses y de los amos, me voy pulsando por esas calles mi tocata de ministril, en el triángulo de acero de mi verdad[1].

Leopoldo Lugones nació en la Villa de María del Río Seco, aldea de apenas quinientos habitantes en la provincia de Córdoba, el sábado 13 de junio de 1874, en una familia de cierto abolengo, con antecedentes en la alta sociedad criolla peruana de siglo XVI, pero venida a menos. Su madre fue doña Custodia Argüello, católica, casada con don Santiago Lugones, conocido ateo.

El mismo Lugones en su cuento «El puñal» hizo una referencia premonitoria, entre determinista y fatalista, a su propia muerte voluntaria por haber nacido un día 13, bajo el signo de Saturno y marcado por ciertas connotaciones en su nombre: Leo = León = violencia; «pold» = «puñal» en antiguo germánico; la inicial

---

[1] Autorretrato recogido por Leopoldo Lugones (hijo), *Mi padre*, Buenos Aires, Centurión, 1946.

repetida en nombre y apellido; todo parece anunciarle una violencia doble y una muerte fatal. Igualmente algún crítico más o menos esotérico ha insinuado cierta dramática y simbólica bipolaridad entre Leo = león, símbolo solar, y Lugones = Lunones, símbolo lunar (la luna aparece en el escudo de armas de la familia)[2].

En 1882 se traslada la familia a Ojo de Agua, aldea al sur de Santiago del Estero, donde comenzó su escolaridad en la escuela de don Miguel Novillo, pedagogo partidario de la memorización y la palmeta. En la estancia paterna de Taco Yaco conoce al capataz Juan Rojas, cuya presencia se verá mucho después en su libro *Poemas solariegos*. Más tarde, sigue estudiando en el Colegio Nacional de Córdoba, ciudad en la que vivió con su abuela. Pero pronto deja de sentirse atraído por los estudios académicos y se dedica a leer de forma constante y libre, de manera que se puede decir que tuvo una formación casi absolutamente autodidacta. La situación económica familiar se deteriora tras los conflictos nacionales del 26 de julio de 1890 y todos se radican también en Córdoba a partir de 1892.

Comienza pronto su actividad literaria: a los 18 años es director del *Pensamiento libre, periódico literario liberal,* y como poeta compone «Los mundos» (1892, poema panteísta sobre la vida de los planetas).

El año 1895 funda un centro socialista en Córdoba y comienza su larga e intensa actividad política sin abandonar la periodística, que le lleva a frecuentes polémicas que firma con el pseudónimo de Gil Paz.

En 1896 llega a Buenos Aires —«Salónica america-

---

[2] *Vid.* Jorge Torres Roggero, *La cara oculta de Lugones,* Buenos Aires, Castañeda, 1977, pág. 89.

na», la llamaba en la intimidad[3]— donde vivió durante treinta y dos años, aunque parece que nunca le gustó ni por su sistema de vida ni por su forma de lenguaje (siempre detestó el lunfardo).

En la capital argentina inició su entrañable amistad con Rubén Darío que, según él mismo recoge en su *Autobiografía,* lo había saludado con palabras elogiosas como «audaz, joven, fuerte y fiero (...) con la seguridad del triunfo y de su gloria»[4]. También fue amigo de socialistas como Roberto J. Payró o José Ingenieros —masón como el mismo Lugones—, aunque fue una corta relación. En esta época, Lugones mantiene una ideología liberal de izquierda, pero sólo fue militante socialista durante pocos meses, tiempo en que fundó y dirigió con los dos escritores mencionados *La Montaña. Periódico Socialista Revolucionario.*

El mismo año de 1986 viajó a su tierra natal para contraer matrimonio con Juana González, unión que se caracterizó por su estabilidad a lo largo del tiempo. El año siguiente nació su hijo y publicó su primer libro: *Las montañas del oro.*

Aunque casi siempre colaboró en distintos periódicos, en 1898 comienza su actividad alternativa como funcionario (de Correos, en esta época). Por esas fechas ingresó en la Rama Luz de la Sociedad Teosófica Argentina, de la que pronto llegó a ser Secretario General. En 1901, bajo la presidencia del general Roca, fue nombrado Inspector General de Enseñanza, normal y especial, en el Ministerio de Instrucción Pública. Desarrolla su función con entusiasmo y se ve

---

[3] *Vid.* la «Información preliminar», de Leopoldo Lugones (hijo), en *Selección de verso y prosa de Leopoldo Lugones,* Buenos Aires, Huemul, 1971, pág. 11.

[4] Rubén Darío, *Autobiografía,* capítulo 43, en *Obras completas,* Madrid, Afrodisio Aguado, 1950, vol. I, pág. 129.

obligado a viajar por todo el país y a participar en proyectos y polémicas. Renunció poco después por desacuerdo con el ministro, aunque más tarde volvió a ocupar el mismo cargo.

En 1903 publica *La reforma educacional* y lleva a cabo un viaje a la región de Posadas para hacer un informe encargado por el ministro del Interior, el doctor Joaquín V. González sobre el estado de las ruinas de las misiones jesuíticas. Permaneció en la zona durante seis meses, acompañado por su hermano Ramón y por el excepcional escritor uruguayo Horacio Quiroga como fotógrafo. El año siguiente publicó los resultados del viaje con el título de *El imperio jesuítico*.

Con fecha de 1905 se editaron *La guerra gaucha* y *Los crepúsculos del jardín*. Por este último libro Rufino Blanco Fombona le acusó en 1912 de plagiar *Los éxtasis de la montaña* del uruguayo Julio Herrera y Reissig; pero los amigos de Lugones pudieron demostrar la anterioridad de su obra mediante una grabación fonográfica de 1901.

En 1906 fue comisionado por el gobierno argentino para recorrer varios países europeos (Francia, Suecia y Noruega). Con la edición de *Las fuerzas extrañas* inicia un corto período de raro silencio literario que sólo se verá roto en 1909 con el *Lunario sentimental*. En 1907 renuncia a su cargo de Inspector, retoma el periodismo con una posición muy crítica respecto al presidente Figueroa Alcorta y parece aproximarse más a los militares.

Con motivo de la celebración del centenario de la independencia, en 1910, Lugones, que era vicedirector de *El Diario,* participa con sus *Odas seculares*. Por esas fechas aparecen también *Piedras liminares, Prometeo* y *Didáctica*. En los años siguientes, *Historia de Sarmiento,* encargo del presidente del Consejo de Educación en el centenario del escritor y político argentino, y *El libro fiel* en París, donde entre 1913 y 1914 dirigió la *Revue Sud-Américaine*. En junio de este último año trasladó a su familia a Londres por la situación prebélica y poco después a Buenos Aires. Nuevamente en su tierra, inicia unos informales pero intensos contactos con universitarios y se extiende la fama de que Lugones era anarquista por sus críticas a todos los bandos, pero él lo rechaza con energía.

La llegada de Yrigoyen al poder en 1916 no supone a Lugones, a pesar de su oposición, la pérdida de su cargo de Director de la Biblioteca de Maestros del Consejo Nacional de Educación y continúan sus ediciones de temas variados con *Elogio de Ameghino* (1915), *El payador* (1916), *Mi beligerancia* y *El libro de los paisajes* (1917), *Las industrias de Atenas* y *La Torre de Casandra* (1919), *Elogio de Leonardo* y *El tamaño del espacio,* conferencia desarrollada en la Facultad de Ingeniería (1920; este mismo año rechazó la Legión de Honor que le había concedido el gobierno francés).

En 1922 publica *Las hora doradas* y, durante algunos años, realiza una intensa labor como crítico literario y promotor de jóvenes valores en diferentes periódicos. También publica artículos y dicta conferencias en las que se muestra muy próximo a las ideas fascistas —o, al menos, antidemocráticas— como las que pronunció en 1923 en la Liga Patriótica Argentina y el Círculo Tradición Argentina.

Alrededor de 1923, tras la impresión sufrida por el desarrollo de la Primera Guerra Mundial y muy desilusionado, al parecer, por los resultados de la Paz de Versalles, se produce en él el profundo cambio que marcó el resto de su vida. Su hijo y biógrafo parece insinuar que es una transformación por motivos filosóficos. En varias ocasiones, reconoce claramente que fue un viraje radical y que su mismo padre lo justificó en la «Información preliminar» introducida en la edición de 1961 de *El payador;* también dice que le atacaron «los temibles sectarios del liberalismo —apocalípticos como todos los dogmatistas (sic)— unidos por entonces a la extrema izquierda, inclusive algunos especímenes extranjeros y delincuentes, arremetieron furiosamente a ese argentino, cuya mente adelantábase a su tiempo y cuya vida de puertas adentro no daba pie al mínimo reproche o equívoco»[5].

A mediados de 1924 es nombrado miembro de la Asamblea de Cooperación Intelectual de la Liga de las Naciones y asiste en Ginebra a las reuniones correspondientes «al lado de Bergson, Einstein, Gilbert Murray, Mme. Curie, Gonzague de Reynolds y otras notabilidades mundiales»[6]. Su prestigio social va en aumento hasta recibir el Premio Nacional de Literatura en 1926.

En Lima, el 11 de diciembre de 1924, pronunció su famoso *Discurso de Ayacucho,* conocido como *La hora de la espada:* «Yo quiero arriesgar también algo que cuesta mucho decir en estos tiempos de paradoja libertaria y de fracasada, bien que audaz idelogía. / Ha sonado otra vez, para bien del mundo, la hora de la espada». Esta parece que fue la causa inmediata de su aislamiento e incomprensión social. Las reacciones al discurso son radicales e inmediatas. Las protestas de estudiantes

---

[5] *Vid.* el «Estudio preliminar» de la edición de los *Cuentos fatales,* Buenos Aires, Huemul, 1967, pág. 9. También en el «Prólogo» del mismo L. Lugones (hijo) a las *Obras en prosa* (México, Aguilar, 1962), de su padre dice: «Mi padre proclama (...) la glorificación fervorosa de la patria y de sus atributos. Llega para él el periodo de la mudanza completa en el orden de las ideas, también, sin que quizá se lo anticipe a sí mismo, la era de la lucha sin término ya, verdadera guerra de su independencia» (pág. 58).

[6] Julio Irazusta, *Genio y figura de Leopoldo Lugones,* Buenos Aires, Eudeba, 1968, pág. 105.

y políticos se suceden y Lugones se encuentra con escaso apoyo: «Nunca estuvo tan solo como en aquella época (...) Quedó mal con todos los partidos ideológicos (...) Desde entonces asume dos actitudes firmes que no variarán más: en poesía se atendrá al estilo diáfano y tradicional, y a los temas nacionales, etapa iniciada en *El libro de los paisajes;* en política asumirá en adelante el papel de gran reformador, pregonando en todos los tonos y por todos los medios la necesidad de un cambio fundamental en las cosas del país»[7].

Durante ese mismo año de 1924 publicó varios artículos en que estudia el fracaso de la democracia y cuatro libros de tema variado: *Filosofícula, Cuentos fatales, Estudios helénicos* y *Romancero*. Siguieron *La organización de la paz* —serie de ocho artículos aparecidos antes en La Nación— (1925), *El ángel de la sombra* (1926; fue su único intento de novela), *Poemas solariegos* y *Nuevos estudios helénicos* (1928), *La patria fuerte* y *La grande Argentina* (1930), *Política revolucionaria* (1931) y *El estado equitativo* (1932).

En el año 1930 participó en la conspiración de jóvenes militares que se llevó a cabo el 6 de septiembre y, tras una corta crisis, se reconcilió con el catolicismo. Poco después intentó crear un partido político nacionalista único[8]. Tampoco su relación con estos grupos dura mucho: se aleja de ellos como protesta por el trato que le otorgaron al escritor Ricardo Rojas.

El viernes 18 de febrero de 1938 se retira a la zona costera del Tigre y se suicida tomando cianuro. Meses

---

[7] *Ibíd.,* págs. 107 y 108.

[8] «Lugones no creía en la democracia, análogo en esto a Sócrates y Platón (...) Todavía más claro: tenía por nefasto a dicho sistema y a sus corifeos, los políticos profesionales. Daba por errado, pernicioso y fatal para una nación el juicio acumulado del vulgo ...» (L. Lugones (hijo), «Prólogo», *ob. cit.,* pág. 59).

después se publicaron *Roca* (inconcluso) y *Romances del Río Seco.*

Individulista radical, nunca admitió tener discípulos o colaboradores, ni le gustó participar en actos solemnes. Sólo colaboró en una edición ajena, aunque algunos editores han utilizado artículos suyos como prólogos de libros.

Estoico, horando, afectuoso pero sin expansiones excesivas, destacaba por su imponente aspecto físico (fue un asiduo practicante de la esgrima y a los 53 años se batió en duelo y venció a su oponente).

Toda su obra pretendió ser de utilidad para su país y su gente. Por sus trabajos como escritor recibió condecoraciones de distintos países (Francia, Bélgica, Italia, Gran Bretaña, Grecia, etc.) que siempre rechazó, excepto las de Perú y Bolivia.

Respecto al suicidio, aparte del imaginable aislamiento social por sus ideas cada vez más radicales, su hijo dice no querer explicar nada, sólo afirma que «una tremenda realidad, compuesta de pena, soledad y angustia precipita al ser y despéñalo en la eternidad»[9]. A pesar de la evidente dificultad para llegar a conclusiones, es un tema que ha despertado la curiosidad de gran número de críticos, alguno de los cuales llega a proponer hasta siete razones para que el escritor buscara su propia muerte[10]. En todo caso, el hecho ha sido rodeado de cierto misterio que podría ocultar, incluso, algún romántico fracaso amoroso, sólo comprobable si se confirman los rumores en torno a la existencia de una serie de cartas del mismo Lugones que justificarían su muerte por un asunto de este tipo.

En sus obras, Lugones se acercó a todos los géneros literarios con una clara intención de representar el

---

[9] L. Lugones (hijo), «Información preliminar», *ob. cit.,* pág. 18.
[10] Leonardo Castellani, *Lugones,* Buenos Aires, Theoria, 1964, pág. 75.

papel de «superhombre» de la cultura, de verdadero genio. Desde luego, son obras para las que se necesita una gran preparación cultural, sobre todo en casos como *Prometeo, Piedras liminares, Estudios helénicos...* que exigen griego, latín, filosofía, mitología, historia comparada y geografía del mundo antiguo. Parece que nunca le interesó llegar a gran cantidad de personas (fenómeno en el que se iguala a los demás modernistas, aunque parece evidente que en Lugones la intención minoritaria es mucho más intelectual que la de otros que escribían para un grupo de iniciados en una moda estética).

Siempre en busca de la difícil sencillez, escribió:

> Los organizadores del idioma, que son los escritores ciertamente, asumen por ello una categoría superior, y por descontado, la correspondiente responsabilidad que su conciencia debe imponerles y que la sociedad puede exigirles; toda vez que el mal escritor resulta entonces una calamidad pública. Y, si bien se ve, mucho más ante la moral, que ante la estética./ Toda expresión inexacta, lo que es decir torpe y fea, miente de suyo y enseña a mentir. Por el contrario, belleza, verdad y bien, son en arte la misma cosa[11].

Una buena parte de la crítica y público parece no perdonar a Leopoldo Lugones su extraña evolución intelectual y política. Al margen de la propiedad o impropiedad de dichos juicios, hay que tener siempre en cuenta el ambiente estético e ideológico en que se desenvolvió: muchos modernistas se caracterizaron precisamente por su poco frecuente concepción moral y, en consecuencia, no se les puede exigir una conducta acorde con modelos externos a ellos mismos. Lugo-

---

11 Leopoldo Lugones (hijo), «Prólogo», *ob. cit.*, págs. 43-44.

nes, como el Darío de «Salutación al águila» y «A Roosevelt», no se ajustó a los moldes de ética al uso, eran coherentes frente a sus propias ideas y con su circunstancia, con su hoy, su ahora, al margen de todo. Su moral pareció basarse precisamente en eso, en ser sinceros en todo momento, sin ocultar nada, sin disimulos que escondan contradicciones y únicamente responsables ante ellos y su estética.

OBRAS DE LEOPOLDO LUGONES

En el conjunto de la obra de Lugones, su evolución presenta unas características también bastante especiales. Aparentemente, las ideas estéticas del autor cambiaron de una forma poco «lógica»[12]: de una etapa más o menos en vanguardia pasa a utilizar formas anticuadas o arcaizantes sin que esto suponga que no podamos encontrar nuevamente rasgos innovadores. A esto hay que añadir el hecho de que, en palabras de su hijo, «Lugones es, ante todo, asunto de interpretación adecuada: quien no lo descifre, lo leerá de cabo a rabo sin comprenderlo»[13]. Lo cierto es que no nos enfrentamos con una obra tan difícil de interpretar ni tan diferente en ciertos aspectos a la de otros escritores modernistas (Rubén Darío, Amado Nervo, etc.), aunque siempre deberemos tener en cuenta sus referencias personales.

Una primera circunstancia importante para entender al autor es el hecho de que, aunque su formación no se desarrollara dentro de un ámbito académico, siempre

---

[12] «Inconsecuencias consigo misma», observa Guillermo Sucre en la obra de Lugones, en *La máscara, la transparencia,* México, F.C.E., 1985, 2.ª ed., pág. 45.

[13] Leopoldo Lugones (hijo), «Prólogo», *ob. cit.,* pág. 34.

Monumento a Lugones en Tigre, donde se suicidó

se interesó por seguir las huellas de modelos intelectuales «universalistas», de personajes del tipo de Leonardo da Vinci que en su momento destacaron por el dominio de todo tipo de ciencias. Así se ha dicho que

> la totalidad del saber preocupa a L. L. en tanto es el único medio para llegar al misterio y su develación. Para ello integra todos los conocimientos de las ciencias positivistas de su tiempo, la indagación de los nuevos descubrimientos y los progresos de la técnica y la mecánica, así como la filosofía, la teosofía y las experiencias ciertas del espiritismo, cuya práctica frecuentó durante un lapso de su vida[14].

En consecuencia, siempre habremos de tener en cuenta que, como señala Jorge Torres Roggero, «Lugones se nos presenta como:

a) un iniciado en ciencias ocultas (misterios);
b) un censor del positivismo y de las consecuencias sociales de su aplicación en el país;
c) el predicador de una pedagogía, una estética y una moral»[15].

En frase del mismo Lugones, «escritor significa comunicador de ideas claras y sentimientos nobles, vale decir, de verdad y belleza. Es, así, uno que guía, ejerciendo en consecuencia ministerio social»[16]. Está muy clara, pues, la intención lugoniana de crear un arte en el que ética y estética se encuentren fuertemente unidas, lo que no le diferencia grandemente de otros escritores modernistas, si bien es uno de los

---

[14] Gladys C. Marín, «Leopoldo Lugones y el pensamiento simbólico», en *Megafón*, núm. 2, Buenos Aires, 1985, págs. 171-176.
[15] Jorge Torres Roggero, *ob. cit.,* pág. 28.
[16] Citada por Leopoldo Lugones (hijo), «Prólogo», *ob. cit.,* pág. 42.

pocos que lo formula con bastante claridad y que intenta llevar sus ideas hasta las últimas consecuencias. En este sentido destaca, por ejemplo, la abundancia de reflexiones teóricas en torno a la literatura, especialmente en los últimos años de su vida, que publica en sus colaboraciones periodísticas y en las que insiste en su idea de lograr una perfecta armonía entre fondo y forma como elementos simultáneos e inseparables en la obra literaria[17].

Estas ideas son muy evidentes en el primer libro de poesías de Lugones, *Las montañas del oro* (1897). Con clara influencia de poetas románticos europeos (no españoles; destaca sobre todo la de Victor Hugo), se trata de un extenso canto a la libertad en el que el joven y revolucionario escritor investiga nuevas formas literarias; aparecen en la obra los pareados en alejandrinos, los tercetos endecasílabos, los cuartetos y las quintillas no habituales, el verso libre y los textos escritos en prosa rítmica. La proximidad de Darío, de Whitman y la obra de José Asunción Silva parecen influir en la notable riqueza del léxico, la brillante adjetivación y la innovación metafórica. Aunque fue un libro que obtuvo bastante éxito entre los jóvenes escritores argentinos, el exceso de juego y el afán de búsqueda hacen que, en ocasiones, resulte demasiado infantil o de cierto mal gusto.

En la misma línea de búsqueda de innovaciones se puede situar el segundo poemario lugoniano, *Los crepúsculos del jardín* (1905). Visiones sentimentales de la naturaleza, alguna referencia baudeleriana y cierto simbolismo ambiental relacionable también con Poe y, sobre todo, con Samain, hacen de este exquisito libro

---

[17] Belisario Tello, en *El poeta solariego. La síntesis poético-política de Leopoldo Lugones* (Buenos Aires, Theoria, 1971), hace un exhaustivo seguimiento de estos temas.

dedicado a la vida, la naturaleza y el amor una obra ya madura y muy marcadamente modernista. Aunque predominan los sonetos, se ha destacado el interés del poema en quintillas titulado «El solterón», cuya musicalidad, riqueza en las rimas y suave decadentismo hacen que se haya convertido en una referencia inevitable siempre que se hable del modernismo. En conjunto, *Los crepúsculos del jardín* demuestra un claro dominio del idioma y una seguridad literaria ya muy destacada, aunque con un resultado marcadamente barroco.

El *Lunario sentimental* (1909) representa no sólo la confirmación literaria de Lugones, sino que supone también un clarísimo avance literario, un adelanto de bastantes años respecto a lo que se escribirá en Hispanoamérica. Las opiniones sobre el libro han sido de muy diferente talante desde el momento de su publicación, pero ya es un tópico reconocido por toda la crítica el hecho de que prácticamente toda la poesía posterior escrita en el ámbito hispánico le debe algo al Lugones del *Lunario*. Baste recordar, en este sentido, la opinión de dos indiscutibles críticos como Alfonso Reyes y Jorge Luis Borges; el primero afirma que «aun entre los jóvenes argentinos que se vieron en el doloroso trance de separarse de él por motivos no literarios era voz común que en *Lunario sentimental* estaba el semillero de toda la nueva poesía argentina»[18]. Borges, por su parte, repitió en varias ocasiones su opinión altamente valorativa al respecto:

> Yo afirmo que la obra de los poetas de *Martín Fierro* y *Proa* —toda la obra anterior a la dispersión que nos dejó ensayar o ejecutar obra personal— está

---

[18] Cita recogida por Julio Irazusta en *ob. cit.*, pág. 56.

prefigurada, absolutamente, en algunas páginas del *Lunario* (...) Fuimos los herederos tardíos de un solo perfil de Lugones[19].

El *Lunario* también fue desde el primer momento un libro polémico por sus evidentes relaciones con la obra del simbolista francés Jules Laforgue y porque, desde el mismo «Prólogo» y las primeras composiciones, el autor muestra una postura abiertamente agresiva. De todo ello hablaremos más adelante.

El año 1910, con motivo de la celebración del centenario argentino, Lugones publica *Odas seculares*. Este nuevo libro ya muestra sensibles diferencias con el anterior. Por una especie de miedo a haber llegado demasiado lejos con el *Lunario* o por la necesidad de ser fácilmente comprendido por un público mayoritario (es una obra centrada en el tema nacional y que pretende un tono épico y patriótico), en esta ocasión Lugones intenta unas nuevas formas que tienden al clasicismo. La presencia de Horacio, Virgilio o Andrés Bello no impide que, en algún momento, el autor renueve su fe modernista en descripciones llenas de color o mediante el uso de un léxico variado y sorprendente.

Nuevamente distinto es Lugones en *El libro fiel* (París, 1912). Resulta ciertamente extraño encontrar poesía de este tipo en un autor que prácticamente nunca hizo de su obra vehículo de sus propios sentimientos, pero este conjunto de poemas, dedicado a su esposa Juana, desarrolla en tono moderado, íntimo y un tanto melancólico, el tema del amor conyugal sin referencia alguna al erotismo habitual en otros moder-

---

[19] Jorge Luis Borges, *Obras completas en colaboración,* vol. 2: «Con Bettina Edelberg: Leopoldo Lugones», Madrid, Alianza Editorial-Emecé, 1983, pág. 52.

nistas de la época. En cuanto a la forma, destaca la utilización de estrofas de tipo popular como las de las coplas o vidalitas, aunque no dejan de encontrarse los rasgos habituales del amplio y cuidado léxico y la riqueza metafórica.

También dedicado a su mujer, *El libro de los paisajes* (1917) se aleja bastante del tono intimista para ofrecernos una atractiva visión de la naturaleza. Con sencillez y un renovado dominio del idioma, Lugones alcanza de nuevo una de sus cumbres líricas en que fondo y forma llegan a una adecuación sorprendente. Es una poesía en la que la palabra —a veces de origen local— alcanza un altísimo nivel en su capacidad de misteriosa sugerencia, de musicalidad y colorismo, a pesar de que la abundancia de descripciones no se presta demasiado a la utilización de estos recursos.

Las horas doradas (1922) mantiene y, en cierto modo, cierra con gran mérito la forma modernista de Lugones. Reaparecen temas de libros anteriores, como la luna, el amor conyugal, el fatalismo, pero expresados con un tono mucho más melancólico y reflexivo.

Los tres últimos libros poéticos de Lugones —*Romancero* (1924), *Poemas solariegos* (1927) y *Romances del Río Seco* (1938)— suponen un proceso de sucesiva simplificación en elementos formales. Así ocurre con la métrica que, de acuerdo con los títulos, tiende a estructuras tradicionales que normalmente han sido usadas para la poesía narrativa. El primero de los tres utiliza temas muy variados que van desde ambientes urbanos locales hasta el amor expresado por un hombre maduro, pasando por asuntos orientales o el constante fatalismo en el presentimiento de la muerte.

La simplicidad de los *Poemas solariegos* destaca aún más el valor de las obras anteriores en su constante y medido barroquismo y el propio interés del libro. Es obra dedicada a recrear las imágenes de la infancia del autor, sus antecedentes familiares, los ambientes rurales en que se crió, vistos siempre con una mirada nostálgica, descritos con vigor y tono elegíaco.

El libro póstumo *Romances del Río Seco* nos ofrece una poesía en la que todo es sencillez en su propio desarrollo. Con base en unas estructuras métricas tradicionales —la copla y el romance—, ofrece temas narrativos en los que encontramos los personajes de la tierra natal de Lugones, que viven sus vidas con violencia, pero también con cierta elegancia y astucia muy características.

Si la poesía de Lugones ofrece rasgos que pueden sorprender a ciertos lectores, el resto de sus escritos es, en este sentido, mucho más radical y extremista. No en vano advierte su propio hijo que «la obra en prosa de este hombre (...) nunca fué (sic) accesible al vulgo, ni a él le interesó en lo más mínimo que lo fuese. Sentía invencible repulsión por el montón, por la multitud. Asco físico, prevención espiritual. Por eso no practicó el cultivo de la mayoría; por eso mismo nunca participó en la política electoralista; por eso, en fin, abominaba el sufragio universal»[20]. En realidad, la advertencia debería referirse al carácter culto, variado y muy exigente para el lector en los abundantes libros no poéticos del escritor argentino. En efecto, la obra en prosa de Lugones va del relato al ensayo científico, pasando por el artículo periodístico de carácter polémico o la novela. Y, curiosamente, la religión y la política, polémicos temas que apenas se insinúan en la poesía lugoniana, son dos importantísimos ejes para el resto de su obra.

Destacan por su abundancia los libros en que se

---

[20] Leopoldo Lugones (hijo), «Prólogo», *ob. cit.,* pág. 33.

desarrollan las ideas políticas: *Mi beligerancia* (1917), *La torre de Casandra* (1919), *Acción* (1924), *La organización de la paz* (1925), *La grande Argentina* (1930), *La patria fuerte* (1930), *Política revolucionaria* (1931), *El estado equitativo* (1931) y algunos otros folletos de estas mismas fechas y de 1934. En estos textos se observa la evolución ya conocida entre la defensa de los aliados, tras la Primera Guerra Mundial, y el intento de aplicar las teorías más conservadoras y militaristas al propio país, tema al que dedica Lugones gran parte de su esfuerzo en los últimos años.

También resultan llamativos los estudios sobre la Grecia antigua. De acuerdo con la idea de que el cristianismo ha sido una de las causas de la falta de progreso del ser humano en occidente, Lugones busca durante muchos años de su vida soluciones en épocas anteriores y, muy especialmente, en el mundo helénico a través de *Prometeo* (1910; es un libro fundamental para comprender la estética y la mayor parte de la obra de su autor), *El ejército de la Ilíada* (1915), *Las industrias de Atenas* (1919), *Estudios helénicos* (1924) y *Nuevos estudios helénicos* (1928).

Pero un intelectual y nacionalista como Lugones tenía que interesarse también por los temas autóctonos y por el fomento de la cultura nacional. En este campo encontramos ensayos de gran calidad e interés literario como *El imperio jesuítico* (1905) y *El payador* (1916); en ellos se estudia el proceso cultural desarrollado por la orden religiosa en territorio argentino a partir de la observación de las ruinas de los edificios que construyeron, y, en el segundo caso, se lleva a cabo un profundo estudio sobre el *Martín Fierro* como poema épico —lo que no ha tenido mucho apoyo en críticos posteriores— y sobre los tipos humanos, paisajes o idioma característicos que rodean la figura del gaucho.

En la misma línea localista escribió varios panegíricos de importantes personajes como el del conocido político en la *Historia de Sarmiento* (1911), el geólogo y paleontólogo Florentino Ameghino en *Elogio de Ameghino* (1915), el famoso artista italiano en *Elogio de Leonardo* (1920) —que, en el fondo, es un intento de autobiografía— y, finalmente, el inacabado *Roca,* sobre el discutido estadista en el que sólo alcanzó a terminar la parte dedicada a elogiar al hombre y que interrumpió cuando iba a hablar sobre el político, aspecto en el que Lugones no se debía sentir muy compenetrado con él.

Mucho más abiertamente didácticos, generales y estrictamente científicos son *La reforma educacional* (1903), *Piedras liminares* (1910; curioso libro en el que se hacen propuestas para erigir monumentos a personas ilustres), *Didáctica* (1910), *El tamaño del espacio* (1920; que provocó la visita de Einstein a la casa de Lugones cuando estuvo en Buenos Aires) y un ambiciosísimo *Diccionario etimológico del español usual,* que tampoco tuvo tiempo de terminar a causa de su muerte y quedó reducido a la letra A casi completa.

Como en casi todos los casos, las cinco obras narrativas lugonianas han resultado polémicas y variadas: *La guerra gaucha* (1905) es un conjunto de relatos —juveniles, extremos y barroquizantes, pero de alta calidad— en los que se recrea la participación de los gauchos en las luchas de independencia hacia 1814; *Las fuerzas extrañas* (1906) se compone de doce cuentos fantásticos y un literario «Ensayo de una cosmogonía en diez lecciones», textos que han destacado del conjunto de la obra lugoniana y cuyos temas oscilan entre la ficción científica y la recreación de ambientes orientales, bíblicos o populares; *Filosofícula* (1924) es un libro que une verso y prosas breves en las que se mantienen —aunque con menos fuerza— los rasgos del anterior; del mismo año y en la misma línea son los *Cuentos fatales,* que, con cierta irregularidad, culmina algunas tendencias de *Las fuerzas extrañas;* en 1926 se publicó la casi inaccesible novela de Lugones *El ángel de la sombra,* obra ya de decadencia en la que nos encontramos, una vez más, con el simbolismo esotérico, el fatalismo, el suicidio...

LA LUNA

La Luna astronómica

El interés de los científicos por todo lo relacionado con nuestro satélite se ha visto estimulado desde tiempos remotos (no en vano es el segundo en tamaño de nuestro sistema solar). En la antigua Grecia[21], uno de los iniciadores del estudio serio de la Luna fue el filósofo Tales (hacia 640-546 a. de C.), considerado como en fundador de la ciencia en Grecia, que defendió que la luz del planeta se produce por reflejo de la del sol. Poco después, Pitágoras (hacia 582-hacia 497 a. de C.) descubrió que la órbita del cuerpo celeste no se encuentra en el mismo plano que el ecuador de la Tierra. También fue el filósofo seguidor de Tales, Anaxágoras (hacia 500-428 a. de C.), el primero en explicar correctamente las fases y los eclipses lunares (y también el primer científico de la historia perseguido y juzgado por sus ideas). Aristarco (320-250 a. de C.) estudió con acierto la distancia y el tamaño

---

[21] Y debemos recordar que ésta es una de las épocas de estudio preferidas por Lugones, como demuestran sus libros sobre el tema. En el mundo griego precristiano buscó sus modelos intelectuales.

del satélite, pero ni sus instrumentos ni sus contemporáneos le acompañaron y sus teorías sobre el heliocentrismo, que se adelantaban siglos, sólo fueron seguidas por Hiparco (190-120 a. de C.), que mejora sus cálculos, y mucho después por el gran Claudio Tolomeo (activo entre 127 y 151), que resume las ideas de los dos anteriores.

Durante un largo período de tiempo parece abandonarse el interés por la Luna o, al menos, se reducen grandemente los hallazgos relacionados con ella hasta que, en 1610, Galileo (1564-1642) se convierte en su primer cartógrafo; su obra fue seguida pronto por Michael Floris van Langeren (1645), Johan Hevelius (1647) y Giovanni Battista Riccioli (1598-1671), enemigo de Copérnico, que completó los nombres de los accidentes geográficos.

La influencia del astro sobre las mareas se empezó a admitir desde que la formulara, aunque sin demostrarla plenamente, el astrónomo y astrólogo alemán Johann Kepler (1571-1630). Su seguidor, el curandero inglés Jeremiah Horrocks (1619-1641) avanzó en sus teorías y demostró que nuestro satélite también se mueve en órbita elíptica. Fue el matemático Isaac Newton (1642-1727) el que, con su Ley de la Gravitación Universal, produjo una explicación satisfactoria de dicho influjo y las relaciones existentes en los movimientos de los cuerpos celestes. De cualquier manera, la relación luna-mareas ya era conocida en la antigüedad (griegos, celtas, etc.) y sigue siéndolo para los pueblos primitivos (maoríes de Nueva Zelanda o esquimales, por ejemplo).

Alexis Claude Clairaut (1713-1765), matemático francés, fue el que estudió los movimientos y se aproximó mucho al cálculo de la masa lunar, en lo que avanzó bastante más el suizo Leonhard Euler (1707-

1783) mediante el razonamiento algebraico y no el puramente geométrico.

El astrónomo inglés George Howard Darwin (1845-1912) perfeccionó los cálculos de Newton respecto a las mareas y participó en la polémica sobre el misterioso origen de la Luna, defendiendo que se ha formado por un fragmento de la Tierra que se corresponde con la fosa del océano Pacífico (la teoría más extendida ahora dice que se formó independientemente).

En la actualidad, el conocimiento del astro ha avanzado enormemente a partir de que se lograra el primer satélite artificial el 4 de octubre de 1957. El primer vehículo que llegó a ella fue el *Lunik II,* que se estrelló en su superficie en 1959. Las posteriores series norteamericanas *Ranger* y *Surveyor* aportaron abundante material gráfico. La presencia humana en el espacio, a partir de que el ruso Yuri Alekseyevich Gagarin se convirtiera en el primer cosmonauta en 1961 y que se produjera el primer alunizaje el 20 de julio de 1969 por los astronautas Neil Armstrong y Edwin Aldrin, ha producido una mayor confianza y seguridad en los hallazgos, pero han sido necesarios y fundamentales los sofisticados aparatos y su miniaturización. El suelo lunar presenta irregularidades evidentes («mares», para los primeros astrónomos), montañas, cadenas de formas circulares, y su composición sólo ha podido ser estudiada satisfactoriamente a partir de la llegada de los programas espaciales *Apolo* y *Lunik XVI* y *XX;* está sometida a temperaturas extremas (aproximadamente entre 100° y −150° C) por su falta de atmósfera y carece de campo magnético.

En definitiva, podemos decir que la Luna es el único satélite natural de la Tierra, de la que dista una media de 384.403 km, que mide unos 3.475 km de diámetro y una circunferencia máxima de 10.906 km, su superficie es aproximadamente un cuarto de la terrestre, se mueve en una órbita elíptica muy excéntrica, estudiada por Kepler, y rota sobre sí misma y alrededor de la Tierra en un ciclo aproximado de 27,32 días. Esta igualdad en los períodos de sus movimientos hace que siempre muestre la misma cara respecto a nuestro planeta; no obstante, el hecho de que la luz lunar provenga de reflejar la solar hace que, por la combinación de movimientos, la imagen observable desde la superficie terrestre cambie y dé lugar a las diferentes «fases». El conjunto de Luna y Tierra tardan aproximadamente 29,8 días en completar su giro en torno al Sol, y la especial situación de estos tres cuerpos celestes es la que da lugar a los espectaculares eclipses.

A pesar de su menor tamaño, el influjo de la Luna en las mareas es mayor que el del Sol por estar a una distancia mucho menor.

El hombre, como el planeta Tierra, está formado por un 80 % de agua y un 20 % de materias sólidas; es frecuente, en consecuencia, encontrar personas defensoras de la teoría de que no sería sorprendente que la influencia recibida en ambos casos fuera similar (especialmente, se dice, en la mujer, que acumula mayor proporción de líquidos), idea con conocidos antecedentes desde la más remota antigüedad, como Hipócrates o Galeno, hasta contemporáneos, pasando por figuras como Marsilio Ficino o Paracelso. Hasta hace relativamente poco tiempo se podía oír hablar a médicos muy serios y respetables del «mal de luna» referido a la epilepsia.

Es opinión generalizada entre las personas relacionadas con el tema, que las fases lunares tienen una clara repercusión en enfermos mentales (con frecuencia llamados «lunáticos»), en personas drogodependientes y en alcohólicos. También parece ser un hecho indudable que, durante los períodos de llena y nueva, aumenta la proporción de homicidios[22].

También es conocida la fuerte repercusión que tiene en la fertilidad de la mayor parte de los animales y en las costumbres de muchos de ellos. Desde los moluscos y peces hasta los mamíferos —el lobo es uno de los ejemplos más clásicos— la llegada de la luna nueva o de la luna llena aumenta claramente su actividad física, sexual y su agresividad. De hecho, la coincidencia de los ciclos del satélite con el menstrual femenino ha dado lugar en civilizaciones tradicionales a una rica asociación de mujer y Luna con abundantes repercusiones mágicas, folklóricas y culturales. Incluso las plantas parecen estar bajo su poderoso influjo (idea fundamental en los usos de las hierbas por las brujas), y buena prueba de ello es el hecho de que los campesinos de todo el mundo saben cuándo se deben o no sembrar y recolectar ciertos cultivos. Esta influencia de la Luna sobre la agricultura y la ganadería es quizá la causa de que ciertos animales y plantas que se aparean o crecen en cuarto menguante sean considerados como impuros o malditos en ciertas creencias, como pasa con el cerdo entre judíos y musulmanes o la cebolla en el antiguo Egipto.

La Luna simbólica

Etimológicamente, συμβολον significa unión de dos términos con los que se intenta llevar a cabo una

---

[22] Se pueden encontrar abundantes datos y estadísticas en Arnold L. Lieber, *El influjo de la luna* (Madrid, Edaf, 1984), y en G. G. Luce, *Biological Rhytms in Psychiatry and Medicine* (Washington D.C., Public Health Service, 1970).

definición de algo abstracto a través de algo concreto, con el fin de explicar el mundo o una parte de él. En cierto modo, se puede decir que con el símbolo se ensaya una unión de contrarios. Es un recurso que se ha usado fundamentalmente en el folklore, en juegos infantiles y, en pueblos más o menos primitivos, como forma de «decir sin nombrar» temas o asuntos que resultan peligrosos por razones políticas o religiosas. La utilización de símbolos por parte de las personas relacionadas con dogmas o creencias divinas ha hecho que, a lo largo del tiempo, lleguen a tener un valor doble: esotérico, oculto, sólo para iniciados, y exotérico o accesible para grandes grupos de personas. Pero no podemos dejar de tener en cuenta —siguiendo, aunque sea lejanamente, a Mircea Eliade— que, aunque aparentemente el hombre contemporáneo haya abandonado los antiguos símbolos, en el inconsciente colectivo ha quedado una larga serie de abstracciones más o menos constantes que nos permiten entendernos y explicarlos en muchos casos[23]. Quizá se pueda considerar un reflejo de lo anterior la existencia de tantísimos refranes y dichos en que aparece el satélite con asombrosa regularidad y su no menor variedad de significados.

Se ha dicho que la simbología solar es pobre en comparación con la lunar, pero parece que lo ocurrido es que el dios, único e impasible en muchas ocasiones, ha visto desde tiempo inmemorial su imagen descompuesta en otras, complementarias y mucho más activas, que se han orientado a reflejar lo cíclico, lo renovador de la naturaleza. Estos aspectos son los que se han visto simbolizados tradicionalmente por formas

---

23 *Vid.* Olivier Beigbeder, *La simbología* (Barcelona, Oikos-Tau, 1971). Introducción y primera parte, «Los símbolos».

circulares en representación culta del Sol, y como puntos centrales, espirales o lo acuático y frío como sustitución de la Luna y la fecundidad, en ambientes más populares[24].

El Sol es constante e igual a sí mismo, mientras que la Luna no sólo se muestra con formas cambiantes, sino que, incluso, parece alterar arbitrariamente su lugar de aparición y sus movimientos por el cielo. Todo esto porque tiene un ritmo, unas leyes aparentemente más complejas que las del astro rey; sin embargo, su acción se ha entendido paralela con la vida humana, por lo que ha servido tradicionalmente como unidad de medida cronológica más identificable y como modelo consolador simbólico frente a la muerte y el más allá. Se ha visto como una especie de puente humanizador entre la imponente inmutabilidad y rigidez de los componentes del Universo, un eslabón en la estructura que ofrece al hombre la posibilidad de imaginar que la realidad en que vive tiene, como él, momentos de declinación, de vejez, pero siempre hay una posibilidad de regenerarse. De esta forma, el astro se convierte en un símbolo de muerte por sus desapariciones y de vida por sus renacimientos.

La dualidad Sol-Luna, apoyada en las tradiciones por el hecho de que el día solar es constante, regular, racional, mientras que el satélite, que sigue esos ciclos aparentemente irregulares, representa lo intuitivo e irracional, es la inmortalidad y la regeneración, la duplicidad y la reintegración[25], el bien y el mal, la muerte y la fertilidad, el destino, el cambio[26].

Además de representar todos los dualismos posi-

---

[24] *Ibíd.,* págs. 15-41.
[25] Mircea Eliade, *Tratado de historia de las religiones,* Madrid, Cristiandad, 1981, 2.ª ed., págs. 179 y 181.
[26] *Ibíd.,* págs. 193-197.

bles, respecto a nuestro satélite también ha sido muy frecuente tener en cuenta sus fases y esto ha dado lugar a que sea considerada, en líneas generales, como una joven doncella cuando está creciente, la llena como una madre y la oculta luna nueva como una siniestra hechicera[27].

Tradicionalmente la Luna se ha representado mediante una enorme cantidad de símbolos de apariencia heterogénea; por ejemplo: el número 2, los espejos, todo tipo de cuernos, las hoces de segar, el caracol (por sus cuernos y porque aparece y se oculta en su caparazón), las espirales, los círculos, el oso o la mariposa (animales de presencia cíclica), los rayos (en forma de luces o de gotas como el rocío), la rana (puede aumentar o disminuir su volumen y esconderse en las aguas), el perro (se dice que su imagen aparece en las manchas lunares), el gato (por su nocturnidad). Es abundantísimo e importante el símbolo de la serpiente o el monstruo marino[28]: aparece y desaparece, se dice que tiene tantos anillos como días cuenta la Luna, adopta la forma circular, cíclica, se relaciona con lo fálico y con la brujería, representa la inmortalidad por metamorfosis. Algunas culturas consideran que es el lugar donde descansan las almas antes de su reencarnación e incluso dentro de ámbitos cristianos, como en textos de San Agustín, ha representado la resurrección[29].

Pero la Luna también ha despertado desde siempre temor y veneración y, en consecuencia, ha sido consultada sobre temas diversos. El alejamiento del hombre contemporáneo de la vida más natural ha hecho que,

---

[27] Paul Huson, *El tarot explicado,* Buenos Aires, Dédalo, 1973, páginas 280-281.

[28] M. Eliade, *ob. cit.,* págs. 181-183.

[29] *Ibíd.,* págs. 185-188.

cada vez más, se mire a nuestro satélite con menos interés y «respeto». Sin embargo, en las culturas más antiguas de Europa se desarrolló enormemente el culto a la divinidad lunar, que sólo se ha perdido con la llegada de ciertas formas religiosas más patriarcales, como ha mostrado brillantemente Robert Graves en *La diosa blanca*[30]. En este libro, el autor recoge de forma erudita pero atractiva una ingente cantidad de nombres, rasgos, características y referencias sobre multitud de diosas, en muchos casos estrechamente relacionadas con el astro, que han sido objeto de culto en distintas zonas geográficas desde la más remota antigüedad. Una de las apariciones literarias de la diosa mencionada por Graves y por otros varios autores[31] se encuentra en el libro XI de *El asno de oro,* de Lucio Apuleyo[32]. Aparte de conocidas referencias en Mesopotamia, antiguo Egipto y Grecia, M. Eliade recoge también apariciones desde antiguos textos hindúes[33].

Su proximidad geográfica con la tierra y sentimental respecto al hombre ha hecho que desde muy pronto la Luna sea identificada con un dios o diosa accesible aunque cambiante, ambiguo y un tanto amenazador, siempre con un cierto fondo negativo o de maldad.

Nuestro satélite ha sido adorado desde tiempo inmemorial y ha estado presente en todas las teogonías. Una prueba indirecta de ello quizá se pueda rastrear en el frecuente rechazo de sus ritos que se encuentra en la *Biblia* ya desde el Génesis.

En Babilonia el dios Sin, en Egipto Thoth, Khonsou y Osiris, Arma para los hititas, en la China y la India, en casi todos los casos podemos encontrar

---

[30] Madrid, Alianza Editorial, 1983, 2 volúmenes.
[31] Por ejemplo, Paul Huson en *ob. cit.,* pág. 279.
[32] Edición de J. M. Royo, Madrid, Cátedra, 1985, págs. 272-295.
[33] M. Eliade, *ob. cit.,* pág. 174.

alguna advocación, normalmente en forma femenina, positiva y protectora, pero, cuando se hace referencia al momento en que el astro está ausente del cielo, la diosa lunar se convierte en algo negativo, negro y terrorífico, como la terrible y sangrienta Hécate.

Para los astrólogos, las personas nacidas bajo el dominio de este cuerpo celeste están especialmente bien dotadas para la pintura y la creación literaria y, en los horóscopos, la luna informa sobre lo intuitivo, la sensibilidad, las emociones, lo inconsciente, lo femenino como personalidad o como deseo.

Son muy abundantes los grupos de personas que por sus creencias especiales no dejan de tener en cuenta la Luna para llevar a cabo ciertas actividades vitales o religiosas[34]. Así, por ejemplo, los masones miembros de la Fraternidad Rosacruz consideran que en la evolución del universo (con base en su interpretación de la *Biblia*) hubo un Período Lunar inmediatamente anterior al presente Período Terrestre. También consideran el que sea nueva o llena para realizar ciertos rituales importantes (la nueva y el nacimiento del «auxiliar invisible», la prestación de servicios desinteresados durante la llena, etc.). Madame Blavatsky, la gran maestra de los teósofos y ocultistas de medio mundo (lectura conocida de Lugones), recoge en su voluminoso libro *La doctrina secreta*[35] una ingente —aunque algo caótica— serie de referencias a estos temas en las más dispares mitologías. Según esta curiosa mujer, los cultos solares y lunares han sido complementarios tradicionalmente y, a través de una frecuente variación de sexo entre unas y otras, se ha

---

[34] Y, posiblemente, Lugones fue una de esas personas, puesto que perteneció a uno de esos grupos.

[35] Vol. 2, *Simbolismo arcaico universal,* Madrid, Luis Cárcamo Editor, 1978, págs. 160-188.

llegado a una serie de deidades triples (Luna-Sol-Tierra) que, de alguna manera, perviven en ciertas trinidades de las religiones actuales. La señora Blavatsky nos informa también de que el satélite se ha identificado constantemente con todas las diosas-vírgenes-madres en las diferentes teogonías (incluso recoge una cita de San Bernardo en la que se iguala en su carácter de reinas del cielo a la Luna y la Virgen María), lo que ha dado lugar a que podamos contar con una sorprendente cantidad de denominaciones para la diosa/dios[36].

Una de las representaciones más complejas y extendidas es la que encontramos en el arcano mayor XVIII del Tarot de Marsella. En él aparecen dos torres o puertas al fondo, dos perros ladrando y, en primer plano, un cangrejo dentro de un estanque, todo ello presidido por una imagen de la Luna que es al mismo tiempo llena y creciente, con rasgos humanos, de la que descienden veintinueve rayos y diecinueve gotas o lágrimas. Todo ello en colores que quieren ser también simbólicos. El conjunto resulta enormemente cargado de significados, pero en general se considera

---

[36] Un pequeño rastreo a la busca de nombres de divinidades lunares (sin indagar por zonas poco conocidas en Occidente que nos llevarían a Tch'ang-yi en la China, Pe entre los pigmeos africanos o Coyolxauhqui de los antiguos náhuatl mexicanos) nos ofrece rápidos y abundantes resultados: Adonis, Afrodita, Anâhitâ o Anaitis, Anat, Apolo, Arma, Artemisa o Diana, Ashimbar, Astarté o Ishtar, Atenea, Atys, Baco, Bel-Shemesh, Bellona, Ceres o Démeter, Cibeles, Dictina Britomartis, Diónisos, Ereshkigal, Hathor, Hécate, Ilithya, Ino o Plastene, Isis, Juno, Kali Ma, Khonsou, Leucotea, Lucina, Melitta, Mene, Minerva de Creops, Nanna, Nephtys o Neith, Osiris, Pârvâti, Perséfone, Pessinuncia, Proserpina Estigia, Ramnusia, Selene, Sin, Soma, Thammuz, Thoth, Venus Pafia, etc. Como es lógico, todas estas advocaciones han estado más o menos extendidas, pero en todos los casos se han relacionado con la Luna, y algunos como el poderoso Sin, la terrible Hécate, la hermosa Selene o la sanguinaria Kali Ma han sido entidades adoradas, temidas y muy respetadas en toda la cuenca del Mediterráneo y la India.

como una carta bastante negativa que representa la intuición y la imaginación frente al mundo material, el conocimiento trabajoso aunque siempre amenazado por la posibilidad de error en los sentidos, por la mentira o la locura[37].

Los movimientos o grupos interesados por estos temas un tanto misteriosos, discutibles pero llenos de simbología, comenzaron a aparecer en España a mediados del siglo XIX (recordemos los casos de Juan Valera, Valle-Inclán y, algo más tarde, Antonio Machado) y, en sus últimos años, tuvieron un verdadero florecimiento en Hispanoamérica. Así no es de extrañar que, junto a Lugones, encontremos en Buenos Aires a bastantes escritores masones, como José Ingenieros, Enrique García Velloso, Florencio Varela, José María Caro, Diego Fernández Espino, etc., sin olvidar al mismo Rubén Darío, que además fue practicante del espiritismo —como el modernista mexicano Amado Nervo. Estos artistas buscaban sus modelos culturales en diferentes lugares y ya les llegaban con el añadido, real o imaginado, de alguna de esas prácticas ocultistas: las visiones de Poe, William Blake o Rimbaud siempre han sido sospechosas, Gautier, W. B. Yearts y Conan Doyle parecieron interesados por ciertas ideas al respecto, y parece que fue clara la relación de Novalis, Nerval, Mallarmé, Henry James, Robert de Montesquiou-Fezensac y algunos de los Prerrafaelistas ingleses como Burne Jones, Watts o Dante Gabriel Rossetti.

Desde estos puntos de vista, el *Lunario sentimental* quizá pudiera admitir una lectura para conocedores de los temas mencionados que resultara especialmente rica e interesante. Pero estos son unos campos dema-

---

[37] Alberto Cousté, *El tarot o la máquina de imaginar,* Madrid, Akal, 1971, 6.ª ed., págs. 189-193. Y Paul Huson, *ob. cit.,* págs. 279-288.

siado resbaladizos para los no iniciados y seguramente nos bastaría con pensar que Lugones ha pretendido hacer belleza (que, para él era sinónimo de «bien») utilizando símbolos del mal —como la luna— en una especie de conjuro neutralizador con el que aspira a conseguir una meta tan deseada como es la unión de opuestos.

EL «LUNARIO SENTIMENTAL»

El *Diccionario de Autoridades* recoge seis entradas para el término *luna,* en las que, además de referirse al satélite terrestre como el séptimo planeta, encontramos el significado de «plata» para los químicos de la época; el de lámina de vidrio; supuesto efecto del astro en los locos; patio descubierto en Aragón y, en germanía, los de «camisa» y «rodela». En la entrada de *lunario* sólo se ofrece un único sentido como «calendario que cuenta el año por lunas». Por su parte, el de la Real Academia, en la edición de 1984, ofrece hasta doce significaciones que, en líneas generales, repiten los del anterior y aportan algunos más en compuestos y frases hechas; *lunario* tiene tres acepciones académicas: dos que se relacionan con el período entre dos coincidencias de Luna y Sol y un tercero como «almanaque o calendario». El diccionario de María Moliner (reimpresión de 1982) incorpora prácticamente los mismos valores, considera la forma derivada que estamos siguiendo como anticuada y equivale nuevamente a «calendario».

Si aplicamos al título del libro de Lugones las definiciones antedichas, podremos entender que se trata de un calendario emocional, una especie de almanaque o catálogo de sentimientos que, incluso, pueden parecer repetidos y previsibles. Pero, si tenemos en cuenta que entre los poemas lugonianos encontraremos un capítulo llamado «Lunas» y la presencia del sufijo colectivizador, es posible considerar *lunario* exclusivamente como «conjunto, grupo o repertorio de lunas»[38], y *luna* como «estado de ánimo o efecto de la Luna en un espíritu enfermo», la obra sería entonces una especie de directorio lírico o una recopilación de síntomas producidos por nuestro satélite en una persona especialmente sensible y doliente. Incluso, se interpretaría como obra de un verdadero loco, si lo observamos en la línea irónica patente en todo el texto. Pero el nombre del libro, con ser bastante escueto, todavía ofrece una ambigüedad más en el adjetivo *sentimental:* es fácil deducir que se refiere a las emociones antedichas o que se excede hasta el ridículo en la expresión de las aflicciones[39].

Ofrecer una interpretación unívoca desde el título para el *Lunario sentimental* parece un trabajo sin futuro y, en cierto modo, empobrecedor. Si sabemos rastrearlo, ciertamente podremos encontrar en él los aspectos más variados: cotidiano, modernista, ridículo, romántico, desencantado, irónico... Pero este rasgo de complejidad de tonos y la evidente ambigüedad ha colaborado, sin duda, en que le libro sea considerado frecuentemente (con término bastante poco afortunado) «deshumanizado».

La metáfora como obsesión

Es también ya un tópico —y justificado— el incluir a Lugones dentro de la corriente modernista. El pro-

---

[38] En cierto modo, es éste un neologismo semántico que abre la puerta a algún próximo *Crepusculario y Estravagario.*

[39] Incluso, podríamos entender «lunario» como sustantivo referido a profesión y, entonces, el libro se referiría a un creador o inventor de lunas especialmente sensible.

blema está en que fue un movimiento cuya estética, caracterizada por su libertad y eclecticismo, se fue definiendo fundamentalmente a lo largo de las obras de Rubén Darío, del uruguayo Julio Herrera y Reissig y del mismo Leopoldo Lugones, que cambió mucho en cada libro.

Darío realiza su síntesis de clásicos españoles y contemporáneos franceses y, con ello, descubre que ha encontrado una nueva forma literaria y estética. Su evolución hacia una mayor profundidad y perfeccionamiento es ya apreciable a partir de su segundo libro poético importante, *Prosas profanas y otros poemas,* que publicó precisamente en Buenos Aires en 1896. A través de la musicalidad, los matices, los ritmos variados, los temas exóticos, etc. Darío consigue la creación de una atmósfera, un entorno literario, diferente a cualquier otro en castellano, que permite la realización de unos poemas en los que todos sus elementos funcionan como un verdadero sistema de relaciones armónicas. La metáfora, que en este autor tiende a ser bastante explícita, es una de las bases de su poética. Rubén, amigo de doctrinas secretas próximas al ocultismo, al neopitagorismo, y seguramente masón, intenta muy conscientemente dar a sus imágenes un contenido meta-físico a través de la armonía; busca recrear los ritmos, la concordancia de espíritu y materia que no encuentra en lo que le rodea; para el poeta, todo en este mundo, lo material y lo espiritual, los ojos de una mujer y la «música de las esferas», pueden convivir en analogía consonante dentro de la obra de arte, siempre que el autor sepa desarrollarla de acuerdo con unas leyes apropiadas. La mayor parte de la obra dariana se convierte así en un conmovedor y angustioso intento de buscar la trascendencia, de resaltar los significados profundos de un mundo material, de una situación real que, en la mayor parte de los casos, no responde a los deseos del autor.

Lo que menos le ayudó a Darío fue el hecho de que, por la presión de los gustos del lector o la propia inercia estética, no consiguiera una evolución global de su poesía; su obra se quedó limitada a un intento de progresiva intensificación semántica dentro de un marco formal armónico y perfecto, pero estabilizado.

Por el contrario, Lugones —y, a su manera, Herrera y Reissig—, tras un período caracterizado en cierto modo por la búsqueda formal *(Las montañas del oro* y *Los crepúsculos del jardín),* retoma e interpreta la estética dariana y, con extraordinaria agilidad histórica, lleva a cabo con el *Lunario* un adelanto de quince o veinte años en su práctica poética.

Hay un texto del autor argentino que es especialmente interesante y sobre el que algún crítico ha manifestado su sorpresa por haber sido ignorado hasta ahora[40], ya que parece ser fundamental para entender la estética del momento. Se trata de un trabajo, publicado primeramente en la revista *Philadelphia* y recogido en *ΣΟΦΙΑ,* órgano de la Sociedad Teosófica madrileña, en su número de mayo de 1902, con el título de «Nuestras ideas estéticas». De entrada, el artículo resulta atractivo por ofrecer, aunque no es ese su tema, una posible explicación del interés de Lugones por el tema lunar con una sola frase: «La Magia tiene razón, sin duda, cuando simboliza en el corazón al Sol y en el cerebro á *(sic)* la Luna»[41]. En el grueso del texto, el autor define primero la Realidad en sus tres componentes: belleza, verdad y bien. La realidad que

---

[40] Giovanni Allegra, en *El reino interior,* Madrid, Encuentro, 1986, página 143.

[41] «Nuestras ideas estéticas», en *ΣΟΦΙΑ,* Madrid, mayo de 1902, página 177. Y debemos recordar que es un texto bastante anterior al *Lunario.*

podemos conocer es pura apariencia y, por tanto, indefinible; lógicamente, sus componentes también lo serán y lo único que podemos hacer es estudiarlos y experimentar con ellos. En este sentido, Lugones ve el Universo compuesto por dualidades que se oponen (lo bello presupone conocimiento y ausencia de lo feo) y que, en un nivel superior, se simplifica en fuerza y materia, para la Física, o «noumeno y fenómeno», en Metafísica[42].

La poesía, como una de las más elevadas manifestaciones del arte en general, ha tendido desde épocas remotas al panteísmo. La base de la creación poética parece encontrarse en «la gran ley de la analogía, en virtud de la cual ⟨lo que está arriba es como lo que está abajo⟩, tiene su formulación en la metáfora, alma de la poesía (...) Además, y esto es lo importante, las metáforas infundiendo á *(sic)* las cosas el alma de los seres con quienes las comparan, ó *(sic)* simplemente poniendo á *(sic)* las cosas en acción para compararlos, las suponen vida y las personifican. Es la expresión artística de las religiones, á *(sic)* la cual llamamos mitología»[43]. Este es precisamente uno de los elementos del avance lugoniano en la liberación formal que consigue frente al Rubén efectista y normativizado respecto a sí mismo. El progreso se produce a partir de la imagen, pero con una base diferente: frente al ideal de armonía neopitagórica de Darío, Lugones aplica a su estética la máxima esotérica de la Tabula Smaragdina o Tabla Esmeralda, atribuida legendariamente a Hermes Trimegisto: «lo que está arriba es como lo que está abajo». El sistema metafórico lugoniano se hace así más complejo, arbitrario y difícil para el lector. La meta-física lugoniana aspira a un simbo-

[42] *Ibíd.*, pág. 175.
[43] *Ibíd.*, pág. 175.

lismo por analogía intuitiva, mucho más libre y aparentemente más rico, sobre todo en léxico.

La figura literaria se convierte de esta manera para Lugones en un elemento casi mágico, en cierto modo religioso. Aunque quizá sea mucho más importante destacar el componente intuitivo, individual, irracional hasta cierto punto, que, con el paso del tiempo, volveremos a encontrar —ciertamente con más radicalismo y formulaciones nada místicas— en los Ismos europeos: «Se siente á *(sic)* la metáfora, no se la razona. Su naturaleza emociona, excluye el raciocinio, porque el único medio de comprender una emoción es experimentarla (...) Es la emoción la que personifica; la razón pondera sencillamente los elementos de la comparación (...) El artista, antes que pensar, *siente* las secretas semejanzas de las cosas que así manifiestan su unidad substancial»[44].

Pero este sorprendente avance irracionalista lugoniano se ve pronto matizado por la intervención de lo cerebral. Una mente que, en el fondo, quiere ser «científica» no podía renunciar a la primacía de la razón, ya que «es el sentimiento lo que pone en función las facultades intelectuales»[45].

Por otra parte, Lugones rinde también su tributo al modernismo con una serie de protestas contra el materialismo y el positivismo, origen del naturalismo que, para él, olvida que «el más noble objeto del Arte es el hombre. Pero el hombre como entidad espiritual, desde que sólo en tal concepto puede considerársele uno con el Gran Ser»[46].

Es igualmente muy modernista y, en cierto modo, neorromántico el destacar otro aspecto de la literatura de

---

[44] *Ibíd.,* la cursiva es del autor, pág. 176.
[45] *Ibíd.,* pág. 177.
[46] *Ibíd.,* págs. 178-179.

la época que tampoco resulta serle muy agradable al autor: el psicológico. Le parece que ha de conducir irremediablemente a la «auto-idolatría» y a la pérdida del héroe[47].

En definitiva, para Lugones el objeto del arte es «manifestar la unidad substancial de la naturaleza en el espíritu humano, por medio de una armonía de palabras, sones, colores, líneas, personificando lo inmaterial para concretarlo y lo material para humanizarlo, á *(sic)* fin de que, volviéndose más accesible al entendimiento resulte más clara aquella unidad (...) El artista (...) es un revelador del Universo bajo sus aspectos más íntimos»[48], con lo que Lugones parece retornar a concepciones modernistas más ortodoxas[49], aunque fuertemente enraizadas en su especial concepción de un mundo en que Belleza, Verdad y Bien se igualan como componentes de la Realidad.

Pero es en el mismo «Prólogo» del *Lunario* donde podemos encontrar abundancia de datos más inmediatos relacionados con la obra. Se trata de un texto en el que ya se encuentran bastantes rasgos de la ironía y la ambigüedad característica del resto. Esto contribuye a crear cierto aire polémico que ha sido destacado por Borges y muchos otros críticos. Sirva como ejemplo, en este sentido, el hecho de que, desde el comienzo, encontramos frecuentes referencias algo despectivas a la «gente práctica» y, sin embargo, el mismo Lugones dice poco después que el verso, por su concentración, tiende a ahorrar tiempo —incluso dice de sí mismo que también es «práctico» en otro momento.

---

[47] De los que Lugones en una curiosa y rápida selección recuerda a Clitemnestra, Atalia, Macbeth, Don Quijote —cuya figura trata más extensamente—, el rey Lear, Ugolino y Ursus.

[48] *Ibíd.,* pág. 180.

[49] Y así lo demuestra con un breve ejemplo de prosa muy lírica que incluye como cierre en el mencionado artículo.

También Borges ha destacado uno de los aspectos más discutidos de la obra lugoniana al afirmar que «adoleció de dos supersticiones muy españolas: la creencia de que el escritor debe usar todas las palabras del diccionario, la creencia de que en cada palabra el significado es lo esencial y nada importan sus connotación y su ambiente» [50]. Parece que, para el narrador y crítico, el exceso de verbalidad perjudica al texto poético porque distrae al lector hacia la forma y no destaca lo suficiente el contenido [51].

Las objeciones pueden parecer bastante justas pero el propio Borges en el mismo ensayo nos ofrece una posible explicación a este «supersticioso defecto»: Lugones es, a su manera, un escritor gongorino. La obra de los dos poetas parece ofrecer la máxima densidad de metáforas de la literatura en castellano, pero, lógicamente, uno las crea y construye sus poemas de acuerdo con la estética barroca y el otro, en consonancia con su época, intenta no ajustarse a norma alguna; el autor no parece «estructurar» el poema; en la mayor parte de los casos, el texto le lleva a una metáfora intuida, esta se asocia con otra, y esta con una más... De forma que resulta fácil hablar de una poesía que se desarrolla por expansión lineal, por asociación a partir de una base intuitiva, muy personal y, por tanto, muy libre.

La metáfora es, según el prólogo, la base de la creación literaria y, sobre todo, poética. Para él, la relación entre significante y significado en cualquier palabra se ha producido de la misma forma que en la imagen; se ha asociado un elemento fónico y gráfico, físico y material, a otro intelectual e inmaterial con el

---

[50] Jorge Luis Borges, *ob. cit.*, pág. 17.
[51] *Ibíd.*, pág. 39. También es posible que aquí a Borges le traicione su propia estética.

que, en principio, no había ninguna correspondencia lógica o esperable. La metáfora puede llegar a arraigar en el grupo social y convertirse en una palabra de empleo común hasta que un nuevo poeta la reutilice asociada a otro significado y se convierta en algo mucho más rico en contenido. De esta forma, la lengua adquiere para el autor un intenso valor social de uso y los poetas, como creadores de metáforas, se convierten en los responsables ante su grupo humano del empleo y renovación del lenguaje[52]. Pero hay que observar que el autor no hace, en principio, ninguna indicación respecto a que la imagen deba «embellecer» (en este sentido, suele utilizar el verbo «agradar», que parece mucho más tenue) y que no pueda servir de diversión o de burla[53]. Por otra parte, al poeta le queda siempre la posibilidad de usar palabras «inesperadas» que se cargarán de significado y enriquecerán al resto, como, por ejemplo, los términos científicos, los coloquialismos, las cacofonías... Todo en función de un intenso, aunque no declarado, deseo de renovación y de enfrentamiento con la tradición.

En resumen, para Lugones el verso debe producir *agrado* a partir de la *concisión* y la *claridad;* y estas han de ser sus tres cualidades fundamentales. La tendencia a la condensación produce en el idioma una gran riqueza semántica de la que la *metáfora* se ha convertido en el mejor modelo. Su utilización por parte de los poetas

---

[52] Guillermo Sucre *(ob. cit.,* págs. 47 y 49) dice que esta teoría es heredada de algunos románticos alemanes como Herder, Schelling o Jean Paul, que ha coincidido posteriormente con autores tan conocidos como Ezra Pound y T. S. Eliot, y que está en la base de los estudios recientes de mitología y muy próxima al punto de vista de la poesía moderna y contemporánea: «el mito fue una metáfora», «toda metáfora es una visión mítica de la realidad»,

[53] Es este otro aspecto que aleja a nuestro autor de Darío y sus contemporáneos. Quizá el único modernista en el que se podrían rastrear rasgos y antecedentes de humor sea el colombiano José Asunción Silva.

ha de ser absolutamente libre, sólo limitada por las necesidades *expresivas* y orientada a la *armonización entre lo material y lo espiritual*, porque, como afirma Torres Roggero, «sospechamos que una de las claves del drama simbólico de la vida y la obra de Leopoldo Lugones reside plenamente en el gran gesto conciliador que procura realizar entre la ciencia y el mito»[54].

Así pues, el poeta como investigador y renovador del idioma tiene una gran responsabilidad social, pero también como artista creador de belleza debe ajustarse a unas normas que el autor trata de explicarnos en su «Prólogo». Y primeramente lo hace respecto a lo que él llama «verso libre», de acuerdo con la terminología *(verslibrisme)* que habían extendido algunos poetas franceses desde finales del siglo XIX. Se trata, en realidad, de lo que Navarro Tomás ha denominado «verso semilibre», porque, a pesar de ofrecer evidentes irregularidades en su longitud, se puede observar una sensible tendencia a repetir un cierto número de sílabas —predominan los de once, en este caso— y se mantiene la rima consonante en todos los versos que, con frecuencia, se distribuyen en series de esquema métrico tradicional (cuartetos, tercetos, etc.)[55].

Esta es otra más de las habituales ambigüedades lugonianas: en sus poemas da la sensación de desarrollar una enorme libertad respecto a formas más rígidas, pero, en el fondo, mantiene con gran constancia unos rasgos comunes que no son novedad, independencia ni facilidad.

Las últimas palabras del «Prólogo» son nuevamente indeterminadas. En un tono que se puede entender entre la disculpa y la timidez, Lugones nos ofrece una

---

[54] Jorge Torres Roggero, *ob. cit.*, pág. 10.
[55] Tomás Navarro Tomás, *Métrica española,* Madrid-Barcelona, Guadarrama-Labor, 1974, 5.ª ed., págs. 451-453.

«explicación» del origen del libro. Dice que lo ha escrito como respuesta a un deseo sentido desde la infancia «por las acometidas de la vida», y así tendríamos que verlo como una especie de consuelo en la belleza. También pretende «cantar a la luna por venganza de la vida» y, otra vez más, nos quedamos sin saber si quiere vengarse de una agresión llevada a cabo por la vida, o quiere vengar a la vida de las agresiones que ella recibe de la luna. Además define el libro a partir de unas cuantas imágenes llenas del ya habitual simbolismo armonizador de contrarios: una «fuerza oscura» ha producido un «producto excelente», como una «pena sombría» se traduce en «cristal de llanto». Finalmente, Lugones hace una nueva referencia con doble sentido al mencionar a su «maestro» Don Quijote, que posee la luna como vencedor del Caballero de la Blanca Luna, cuando todos sabemos que esa fue la única derrota admitida por el caballero manchego y que le supuso el regreso a su pueblo y a la cordura, la pérdida de la fantasía, la libertad y, a la larga, de la vida.

Lugones y Laforgue

Un aspecto inevitable y sujeto a multitud de controversias ha sido y es el de las relaciones literarias del poeta argentino con el francés Jules Laforgue.

Casi desde el momento en que comienza a publicarse sus libros, Lugones recibe, como era de suponer con una obra tan variada y radical, frecuentes críticas negativas. Un ejemplo de ellas, que tiene el interés de producirse desde dentro de la misma estética modernista, es el del venezolano Rufino Blanco Fombona. Este curioso personaje, con una interesante labor como analista literario de sus contemporáneos, una obra de creación sin demasiado interés y una actividad política intensa y algo contradictoria, es quien llegó en una ocasión a acusar al argentino de plagiar la obra de Julio Herrera y Reissig, que en aquel momento ya había fallecido. Se pudo demostrar que los poemas supuestamente copiados eran conocidos a través de una grabación fonográfica bastante anterior. No obstante, Blanco Fombona continuó con su postura a menudo enfrentada —aunque nunca con violencia— y, por ejemplo, recoge en su interesante libro *El modernismo y los poetas modernistas* todo un capítulo dedicado a Lugones[56]. Dice de él que «la mayor de sus condiciones de poeta consiste en un don verbal extraordinario. La segunda, en el don asimilativo. Asimila cuanto le impresiona en ajenos autores, aun los más dispares con su temperamento; y a menudo desfigura, aplasta y supera lo asimilado»[57]. En otro momento afirma que su técnica varía según los modelos que persigue, «que aunque no lleguen al plagio lo bordean constantemente»[58].

Posturas como la anterior han dado lugar a una especie de seguimiento de «influencias» recibidas por nuestro poeta. Así se ha asociado a *Las montañas del oro* con Victor Hugo, *Los crepúsculos del jardín* con Albert Samain, *El libro de los paisajes* con Giovanni Pascoli y, sobre todo, el *Lunario sentimental* con Laforgue. Pero, en líneas generales, la opinión de los críticos admite la influencia y destaca los muchos rasgos diferenciadores. Por ejemplo, Juan Mas y Pi escribe que «hay mucho de Laforgue en el *Lunario*», pero también que «entre Laforgue y Lugones hay las más grandes diferencias»;

---

[56] Madrid, Mundo Latino, 1929, págs. 295-337.
[57] *Ibíd.*, pág. 297.
[58] *Ibíd.*, pág. 308.

el francés le parece «débil, enfermizo», mientras que el otro «es un carácter fuerte, seguro de sí mismo»[59].

De cualquier manera, las supuestas influencias de unos escritores en otros son bastante difíciles de concretar y, en este sentido, se podría encontrar también un claro ejemplo de «estrecha relación» entre el poema «Balada a la luna», escrito en 1829 por Alfred de Musset, y alguna obra del mismo Laforgue, en las que éste parece seguir el modelo del romántico con bastante fidelidad en el tono, en algunas imágenes un tanto paródicas o en la reiterada comparación de la luna con el punto de una i.

Igualmente resulta bastante lógico pensar que, en su caso, Lugones recibiera influencias de la larga y variadísima tradición de obras literarias dedicadas a la luna. Sólo con recordar la enorme cantidad de fábulas, dichos, refranes, leyendas, cuentos y, sobre todo, canciones, creados por el folklore y por autores populares en las más distintas zonas y épocas, es evidente que cualquier persona interesada por el tema ha de encontrar abundantes modelos y fuentes. Pero, si hacemos una rápida revisión al desarrollo de obras en las que la Luna tiene una presencia importante, dentro de la literatura occidental encontraremos, ya desde el siglo II, a Luciano de Samosata, que trata el tema del viaje a nuestro satélite en su *Verdadera historia*. Después, la Luna aparece en algunas figuras tan importantes y tan diferentes como Ludovico Ariosto, Fray Luis de León, Shakespeare, Quevedo, Rudolph Erich Raspe y sus *Aventuras del Barón de Münchhausen,* José de Cadalso, Goethe especialmente en su *Werther,* Espronceda, Zorrilla, Bécquer, el clásico de la ciencia

[59] Juan Mas y Pi, *Leopoldo Lugones y su obra* (estudio crítico). Buenos Aires, Renacimiento, 1911, págs. 166-167.

ficción Julio Verne, Yeats, Edgar Allan Poe tan leído
por los modernistas, H. G. Wells, otro clásico del tema,
Edmon Rostand con *Cirano de Bergerac,* el futurista
Marinetti, Juan Ramón Jiménez, Jorge Guillén, Alei-
xandre, Cernuda, etc.

Si, además, encontramos autores anteriores a Lugones que hayan escrito en torno al tema lunar con un
punto de vista más o menos caricaturesco, no sería
extraño que se hablara también de su influjo sobre él.
Tal es el caso, por ejemplo, de Quevedo, que, en *La
hora de todos y la Fortuna con seso,* hace una presentación
paródica de las fábulas mitológicas, tan de moda en su
época, a través de una imagen satírica de los dioses en
la que aparece la Luna con rasgos bastante especiales:
...«con su cara en rebanadas, estrella de mala moneda,
luz en cuartos, doncella de ronda y ahorro de linternas
y candelillas»[60].

A pesar de todo lo anterior, parece evidente y
justificada la referencia a Laforgue como más inmediato y casi único modelo para Lugones. En este sentido,
el trabajo más extenso dedicado a las relaciones entre
los dos poetas es el llevado a cabo por Raquel Halty
Ferguson[61]. Se trata de una detenida revisión de la
obra de los dos autores en busca de sus relaciones
estilísticas y temáticas, ya que el tono cambia mucho
entre ambos: el francés hace de la poesía un vehículo
de libertad y de ataque a las modas clasicistas, pero
siempre al margen de la moral que nada tiene que ver
con el arte; mientras que Lugones, de acuerdo con su
aproximación intelectual al mundo de la antigüedad
clásica y con las ideas más características del modernis-

---

[60] Franscisco de Quevedo, *La Hora de todos y la Fortuna con seso,* edición
de J. Bourg, P. Dupont y P. Geneste, Madrid, Cátedra, 1987, pág. 151.
[61] Raquel Halty Ferguson, *Laforgue y Lugones: dos poetas de la luna,*
Londres, Tamesis Books Limited, 1981.

mo, entiende el arte como un servicio a la sociedad en el que se unen la estética y la moral; así los artificios formales, que en el individualista Laforgue se convierten en un fin por ellos mismos, en el argentino son un· medio más para la creación de Belleza o de Bien, una forma de enriquecimiento social en definitiva. Los préstamos de uno a otro son evidentes, pero la originalidad en el tratamiento de la imagen, el sarcasmo, el rigor y la mayor complejidad intelectual de Lugones hacen que resulten extraordinariamente difíciles de mantener en la actualidad las acusaciones que se han publicado en otras épocas. Por otra parte, la tendencia a relajar las rimas o el uso del verso libre son rasgos muy evidentes que alejan aún más a Laforgue del argentino[62].

Lugones y la Vanguardia

El adelanto de rasgos vanguardistas en la obra de Lugones es una de sus características más acusadas y que más han admirado tanto los críticos como los poetas. La adjetivación infrecuente, las rimas raras, la asociación de ideas o realidades distantes, la ruptura permanente y consciente del ambiente o tono lírico, las continuadas faltas de respeto a los temas más sagrados y el ataque a cualquier cosa que pueda recordar a la estética sentimental burguesa, son rasgos que habrán de convertirse, más o menos acusadamente, en elementos importantes para la «deshumanizada» estética después de algunos años.

[62] Y siempre nos quedará la duda de que los dos autores tuvieran unas mismas lecturas que les incitaran a escribir como lo hicieron; así ocurre, por ejemplo, con la *Filosofía del inconsciente,* de Hartmann, que fue un modelo evidente para el francés y pudo serlo para Lugones.

Frases de Jorge Luis Borges respecto a Lugones como «desde el ultraísmo hasta nuestro tiempo, su inevitable influjo perdura creciendo y transformándose. Tan general es ese influjo que para ser discípulo de Lugones, no es necesario haberlo leído»[63] o, respecto a la misma vanguardia en que participó Borges, aseveraciones tan radicales y conocidas como la ya mencionada «Yo afirmo que toda la obra de los poetas de *Martín Fierro* y *Proa* (...) está prefigurada, absolutamente, en algunas páginas del *Lunario* (...) Fuimos los herederos tardíos de un solo perfil de Lugones»[64], lo que le lleva a hablar, incluso, de «plena identidad de sus hábitos literarios, de los procedimientos utilizados, de la sintaxis»[65], se han convertido en otro de los aspectos recurrentes al hablar del presente libro. El punto de vista lugoniano, que se mueve con frecuencia entre el puro juego y lo más intuitivo, debió resultar especialmente grato y, por supuesto, muy próximo a los vanguardistas de la segunda década de nuestro siglo. Lo mismo ocurre con la concepción del poema como creación y no como expresión sentimental.

El deseo de Lugones de buscar críticamente nuevos modos literarios y el querer degradar a la Luna como objeto poético habitual parecen conducirle a alterar o ignorar las formas tradicionales, a usar un léxico raro, aparentemente oscuro y cerebral, unos divertimentos verbales sorprendentes y una mezcla de niveles de lenguaje, de términos científicos y coloquiales que, por sí mismos, se convierten en un elemento plenamente significativo dentro de los textos y ya anuncian sin saberlo los hallazgos de la Vanguardia años después.

[63] Jorge Luis Borges y Bettina Edelberg, *ob. cit.*, pág. 18.
[64] *Ibíd.*, pág. 52.
[65] *Ibíd.*, pág. 53.

Así no resultaría muy difícil rastrear cierto fondo lugoniano en el sistema metafórico del *Cencerro de cristal* de Ricardo Güiraldes, en el prosaísmo de Baldomero Fernández Moreno, en la variedad de rimas y el tono sarcástico de Ezequiel Martínez Estrada, en los ambientes poco naturales de Oliverio Girondo o Ricardo Molinari. Se puede decir que toda una corriente del Ultraísmo argentino, marcada por la intención de burla y la desmitificación, se deriva en cierto modo de Lugones y culmina en las teorías de Macedonio Fernández, para el que la literatura tiene como función principal el atacar cualquier seguridad existencial del hombre, o en la constante «refutación» del mundo en Borges.

Los temas del «Lunario»

Un aspecto que, contrariamente a lo que venimos diciendo, resulta muy integrado dentro de la corriente modernista es el de los temas del *Lunario*. La misma Luna, los personajes de la «commedia dell'arte», los pastores que esconden espíritus refinadísimos, las hadas, los artistas bohemios... son todos componentes muy frecuentes en las obras de los escritores del momento y, como tales, apenas representan novedad alguna. Es igualmente característica la creación de ambientes artificiales (como pretende el protagonista de «Inefable ausencia»), la autorreferencia burlesca, el prosaísmo deliberado, la aparición bastante frecuente de alusiones a la locura, la muerte o el suicidio, siempre manteniendo un tono en el que apenas cabe el sentimentalismo o el optimismo y sí predomina cierto cansancio ante la vida.

Hay que destacar el hecho de que, también de

acuerdo con su movimiento contemporáneo, Lugones desarrolla toda una serie de temas relacionados con los ambientes urbanos tan próximos lógicamente al público burgués, que era el teórico receptor natural de la literatura del modernismo. Las referencias a lo cotidiano son frecuentes como vehículo de crítica a la mediocridad humana (por ejemplo, los tipos enumerados en el «Himno a la luna», el protagonista de «Luna ciudadana», que significativamente se llama «Fulano» o la cruda caricatura de «Los fuegos artificiales»), aunque al final Lugones siempre deja latente cierta benevolencia indulgente para con los tipos que retrata; debajo de las caretas carnavalescas, llenas de fuertes colores y con rasgos exagerados, podemos adivinar casi siempre la presencia de un autor sentimentalmente conmovido.

Ya no resulta tan acorde con la moda del momento, por el contrario, el tratamiento que Lugones da a estos asuntos. Aunque no se puede decir que lo humorístico esté ausente de la obra de estos autores desde sus primeras manifestaciones, sí se puede afirmar que este es un aspecto que ha sido poco resaltado por la crítica. En el caso del colombiano Silva, se trata de un humor bastante sarcástico, muy marcado por su desalentado pesimismo y desarraigo, pero Lugones desarrolla un humor mucho más intelectual, más verbal, basado en la parodia o la caricatura de los modelos culturales y de los tópicos literarios, incluso de los propios modernistas.

Quizá lo más correcto a la hora de hablar de los temas del *Lunario* sería decir que el fundamental es él mismo, el establecimiento a partir de los mecanismos de la metáfora de unos especiales sistemas de relaciones entre palabras que llegan a ser su propio mensaje; hay momentos en que Lugones parece más interesado en el desarrollo del propio texto que en el asunto del que trata, de forma que hay poemas cuyo fin fundamental parece ser su propia y armónica extensión, al margen de que reflejen la historia o sentimientos de ciertos personajes más o menos definidos. Esta consciencia del poema como constelación de elementos que funcionan por las relaciones que se establecen entre ellos hasta formar cierta unidad, es también muy característica del modernismo, pero ya no lo es tanto el deseo, más o menos definido, de destacar de manera casi unilateral la misma forma del mensaje literario. También Lugones, en su afán transgresor de las solemnidades líricas de la época, se deja arrastrar por un verdadero frenesí, en una especie de orgía metafórica que, dentro de su tendencia irónica, le lleva en ocasiones a no evitar ni siquiera las cacofonías o los rasgos poco «poéticos». Y en todo esto se puede ver también ya otra premonición de la Vanguardia.

Pero no se debe olvidar que el énfasis en lo formal o la prevalencia de la metáfora es necesario encuadrarlos dentro de las particulares ideas que el mismo Lugones desarrolla en el «Prólogo», en el sentido de que toda esta serie de recursos lingüísticos siempre redundarán en beneficio de la mayor riqueza del idioma y, en consecuencia, de la sociedad.

Estructura del «Lunario»

El libro está dividido en cinco partes de extensión muy diferente y cuyo único nexo es el común tema lunar; todas, excepto la segunda, terminan con un texto en prosa narrativa que, por su claridad y musicalidad, quizá sea lo más modernista de todo el conjunto.

La primera parte no está titulada y comienza con un significativo poema-dedicatoria, «A mis cretinos», en el que se alude directamente a los lectores y que supone una especie de cínica y violenta apertura; el tono agresivo se suaviza y reconduce inmediatamente con «A Rubén Darío y otros cómplices». En los dos poemas se lleva a cabo una contraposición de elementos «poéticos» o estéticos y «prosaicos» o feos, en un curioso juego de apologías y rechazos que, a la larga y en la práctica, resulta ser una asimilación de realidades literarias que el autor dice rechazar, pero las utiliza, y es también, una vez más, un intento de armonización de opuestos. En esta parte del libro es destacable el poema «Himno a la luna», famoso desde que se publicó por primera vez en *La Nación* el 26 de marzo de 1904.

El segundo apartado, titulado «Hortulus lunae», está compuesto por tres breves poemas que tienen en común el destacar la imagen negativa de la Luna.

«Taburete para máscaras» es el nombre de la tercera parte, bastante más extensa, en la que se desarrollan los más variados temas. Se nos presentan personajes que van de los habituales en la «commedia dell'arte» a los más característicos del ámbito urbano.

El bloque llamado «Lunas» ocupa el cuarto lugar y, como indica ya su encabezamiento, es una serie de referencias a distintos 'tipos' de luna, en la que sólo los poemas «Luna maligna» y «A la luna de verano» mantienen formas estróficas definidas (sonetillo y cuartetos, respectivamente), los demás están escritos en su totalidad en verso semilibre, regularidad que contrasta con los demás capítulos.

La última parte, «Teatro quimérico», es la más extensa del conjunto. Nuevamente nos encontramos con una referencia ambigua, ya que el adjetivo «quimérico» puede ser entendido como «fantástico, imaginativo» o como relacionado con «quimera», la esfinge mitológica representativa de lo misterioso y lo infernal. Si exceptuamos, por su final, el último cuento titulado «Francesca», en los otros cuatro textos, de estructura teatral, ya la luna no parece representar ninguna fuerza negativa y es un simple testigo de la acción. En alternancia de verso semilibre y prosa, se nos ofrecen unas obras teatrales encabezadas por «Dos ilustres lunáticos», farsa simbólica, en forma de diálogo, de contenido filosófico y político, en la que se enfrentan ideas anarquistas y socialistas. Los subtítulos de las otras tres composiciones son suficientemente explicativos, ya que efectivamente «égloga», «pantomima» y «cuento de hadas» son denominaciones muy adecuadas para estas tres obras en las que los personajes son, como en la primera, tomados de otras creaciones literarias, tanto populares como cultas.

Métrica y estilo

Como ya hemos anunciado en varias ocasiones, en el *Lunario* predomina el que Navarro Tomás llama verso semilibre, ya que, aunque no aparezca una estrofa determinada, se aprecia una marcada tendencia a repetir versos de una longitud similar (endecasílabos y, algo menos, alejandrinos) y unas rimas muy parecidas (abundan las series de cuatro, cruzadas o abrazadas). En todo caso la rima es elemento fundamental para Lugones —no hay versos libres— y siempre es consonante, con lo que la aparente libertad formal, conseguida por las irregularidades silábicas, queda muy reducida por la sensación de sonoridad y ritmo fonético.

Las rimas son en este caso variadísimas y también en ellas descansa una buena parte de la sorpresa o el ataque que pretende el autor. Así podemos encontrar que riman partículas gramaticales infrecuentes *(luna/como una, orla/por la, náyade/haya de, petróleo/mole o)*, términos latinos *(insomnes/ab uno disce omnes, borrica/pi-lula mica)*, palabras en otros idiomas *(flacura/jettatura, persona/prima donna, carey/new-mown-hay)*, nombres propios *(joven/Beethoven, beneplácito/Tácito, dominó/Watteau)* y, con frecuencia, términos que se oponen semántica o estéticamente *(cisne manso/cisne o ganso, apio/Esculapio, gloria/giratoria, sucio/occipucio, saltimbanqui/yanqui, sinagoga/soga, angurria/bandurria, oboes/cacatoes, trueque/cheque, flacucha/trucha)*.

En aquellos poemas en que se conserva una estructura estrófica definida hay una tendencia bastante acusada a mantener formas de arte menor (heptasílabos) y que, curiosamente, no son muy frecuentes entre los cultos y refinados modernistas, sino más esperables de otras épocas o autores. Destaca la presencia de las redondillas (ocho ocasiones), las cuartetas (cuatro composiciones) y sólo hay un caso de serventesios, sexta rima, soneto, sonetillo y cuartetos.

En los usos metafóricos, de acuerdo con la proclamada búsqueda de «analogías pintorescas», es el *Lunario* también un prolongado e inabarcable muestrario de variedades. Hay momentos en que las metáforas puras, frecuentísimas, llegan a sucederse con ritmo obsesivo en enumeraciones caóticas, como cuando dice de la luna «tarántula del diablo, / musa del alcohol, / maléfico vocablo, / perla espectral del sol» o «inexpresable cero en el infinito, / postigo de los eclipses», «ondina de las estelas, / hada de las lentejuelas». Metáforas del tipo *A* es *B:* «Esa mujer es la luna», «mi poético exceso, / naturalmente es queso / para vuestro buen gusto» o «el hambre es su pandero, la luna su peseta». Del tipo *B* de *A:* «la gemela nieve de tus manos», «el albaricoque / un tanto marchito de tu mejilla». Aposicionales: «tú, dulce anemia, luna de idilio», «a ella va, fugaz sardina, / mi copla en su devaneo».

También son frecuentes los símiles que, en ocasiones, producen fuertes contrastes al igualar realidades paradójicas o que conocemos como imposibles; así, la luna cruza el cielo «como una trucha / por un estanque sereno» o «sondeas como lúgubre garza la eternidad». En la misma línea, es frecuente que se compare a la luna con elementos que destacan por su lejanía poética o estética como, por ejemplo, monedas («cequín», «peseta», etc.), ciertos elementos de los juegos de azar (la ruleta, los naipes, etc.), comidas o utensilios de cocina (queso, huevo, sartén, etc.), animales (sardina, oca, etc.).

Las sensaciones, los colores, las siluetas hay momentos en que se deforman, se difuminan o desdibujan mediante variados recursos (adjetivación sorprendente o irónica, sinestesias, personificaciones, etc.), en general muy frecuentes entre los modernistas, que aportan una cierta confusión semántica, pero también se llenan de capacidad sugeridora y de misterio o de humor: «el café le pone las ideas de luto», «golosa de caricias y de *Yoteamo»,* «la tarde sobre la palpitación marina, / donde finos lingotes el Ocaso fragua», «la luna espiritualiza un crepúsculo de estío», etc.

También colabora en esta confusión la aparición de abundantes palabras tomadas del léxico técnico de ciertas profesiones normalmente consideradas como poco poéticas, como la química, la medicina, la geología, la biología, etc.

En conjunto, se puede decir que todos los procedimientos estilísticos se orientan hacia esa poetización de lo feo, ese intento de recrear un mundo que se ve con pesimismo, hacer belleza —o bien— con objetos feos —o símbolos del mal— en una especie de conjuro neutralizador o, al menos, un cierto consuelo en la belleza.

El *texto*

En la presente edición no hemos seguido la primera, publicada en Buenos Aires por Arnoldo Moen y Hermano en 1909, porque presenta algunas erratas evidentes y, sobre todo, por mantener unas normas ortográficas anticuadas. Hemos preferido la segunda, de M. Gleizer Editor (Buenos Aires, 1926), porque en ella la ortografía se ha modernizado y por ser la única que pudo haber sido revisada por el autor (de hecho, presenta algunas correcciones). No obstante, se ha tenido en cuenta el texto de la primera y el de la prologada por Pedro Miguel Obligado para la Editorial Aguilar (Madrid, 1952) y se advierten en nota a pie de página las posibles variaciones siempre que sean significativas.

Bibliografía

Primeras ediciones del «Lunario sentimental»

— Buenos Aires, Arnoldo Moen y Hermano Editores, 1909, 301 págs.
— Buenos Aires, M. Gleizer Editor, 1926, 360 págs.
— En *Obras poéticas completas,* Madrid, Aguilar, 1952, páginas 189-420.

Bibliografías

Becco, Horacio Jorge, *Leopoldo Lugones: bibliografía de su centenario (1874-1974),* Buenos Aires, Edics. Culturales Argentinas, 1975.
Foster, David William, *Argentine Literature. A Research Guide,* Nueva York y Londres, Garland Publishing Inc., 1982, 2.ª ed. revisada y aumentada.
Lermón, Miguel, *Contribución a la bibliografía de Leopoldo Lugones,* Buenos Aires, Maru, 1969.
Roggiano, Alfredo, «Bibliografía de y sobre Leopoldo Lugones», en *Revista Iberoamericana,* núm. 53, Pittsburgh, 1962, págs. 155-213.

Selección de estudios sobre la obra de Lugones

Allegra, Giovanni, *El reino interior,* Madrid, Encuentro, 1986.

ANÓNIMO, «Leopoldo Lugones: cronología», en *Crisis*, número 14, Buenos Aires, 1974, pág. 24.

— «Leopoldo Lugones: documentos políticos», en *Crisis*, núm. 14, Buenos Aires, 1974, págs. 20-23.

— «Leopoldo Lugones: juicios y testimonios», en *Crisis*, núm. 14, Buenos Aires, 1974, págs. 14-19.

ARA, Guillermo, *Leopoldo Lugones*, Buenos Aires, La Mandrágora, 1958, 2.ª ed.

— *Leopoldo Lugones uno y múltiple*, Buenos Aires, Maru, 1967.

BARCIA, Pedro Luis, «Lugones y el Ultraísmo», en *Estudios literarios*, Buenos Aires, Universidad Nacional, Facultad de Humanidades, Departamento de Letras, 1966, páginas 151-193.

BORGES, Jorge Luis, y Bettina EDELBERG, «Leopoldo Lugones», en *Obras completas en colaboración, 2*, Madrid, Alianza Editorial-Emecé, 1983, págs. 11-62.

CASTELLANI, Leonardo, *Lugones*, Buenos Aires, Theoria, 1964.

CAMBOURS OCAMPO, Arturo, *Lugones; el escritor y su lenguaje*, Buenos Aires, Pleamar, 1965.

CARILLA, Emilio, «Sobre la elaboración poética en Lugones», en *Estudios de literatura argentina (siglo XX)*, Tucumán, Universidad Nacional de Tucumán, 1968, páginas 127-144.

CAVALLARI, Héctor Mario, «El *Lunario sentimental* de Leopoldo Lugones: notas para una lectura cómplice», en *Proceedings of the Pacific Northwest Conference on Foreign Languages*, año 30, núms. 1-2, Seatle, 1979, págs. 145-48.

CÚNEO, Dardo, *Leopoldo Lugones*, Buenos Aires, Jorge Álvarez, 1968.

DARÍO, Rubén, «Autobiografía», en *Obras completas*, vol. I, Madrid, Afrodisio Aguado, 1950.

DÍEZ-CANEDO, Enrique, *«Lugones y la libertad en el verso», en Letras de América*, México, El Colegio de México, 1944, págs. 323-331.

DISANDRO, Carlos A., *Lugones, su itinerario lírico*, La Plata, Hostería Volante, 1963.

FAURIE, Marie Josèphe, «Imagination créatrice. Lugones ou le ruissellement des images», en *Le Modernisme Hispano-Américain et ses sources Françaises*, París, Centre de Recherches de l'Institut d'Études Hispaniques, 1966, páginas 221-240.

FERGUSON, Raquel Halty, *Laforgue y Lugones: dos poetas de la luna*, Londres, Tamesis Books Limited, 1981.

FERNÁNDEZ MORENO, César, *La realidad y los papeles. Panorama y muestra de la poesía argentina*, Madrid, Aguilar, 1967.

GHIANO, Juan Carlos, «Lugones y el lenguaje», en *Revista de la Universidad de Buenos Aires*, 4.ª época, núm. 2, Buenos Aires, 1948, págs. 49-75.

— *Lugones escritor (nota para un análisis estilístico)*, Buenos Aires, Raigal, 1955.

— «Leopoldo Lugones», en *Poesía argentina del siglo XX*, México, F.C.E., 1957, págs. 29-40.

GIUSTI, Roberto Fernando, «Leopoldo Lugones: a propósito del *Lunario sentimental*», en *Nuestros poetas jóvenes*, Buenos Aires, Albasio, 1911, págs. 157-190.

IRAZUSTA, Julio, *Genio y figura de Leopoldo Lugones*, Buenos Aires, Eudeba, 1968.

JITRIK, Noé, *Leopoldo Lugones, mito nacional*, Buenos Aires, Palestra, 1960.

LUGONES (hijo), Leopoldo, *Mi padre*, Buenos Aires, Centurión, 1946.

— «Prólogo» a *Obras en prosa*, de Leopoldo Lugones, México, Aguilar, 1962.

— «Estudio preliminar» a *Cuentos fatales*, de Leopoldo Lugones, Buenos Aires, Huemul, 1967.

— «Información preliminar», en *Selección de verso y prosa*, de Leopoldo Lugones, Buenos Aires, Huemul, 1971.

MAGIS, Carlos Horacio, *La poesía de Leopoldo Lugones*, México, Ateneo, 1960.

— «Del *Lunario sentimental*, de Lepoldo Lugones, al ultraísmo», en *Cuadernos Hispanoamericanos*, núm. 135, Madrid, 1961, págs. 336-351.

MAIORANA, María Teresa, *«L'Imitation de Notre Dame la Lune* y el *Lunario sentimental»*, en *Boletín de la Academia*

85

Argentina de Letras, núms. 107-108, Buenos Aires, 1963, págs. 131-161.

MARÍN, Gladys C., «Leopoldo Lugones y el pensamiento simbólico», en *Megafón,* núm. 2, Buenos Aires, 1975, págs. 171-176.

MARTÍNEZ ESTRADA, Ezequiel, *Leopoldo Lugones: retrato sin retocar,* Buenos Aires, Emecé, 1968.

MAS Y PI, Juan, *Leopoldo Lugones y su obra (estudio crítico),* Buenos Aires, Renacimiento, 1911.

MOREAU, Pierina Lidia, *Leopoldo Lugones y el simbolismo,* Buenos Aires, La Reja, 1973.

MORELLO-FROSCH, Marta, «Metáfora cósmica y ciudadana en el 'Himno a la luna', de Leopoldo Lugones», en *Revista Iberoamericana,* núm. 57, Pittsburgh, 1964, págs. 153-161.

NAVARRO, Carlos, «La visión de mundo en el *Lunario sentimental»,* en *Revista Iberoamericana,* núm. 57, Pittsburgh, 1964, págs. 133-151.

OBLIGADO, Pedro Miguel, «Prólogo» a *Obras poéticas completas,* de Leopoldo Lugones, Madrid, Aguilar, 1952, páginas 11-47.

OMIL, Alba, *Leopoldo Lugones, poesía y prosa,* Buenos Aires, Nova, 1968.

PHILLIPS, Allen W., «Notas sobre una afinidad poética: Jules Laforgue y el Lugones del *Lunario sentimental»,* en *Revista Iberoamericana,* núm. 45, Pittsburgh, 1958, págs. 43-64.

PICÓN SALAS, Mariano, «Para una interpretación de Lugones», en *Revista Nacional de Cultura,* núm. 59, Caracas, 1946, págs. 29-42.

REYES, Alfonso, «Leopoldo Lugones», en *Obras completas,* vol. XII, México, F.C.E., 1955-1968, págs. 147-149.

ROGGIANO, Alfredo A., «Qué y qué no del *Lunario sentimental»,* en *Revista Iberoamericana,* núm. 94, Pittsburgh, 1976, págs. 71-77.

SCARI, Robert M., «Algunos procedimientos técnicos y temáticos del *Lunario sentimental,* de Leopoldo Lugones», en *Cuadernos Hispanoamericanos,* núms. 263-264, Madrid, 1972, págs. 369-397.

— «Los cuentos del *Lunario sentimental* de Leopoldo Lugones», en *Anales de Literatura Hispanoamericana,* núm. 2-3, Madrid, 1973-1974, págs. 883-894.

— «Enumeración caótica y poetización de lo feo en el *Lunario sentimental* de Leopoldo Lugones», en *Actas del XVII Congreso del Instituto Internacional de Literatura Iberoamericana,* Madrid, Ediciones Cultura Hispánica, 1978, págs. 773-781.

SCHEPMANS, Frank, «Leopoldo Lugones y sus 'Lunas'», en *Montalbán,* núm. 1, Caracas, 1972, págs. 433-454.

TELLO, Belisario, *El poeta solariego. La síntesis poético-política de Leopoldo Lugones,* Buenos Aires, Theoria, 1971.

TORRE, Guillermo de, «El pleito Lugones-Herrera y Reissig», en *La aventura y el orden,* Buenos Aires, Losada, 1943, págs. 181-220.

TORRES ROGGERO, Jorge, *La cara oculta de Lugones,* Buenos Aires, Castañeda, 1977.

VALBUENA PRAT, Ángel, «La poesía de Leopoldo Lugones o el modernismo al 'ultra'», en *Anales de Literatura Hispanoamericana,* núm. 2-3, Madrid, 1973-1974, págs. 813-855.

VIÑAS, David, «Lugones: diagnóstico y programa», en *Literatura argentina y realidad política: de Sarmiento a Cortázar,* Buenos Aires, Siglo Veinte, 1971, págs. 237-240.

YÚRKIEVICH, Saúl, «Leopoldo Lugones o la pluralidad operativa», en *Celebración del modernismo,* Barcelona, Tusquets, 1976, págs. 49-74.

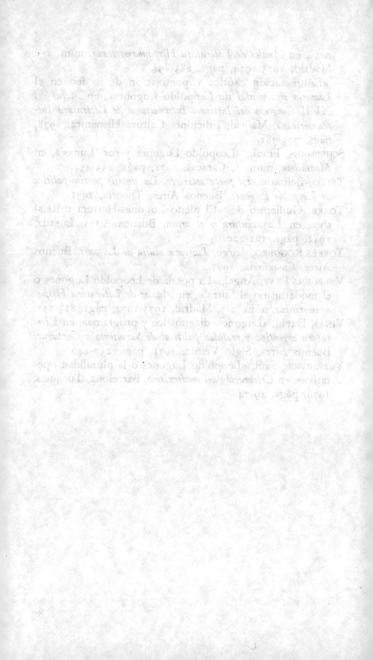

Lunario sentimental

PRÓLOGO DE LA PRIMERA EDICIÓN[1]

Va pasando, por fortuna, el tiempo en que era necesario pedir perdón a la gente práctica para escribir versos.

Tantos hemos escrito, que al fin la mencionada gente ha decidido tolerar nuestro capricho.

Pero esta graciosa concesión nos anima a intentar algo más necesario, si bien más difícil: demostrar a la misma práctica gente la utilidad del verso en el cultivo de los idiomas; pues por mínima importancia que se conceda a estos organismos, nadie desconocerá la ventaja de hablar clara y brevemente, desde que todos necesitamos hablar.

El verso es conciso de suyo, en la forzosa limitación impuesta por la medida, y tiene que ser claro para ser agradable. Condición asaz importante esta última, puesto que su fin supremo es agradar.

Siendo conciso y claro, tiende a ser definitivo, agregando a la lengua una nueva expresión proverbial

---

[1] Según Marie Josèphe Faurie en *Le modernisme hispano-américaine et ses sources françaises* (París, Centre de Recherches de l'Institut d'Études Hispaniques, 1966, pág. 222), el tono y cierta postura de superioridad de Lugones en este «Prólogo» recuerdan al de Baudelaire «Aux Bourgeois» en *Salon de 1846*. La estructura es ciertamente similar y le sirve al autor para llevar a cabo una ardorosa defensa del llamado «verso libre» y de su propia estética con claro tono irónico en el uso de expresiones como «tolerar», «graciosa concesión» y, sobre todo, «gente práctica».

91

o frase hecha que ahorra tiempo y esfuerzo: cualidad preciosa para la gente práctica. Basta ver la estructura octosílaba de casi todos los adagios.

Andando el tiempo, esto degenera en lugar común, sin que la gente práctica lo advierta; pero la enmienda de tal vicio consiste en que como el verso vive de la metáfora, es decir, de la analogía pintoresca[2] de las cosas entre sí, necesita frases nuevas para exponer dichas analogías, si es original como debe.

Por otra parte, el lenguaje es un conjunto de imágenes, comportando, si bien se mira, una metáfora cada vocablo; de manera que hallar imágenes nuevas y hermosas, expresándolas con claridad y concisión, es enriquecer el idioma, renovándolo a la vez. Los encargados de esta obra, tan honorable, por lo menos, como la de refinar los ganados o administrar la renta pública, puesto que se trata de una función social, son los poetas. El idioma es un bien social, y hasta el elemento más sólido de las nacionalidades.

El lugar común es malo, a causa de que acaba perdiendo toda significación expresiva por exceso de uso; y la originalidad remedia este inconveniente, pensando conceptos nuevos que requieren expresiones nuevas. Así, el verso acuña la expresión útil por ser la más concisa y clara, renovándola en las mismas condiciones cuando depura un lugar común.

Además, el verso es una de las bellas artes, y ya se sabe que el cultivo de éstas civiliza a los pueblos. La gente práctica cuenta esta verdad entre sus nociones fundamentales.

Cuando una persona que se tiene por culta, dice no

---

[2] Obsérvese que con esta definición de metáfora, tan libre y sin ninguna referencia a su posible carga estética, Lugones deja abiertas las puertas para una expresividad sin límites, ya que lo único exigible parece ser una gran originalidad.

percibir el encanto del verso, revela una relativa incultura sin perjudicar al verso, desde luego. Homero, Dante, Hugo, serán siempre más grandes que esa persona, sólo por haber hecho versos; y es seguro que ella desearía hallarse en su lugar.

Desdeñar el verso I, es como despreciar la pintura o la música. Un fenómeno característico de incultura.

También constituye un error creer que el verso es poco práctico.

Lo es, por el contrario, tanto como cualquier obra de lujo; y quien se costea una elegante sala, o un abono en la ópera, o un hermoso sepulcro, o una bella mansión, paga el mismo tributo a las bellas artes que cuando adquiere un libro de buenos versos. Se llama lujo a la posesión comprada de las obras producidas por las bellas artes.

No hay más diferencia que la baratura del libro respecto al salón o al palco; pero la gente práctica no ignora ya, que hacer cuestión de precio en las bellas artes es una grosería; así como les rinde el culto de su lujo en arquitectura, pintura, escultura y música.

¿Por qué no había de ser la Poesía la Cenicienta entre ellas, cuando en su poder se halla, precisamente, el escarpín de cristal?...

Advierto, por lo demás, que me considero un hombre práctico. Tengo treinta y cuatro años... y he vivido.

Debo también una palabra a los literatos, con motivo del verso libre que uso aquí en abundancia[3].

---

[3] «Verso libre», como ya se ha indicado anteriormente, es una denominación que se usaba en Europa por esa época («verslibrisme»). En realidad, son composiciones escritas en lo que Navarro Tomás llama «verso semilibre», sin estructuras estróficas definidas, pero con tendencia a dominar el endecasílabo y el alejandrino. El poeta se siente más libre, pero el lector mantiene la sensación de orden o estructura por la presencia de rimas muy marcadas que tienden también a repetirse.

El verso libre quiere decir, como su nombre lo indica, una cosa sencilla y grande: la conquista de una libertad.

La prosa la ha alcanzado plenamente, aunque sus párrafos siguen un ritmo determinado como las estrofas.

Hubo un tiempo, sin embargo, y éste fue el gran tiempo de Cicerón, en que la oratoria latina usaba de las famosas cláusulas métricas para halagar el oído del oyente, componiendo los finales de proposiciones y frases, en sucesiones rítmicas de pies. Estos tenían precisamente por objeto evitar en los finales el ritmo de los versos comunes, como los hexámetros, los pentámetros, los dáctilos; si bien llegó a adoptarse otros en sustitución, como los *créticos* o *anfímacros* mencionados por el orador sublime[4].

El auditorio exigía la observancia de dichas cláusulas métricas, reglamentadas desde el período ciceroniano; y Plinio asegura que hasta se las verificaba midiéndolas por el ritmo del pulso: tal se hallaba de hecho el oído a percibirlas. Verdad es que, en latín, la índole de la lengua produce las cláusulas métricas de por sí en la mitad de las frases.

De esta misma índole dependen, como es natural, los versos y las estrofas cuyo éxito o triunfo selectivo, no puede significar, de ningún modo, exclusivismo.

Pero las formas triunfantes suelen ser excluyentes; y así, para libertar a la prosa latina de las antedichas cláusulas ciceronianas, fue necesario que se sublevase

---

[4] Cicerón, *De Oratore*, lib. III. En el *Orator* amplifica y formula preceptivamente la estética del ritmo oratorio. *(Nota del autor.)*

Estas ideas fueron muy tenidas en cuenta por los modernistas, que con frecuencia intentaron revitalizarlas para la poesía escrita en castellano.

Los pies créticos o anfímacros están formados por tres sílabas: larga, breve, larga.

el mismo César, libertador de tantas cosas, como lo hicieron también Varrón y Cornelio Nepos[5].

Nuestros versos clásicos, antes de serlo, debieron luchar en su medio como todos los organismos que han de subsistir. Lo que sucedió con el endecasílabo, recordado por Jaimes Freyre[6] en su excelente estudio sobre el verso castellano, es una prueba. Muchos literatos españoles no lo aceptaron cuando fue introducido de Italia, declarando no percibir su armonía. El mismo octosílabo, tan natural al parecer, vacila y tropieza en los primeros romances...

El verso al cual denominamos libre, y que desde luego no es el *blanco* o sin rima, llamado tal por los retóricos españoles, atiende principalmente al conjunto armónico de la estrofa, subordinándole el ritmo de cada miembro, y pretendiendo que así resulta aquélla más variada.

Añade que, de tal modo, sale también más unida, contribuyendo a ello la rima y el ritmo; cuando en la estrofa clásica, la estructura depende solamente de la rima, al conservar cada uno de los miembros el ritmo individualmente.

Esto contribuye, asimismo, a la mayor riqueza de la rima, elemento esencial en el verso moderno que con él reemplazó al ritmo estricto del verso antiguo[7]; así

---

[5] Son tres cumbres de la prosa latina: el historiador Julio César (100 o 102-44 a. de C.), el erudito Marco Terencio Varrón (116-27 a. de C.) y el biógrafo Cornelio Nepote (aprox. 99-24 a. de C.).

[6] Ricardo Jaimes Freyre (1868-1933) nació en Bolivia, aunque casi toda su vida transcurrió en Argentina. Fue, junto a Lugones y Darío, uno de los poetas más importantes para el triunfo del modernismo y su teórico más destacado con el interesante e innovador estudio *Leyes de la versificación castellana* (1912).

[7] Conocida es la estructura de éste, determinada por la *cantidad* prosódica de cada sílaba o pie: la combinación de largos y breves, producía una verdadera música. Posteriormente, no se tuvo ya en cuenta la cantidad, sino en dos o tres sílabas, entonándose el verso por su acentuación, como

como aumenta la variedad rítmica, al diferenciar cada estrofa en el tono general de la composición.

Por una adaptación análoga a la que convirtió la melopea[8] de los coros trágicos en el canto de nuestros coros de ópera, pues el progreso de la melodía hacia la armonía caracteriza la evolución de toda la música occidental (y el verso es música) la estrofa clásica se convierte en la estrofa moderna de miembros desiguales combinados a voluntad del poeta, y sujetos a la suprema sanción del gusto, como todo en las bellas artes.

Las combinaciones clásicas son muy respetables, al constituir organismos triunfantes en el proceso selectivo ya enunciado; pero repito que no pueden pretender la exclusividad, sin dar contra el fundamento mismo de la evolución que las creara.

Por esto, la justificación de todo ensayo de verso libre, está en el buen manejo de excelentes versos clásicos cuyo dominio comporte el derecho a efectuar innovaciones. Esto es un caso de honradez elemental.

Además de por su mérito intrínseco, las formas clásicas resisten en virtud de la ley del menor esfuerzo.

---

hacemos ahora. Entonces la rima sustituyó con uno más completo el perdido efecto musical. De aquí que la rima sea esencial para el verso moderno. Los pretendidos versos sin rima, llamados *libres* por los retóricos españoles, no son, pues, tales versos; y esto es, sobre todo, una ley para el endecasílabo, el más usado como tal, sin embargo; pues ninguno se aparta tanto como él de las leyes prosódicas del verso antiguo. Semejante libertad es un recurso de la impotencia, porque lo difícil en el verso es la rima, elemento esencial, como ya dije, de la estrofa moderna. Richter en sus teorías estéticas, § 5.º, ha enunciado esta gran verdad: «El poeta debe renunciar a todo lo fácil, si no tiene explicación satisfactoria; porque semejante facilidad, es la facilidad de la prosa.» La rima numerosa y variada, determina asimismo nuevos modos de expresión, enriqueciendo el idioma. *(Nota del autor.)* Lugones se refiere al escritor aleman Jean Paul Richter (1763-1825) y su *Introducción a la estética (1804)*.

[8] «Melopea» se refiere aquí a los cantos o recitados monótonos de la lírica antigua, que nuevamente se pusieron de moda en el siglo XIX.

El oído a ellas habituado, exige, desde luego, su imperio. Pero este fenómeno puede ser, si se lo extrema, el triunfo del lugar común, o sea el envilecimiento del idioma.

Hay que realzar, entonces, con méritos positivos, el verso libre, para darle entre los otros ciudadanía natural; y nada tan eficaz a este fin, como la rima variada y hermosa.

Queda dicho en la nota de la página 95, que la rima es el elemento esencial del verso moderno. Nuestro idioma posee, a este respecto, una gran riqueza. En italiano se cita como caso singular a Petrarca, que usó quinientas once rimas distintas. Nosotros tenemos más de seiscientas utilizables.

Y ahora, dos palabras de índole personal.

Tres años ha, dije, anunciando el proyecto de este libro: «... Un libro entero dedicado a la luna. Especie de venganza con que sueño casi desde la niñez, siempre que me veo acometido por la vida».

¿Habría podido hacerlo mejor, que manando de mí mismo la fuerza obscura de la lucha, así exteriorizada en producto excelente, como la pena sombría y noble sale por los ojos aclarada en cristal de llanto?

¿Existía en el mundo empresa más pura y ardua, que la de cantar a la luna por venganza de la vida?

Digna sea ella, entonces, de mi Maestro Don Quijote, que tiene al astro entre sus preseas, por haber vencido en combate singular al Caballero de la Blanca Luna...

Octubre de 1909[9].

---

[9] Esta fecha sólo aparece en la segunda edición. Obsérvese que este final es algo ambiguo: por una parte, no queda claro de quién se quiere vengar, y por otra, compara la empresa del libro y las de Don Quijote, que objetivamente fracasó en todas las suyas, y especialmente en la del Caballero de la Blanca Luna, en la que hubo engaño organizado, y que además le supuso la pérdida de la libertad y la fantasía.

Escudo de la familia de Leopoldo Lugones

"Antiguamente decían"
"A los Lugones, Lunones,"
"Por venir estos varones"
"Del Gran Castillo y traían"
"De Luna los sus blasones."

"Un escudo cuarteado[1],"
"Cuatro lunas blanqueadas"
"En campo azul dibujadas,"
"Con veros[2] al otro lado,"
"De azul y blanco esmaltado."

Tirso de Avilés[3] Blasones de Asturias.

---

[1] «Cuarteado», dividido en cuatro partes.

[2] «Veros»: dibujos geométricos en forma de campanas azules y blancas alternadas que se usaron en los escudos de armas.

[3] Tirso de Avilés: canónigo asturiano, erudito y autor de textos sobre heráldica *(Armas y linajes de Asturias)*, que trabajó a finales del siglo xvi y en el xvii.

A MIS CRETINOS[1]

Che cotesta cortese opinïone
Ti fia chiavata in mezzo della testa.

DANTE, *Purgatorio*, VIII[2]

I

Señores míos, sea
La luna perentoria,
De esta dedicatoria
Timbre[3], blasón y oblea.

De ella toma, en efecto,
Con exclusivo modo,
Tema, sanción y todo
Mi lírico proyecto.

A ella da en obra pingüe
Poéticos tributos,
Por sus dobles cañutos
Mi zampoña bilingüe.

---

[1] Con estas referencias humorísticas y agresivas al lector se pretende neutralizar sus posibles reticencias estéticas.

[2] «Que este juicio cortés / se clave en mitad de tu cabeza.» Es el final del canto VIII.

[3] Obsérvese la variedad de significados de «timbre»: es una insignia en un escudo, pero también aparato para llamar o avisar e, incluso, acto glorioso y meritorio. Este es un recurso muy frecuente en todo el libro.

Hada fiel que mi dicha
Con sus hechizos forja,
Es moneda[4] en mi alforja
Y en mi ruleta es ficha[5].

Astronómica dama,
O íntima planchadora
Que en milagro a deshora
Plancha en blanco mi cama.

Oca entre sus pichones[6],
Con las estrellas; joya
Del azar; claraboya
De mis puras visiones.

En mi senda rehacia,
Filosofal borrica;
O bien *pilula mica*
Panis[7] de mi famarcia.

II

Dando en tropo más justo
Mi poético exceso,
Naturalmente es queso[8]
Para vuestro buen gusto.

Como deidad ovípara,
Por manjar dulce y nuevo,
Su luminoso huevo
Nos dará en cena opípara.

---

[4] Igualar a la luna con algo tan poco poético como el dinero será
frecuente en adelante.

[5] En la misma línea de la nota anterior, pero con referencia a juegos.

[6] También abundan las imágenes de la luna como animal.

[7] «Píldora de miga de pan.» Antiguamente se usaban en farmacia.

[8] Nuevo tipo de imagen denigrante que identifica la luna con comidas.

Echaos a comerla,
Y así mi estro os consagre;
O bebedla en vinagre
Cual Cleopatra a su perla.

Mas con mueca importuna
No desdeñéis el plato,
Porque mi estro y mi gato
Tienen muy mala luna.

Si lo hacéis, por remedio
De tan tosca dispepsia[9],
Os pongo en catalepsia
Durante siglo y medio.

Vuestra paz escultórica,
Dará, en rasgo específico,
Un silencio magnífico
De academia y retórica.

Y la luna en enaguas,
Como propicia háyade
Me besará, cuando haya de
Abrevarme en sus aguas.

III

¿Qué tal? ¿La hipermetría[10]
Precedente os sulfura?
Os la doy limpia y pura.
Pulverizadla. Es mía...

---

[9] «Dispepsia»: en los términos médicos encuentra el autor otra nueva fuente de léxico sorprendente o humorístico.

[10] «Hipermetría»: en métrica es un encabalgamiento muy forzado y poco frecuente, pero también es una enfermedad nerviosa que causa un marcado exceso en los movimientos de quien la padece.

Yo lo aprendí en el Dante,
Abuelo arduo y conciso,
Por cuyo Paraíso
Jamás pasó un pedante.

Sé que vuestro exorcismo
Me imputará por culpa,
Algo que vuestra pulpa
Define en sinapismo[11].

Me probaréis que, esclavo
De mi propia cuarteta,
No fui ni soy poeta,
Ni lo seré. ¡Bien! ¡Bravo!

Inventando un proverbio
Sutil, en bello cuadro,
Demostraréis que ladro
A la luna[12]. ¡Soberbio!

Para que no me mime
La gente que me odia,
Haréis de mi prosodia
Mi Calvario. ¡Sublime!

Mas, en verdad os digo,
Que, líricos doctores,
Están los ruiseñores
Con la luna y conmigo.

---

[11] «Sinapismo»: medicamento en polvo o en forma de cataplasma cuya base es la mostaza. También es persona o cosa molesta.
[12] Coloquialismos como este «ladrar a la luna» serán otra fuente de contrastes muy frecuente en el libro.

IV

Para la controversia
Que me ofertáis adversos,
Os tenderé mis versos
Como un tapiz de Persia.

Pero sabed que tildo
Con alegre modestia,
De *vero mala bestia*[13]
Vuestro grave cabildo.

(Con vuestro beneplácito,
Bien que no sea el uso,
Me decido a este abuso
De latín y de Tácito[14].)

No obstante, mi estro arbitra
Que la luna descienda
A vuestra reverenda
Virtud, como una mitra.

Y ante el solemne rubro[15]
Que vuestra *Nada* oculta,
Entre la turbamulta
Me inclino y me descubro.

Si a mi débil arcilla,
Vuestra sacra instituta[16]
Impone la cicuta
Docente, de Hermosilla[17],

---

[13] *Verdaderamente muy animal.*

[14] Cornelio Tácito, famoso en su tiempo como modelo de orador y prosista.

[15] «Rubro»: título, rótulo (es americanismo).

[16] «Instituta»: conjunto de leyes.

[17] José Mamerto Gómez Hermosilla (1771-1837), preceptista y retórico español famoso por su dogmatismo e intransigencia.

Con arroz y con apio
(Más próvidos que el griego)
Cazuela haremos luego
Del gallo de Esculapio[18].

V

Largamente vibradas
Por sus rayos de estrellas,
Cantan mis noches bellas
Como liras sagradas.

Pero trae el encanto
Lunar que las dilata,
Un silencio de plata
Más lírico que el canto.

Y en mi triste persona,
Palpita, grave y tierno,
El himno del eterno
Ruiseñor de Verona[19].

Él tiene en su riqueza
De musical estuche,
Lleno de luna el buche
Como yo la cabeza.

Así, en astral fortuna,
Por mayor regocijo,
Para mi pena elijo
Como celda, la luna.

---

[18] «Esculapio» (o Asclepio en griego): médico mitológico que llegó a
convertirse en el dios de la medicina; se le sacrificaban gallos por ser
considerados como símbolos de la vigilancia constante.
[19] Se refiere al ruiseñor que anuncia en la tragedia *Romeo y Julieta* (1549)
de William Shakespeare (1546-1616) a los protagonistas la llegada del
amanecer con su canto.

Allá, en vida rechoncha
Y a vuestros dogmas sordo,
Lo pasaré cual gordo,
Caracol en su concha.

Y agriando los reproches
De vuestro real concilio,
Os doy por domicilio
La luna.

Buenas noches

A RUBÉN DARÍO
Y
OTROS CÓMPLICES[1]

Aut insanit homo, aut versus facit.

HOR., *Sat.* VII, *lib.* II[2]

Habéis de saber
Que en cuitas de amor,
Por una mujer
Padezco dolor.

Esa mujer es la luna,
Que en azar de amable guerra,
Va arrastrando por la tierra
Mi esperanza y mi fortuna.

La novia eterna y lejana
A cuya nívea belleza
Mi enamorada cabeza
Va blanqueando cana a cana.

---

[1] Nótese que el uso del término «cómplices» denota una cierta conciencia de grupo cerrado y de acuerdo o código para «iniciados». También se puede observar el contraste de tono con el poema anterior, a pesar del evidente parecido.

[2] *El hombre delira o hace versos.*

Lunar blancura que opreso
Me tiene en dulce coyunda,
Y si a mi alma vagabunda
La consume beso a beso,

A noble cisne la iguala,
Ungiéndola su ternura
Con toda aquella blancura
Que se le convierte en ala.

En cárcel de tul,
Su excelsa beldad
Captó el ave azul
De mi libertad.

A su amante expectativa
Ofrece en claustral encanto,
Su agua triste como el llanto
La fuente consecutiva.

Brilla en lo hondo, entre el murmurio,
Como un infusorio[3] abstracto,
Que mi más leve contacto
Dispersa en fútil mercurio.

A ella va, fugaz sardina,
Mi copla en su devaneo,
Frita en el chisporroteo
De agridulce mandolina.

Y mi alma, ante el flébil[4] cauce,
Con la líquida cadena,
Deja cautivar su pena
Por la dríada[5] del sauce.

---

[3] «Infusorio»: protozoo unicelular.
[4] «Flébil»: triste, lamentable.
[5] «Dríada»: ninfa de los bosques cuya vida estaba unida a la de un árbol.

Su plata sutil
Me dió la pasión
De un dardo febril
En el corazón.

Las guías de mi mostacho
Trazan su curva; en mi yelmo,
Brilla el fuego de San Telmo[6]
Que me erige por penacho.

Su creciente está en el puño
De mi tizona, en que riela
La calidad paralela
De algún ínclito don Nuño.

Desde el azul, su poesía
Me da en frialdad abstrusa,
Como la neutra reclusa
De una pálida abadía.

Y más y más me aquerencio
Con su luz remota y lenta,
Que las noches trasparenta
Como un alma del silencio.

Habéis de saber
Que en cuitas de amor,
Padezco dolor
Por esa mujer.

---

[6] El Fuego de San Telmo es un fenómeno luminoso de origen eléctrico que normalmente se produce en alta mar en la arboladura de los buques después de la tempestad.

HIMNO A LA LUNA

Luna, quiero cantarte
Oh ilustre anciana de las mitologías,
Con todas las fuerzas del arte.

Deidad que en los antiguos días
Imprimiste en nuestro polvo tu sandalia,
No alabaré el litúrgico furor de tus orgías
Ni tu erótica didascalia[1],
Para que alumbres sin mayores ironías,
Al polígloto elogio de las Guías,
Noches sentimentales de *misses* en Italia.

Aumenta el almizcle de los gatos de algalia[2];
Exaspera con letárgico veneno
A las rosas ebrias de etileno[3]
Como cortesanas modernas;
Y que a tu influjo activo,
La sangre de las vírgenes tiernas
Corra en misterio significativo.

Yo te hablaré con maneras corteses
Aunque sé que sólo eres un esqueleto,
Y guardaré tu secreto
Propicio a las cabelleras y a las mieses.

---

[1] «Didascalia»: enseñanza, didáctica.
[2] Este tipo de gatos producen la algalia, sustancia de olor muy fuerte que se utiliza en perfumería.
[3] «Etileno»: Lugones se refiere a su utilización como anestésico suave. El interés y la inquietud de Lugones por las nuevas investigaciones y descubrimientos científicos es evidente en el uso de términos de química y física moderna, medicina y ciencias en general.

Te amo porque eres generosa y buena,
¡Cuánto, cuánto albayalde[4]
Llevas gastado en balde
Para adornar a tu hermana morena!

El mismo Polo recibe tu consuelo;
Y la Osa estelar desde su cielo,
cuando huye entre glaciales moles
La luz que tu veste orla,
Gime de verse encadenada por la
Gravitación de sus siete soles.
Sobre el inquebrantable banco
Que en pliegues rígidos se deprime y se esponja,
Pasas como púdica monja
Que cuida un hospital todo de blanco.

Eres bella y caritativa:
El lunático que por ti alimenta
Una pasión nada lasciva,
Entre sus quiméricas novias te cuenta,
¡Oh astronómica siempreviva![5]
Y al asomar tu frente
Tras de las chimeneas, poco a poco,
Haces reír a mi primo loco
Interminablemente.

En las piscinas,
Los sauces, con poéticos desmayos,
Echan sus anzuelos de seda negra a tus rayos
Convertidos en relumbrantes sardinas.

---

[4] «Albayalde»: carbonato de plomo que se usó mucho como cosmético para blanquear la tez. Con este término, Lugones metaforiza el baño de blancura que la luz de la Luna pone sobre la Tierra (tu hermano morena).

[5] Obsérvese que el término «siempreviva» se puede entender como el nombre de una flor o como locución adjetiva que se refiere a la permanencia lunar.

Sobre la diplomática[6] blancura
De tu faz, interpreta
Sus sueños el poeta,
sus cuitas la romántica criatura
Que suspira algún trágico evento;
El mago del Cabul o la Nigricia,
Su conjuro que brota en plegaria propicia:
"¡Oh tú, ombligo del fimamento!"
Mi ojo científico y atento
Su pesimismo lleno de pericia.

Como la lenteja[7] de un péndulo inmenso,
Regla su transcurso la dulce hora
Del amante indefenso
Que por fugaz la llora,
Implorando con flébiles querellas
Su impavidez monárquica de astro;
O bien semeja ampolla de alabastro
Que cuenta el tiempo en arena de estrellas.

Mientras redondea su ampo[8]
En monótono viaje,
El Sol, como un faisán crisolampo[9],
La empolla con ardor siempre nuevo.

¿Qué olímpico linaje
Brotará de ese luminoso huevo?

---

[6] «Diplomática» ofrece, al menos, tres significados posibles: como relacionada con un escrito o privilegio heráldico, con la ciencia de las relaciones internacionales e incluso con la astucia o habilidad.

[7] «Lenteja»: peso en que termina el péndulo del reloj.

[8] «Ampo»: blancura.

[9] «Crisolampo»: parece neologismo formado por la unión de «criso», *de oro*, y «lampo», *relámpago, golpe de luz.*

Milagrosamente blanca,
Satina morbideces de *cold-cream*[10] y de histeria:
Carnes de espárrago que en linfática[11] miseria,
La tenaza brutal de la tos arranca.

¡Con qué serenidad sobre los luengos
Siglos, nieva tu luz sus tibios copos,
Implacable ovillo en que la vieja Atropos[12],
Trunca tantos ilustres abolengos!

Ondina[13] de las estelas,
Hada de las lentejuelas.

Entre nubes al bromuro,
Encalla como un témpano prematuro,
Haciendo relumbrar, en fractura de estrella,
Sobre el solariego muro
Los cascos de botella.
Por el confín obscuro,
Con narcótico balanceo de cuna,
Las olas se aterciopelan de luna;
Y abren a la luz su tesoro
En una dehiscencia[14] de valvas de oro.

---

[10] *«Cold-cream»:* cosmético para suavizar la piel, que se presenta en forma de crema balsámica y calmante.

[11] «Linfática»: líquida, acuosa.

[12] «Atropos»: era la mayor de las tres Parcas; presenciaba el nacimiento de los mortales y se encargaba de cortar el hilo de la vida.

[13] «Ondina»: en la mitología del norte de Europa son las ninfas de los lagos y representan una fuerza negativa y peligrosa.

[14] «Dehiscencia»: término que en botánica se emplea para designar el acto de abrirse una flor o un fruto y dejar libre el polen o la semilla.

Flotan sobre lustres escurridizos
De alquitrán, prolongando oleosas listas,
Guillotinadas por el nivel entre rizos
Arabescos, cabezas de escuálidas bañistas.
Charco de mercurio es en la rada
Que con veneciano cariz alegra,
O acaso comulgada
Por el agua negra
De la esclusa del molino,
Sucumbe con trance aciago
En el trago
De algún sediento pollino.

O entra con rayo certero
Al pozo donde remeda
Una moneda
Escamoteada en un sombrero.

Bajo su lene[15] seda[16],
Duerme el paciente febrífugo sueño,
Cuando en grata penumbra,
Sobre la selva que el Otoño herrumbra
Surge su cara sin ceño;
Su azufrado rostro sin orejas
Que sugiere la faz lampiña
De un mandarín de afeitadas cejas;
O en congestiones bermejas
Como si saliera de una riña,
Sobre confusos arrabales
Finge la lóbrega linterna
De algún semáforo de Juicios Finales
Que los tremendos trenes de Sabaoth[17] interna.

_____

[15] «Lene»: suave o blanda, dulce o buena, ligera.
[16] Obsérvese el doble sentido: seda, tela y el acto de sedar, apacigua-
miento, calma.
[17] «Sabaoth»: voz latina que transcribe otra hebrea cuyo significado es

Solemne como un globo sobre una
Multitud, llega al cénit la luna.

Clarificando al acuarela el ambiente,
En aridez fulgorosa de talco
Transforma al feraz Continente—
Lámpara de alcanfor sobre un catafalco.
Custodia que en Corpus sin campanas
Muestra su excelsitud al mundo sabio,
Reviviendo efemérides lejanas
Con un arcaísmo de astrolabio;
Inexpresable cero en el infinito,
Postigo de los eclipses,
Trompo que en el hilo de las clipses
Baila eternamente su baile de San Vito;
Hipnótica prisionera
Que concibe a los malignos hados
En su estéril insomnio de soltera;
Verónica de los desterrados;
Girasol que circundan con intrépidas alas
Los bólidos[18], cual vastos colibríes,
En conflagración de supremas bengalas;
Ofelia de los alelíes[19]
Demacrada por improbables desprecios;
Candela de las fobias,
Suspiráculo[20] de las novias,
Pan ázimo de los necios.

---

ejércitos, pero que en el *Sanctus* de la misa se ha traducido como *universo* (así
se dice «Dios de los ejércitos» o «Dios del universo»).

[18] «Bólidos»: aerolitos incandescentes que suelen producir explosiones.

[19] «Alelíes»: alhelíes.

[20] «Suspiráculo»: neologismo de Lugones, en relación con cenáculo, para
sugerir el lugar donde suspiran las novias, o el receptáculo de esos
suspiros.

Al resplandor turbio
De una luna con ojeras,
Los organillos del suburbio
Se carian las teclas moliendo habaneras.

Como una dama de senos yertos
Clavada de sien a sien por la neuralgia,
Cruza sobre los desiertos
Llena de más allá y de nostalgia
Aquella luna de los muertos.
Aquella luna deslumbrante y seca—
Una luna de la Meca...

Tu fauna dominadora de los climas,
Hace desbordar en cascadas
El gárrulo[21] caudal de mis rimas.
Desde sus islas moscadas[22],
Misántropos[23] orangutanes
Guiñan a tu faz absorta;
Bajo sus anómalos afanes
Una frecuente humanidad aborta.
Y expresando en coreográfica demencia
Quién sabe qué liturgias serviles,
Con sautores[24] y rombos de magros perniles
Te ofrecen, Quijotes, su cortés penitencia.

El vate que en una endecha *A la Hermosura,*
Sueña beldades de raso altanero,
Y adorna a su modista, en fraudes de joyero,

---

[21] «Gárrulo»: persona que habla en exceso o cosa que hace un ruido continuo.

[22] «Moscadas»: del latín *muscum,* «almizcle». Pero también recuerda a «moscas».

[23] «Misántropos»: que manifiestan odio hacia el trato con los hombres.

[24] «Sautores»: en heráldica, figura de los escudos en forma de grandes aspas cruzadas.

Con una pompa anárquica y futura,
¡Oh Blanca Dama! es tu faldero;
Pues no hay tristura
Rimada, o metonimia en quejumbre,
Que no implore tu lumbre
Como el *Opodeldoch*[25] de la Ventura.

El hipocondríaco que moja
Su pan de amor en mundanas hieles,
Y, abstruso célibe, deshoja
Su corazón impar ante los carteles,
Donde aéreas coquetas
De piernas internacionales,
Pregonan entre cromos rivales
Lociones y bicicletas.

El gendarme con su paso
De pendular mesura;
El transeúnte que taconea un caso
Quirúrgico, en la acera obscura,
Trabucando el nombre poco usual
De un hemostático puerperal[26].

Los jamelgos endebles
Que arrastran como aparatos de Sinagoga[27]
Carros de lúgubres muebles.
El ahorcado que templa en *do, re, mi,* su soga.
El sastre a quien expulsan de la tienda
Lumbagos insomnes,

---

[25] *«Opodeldoch»:* nombre de una pomada a base de plantas aromáticas que se usaba para combatir las neuralgias.

[26] «Hemostático puerperal»: producto para cortar las hemorragias que se producen a consecuencia del parto.

[27] «Aparatos de Sinagoga»: parece referirse al tabernáculo, el arca con la Torá, el candelabro o menorá y la mesa.

Con pesimismo de *ab uno disce omnes*[28]
a tu virtud se encomienda;
Y alzando a ti sus manos gorilas,
Te bosteza con boca y axilas.
Mientras te come un pedazo
Cierta nube que a barlovento[29] navega,
Cándidas Bernarditas[30] ciernen en tu cedazo
La harina flor de alguna parábola labriega.

La rentista sola
Que vive en la esquina,
Redonda como una ola,
Al amor de los céfiros sobre el balcón se inclina;
Y del corpiño harto estrecho,
Desborda sobre el antepecho
La esférica arroba de gelatina.

Por su enorme techo,
La luna, Colombina[31]
Cara de estearina[32],
Aparece no menos redonda;
Y en una represalia de serrallo,
Con la cara reída por la pata de gallo[33],
Como a una cebolla Pierrot[34] la monda.

---

[28] *«Ab uno disce onmes»*: que a uno le abandonen todos.

[29] «Barlovento»: parte de la que sopla el viento.

[30] «Bernarditas»: puede aludir a Bernardette Soubirous (1844-1879), la jovencita a la que se le apareció la Virgen (1858) en el pueblo francés de Lourdes, o a monjas de la orden del Císter, fundada por san Bernardo.

[31] «Colombina»: personaje de la *commedia dell'arte* italiana que, en el siglo XVII, pasó a Francia y al resto de Europa. Unas veces es hija de Casandro o de Pantalón, otras es perseguida por los mismos; mujer o amante de Arlequín, tiene varios pretendientes y le es infiel con Pierrot. Representa la coquetería, la belleza y la alegría femenina.

[32] «Estearina»: especie de grasa blanca que se usa para fabricar las velas.

[33] «Reída por la pata de gallo»: con gesto de risa por las arrugas.

Entre álamos que imitan con rectitud extraña,
Enjutos ujieres,
Como un ojo sin iris tras de anormal pestaña,
La luna evoca nuevos seres.

Mayando una melopea insana
Con ayes de parto y de gresca,
Gatos a la valeriana[35]
Deslizan por mi barbacana[36]
El suspicaz silencio de sus patas de yesca[37].

En una fonda tudesca[38],
Cierto doncel que llegó en un cisne manso[39],
Cisne o ganso,
Pero, al fin, un ave gigantesca;
A la caseosa[40] Balduina,
La moza de la cocina,
Mientras estofaba una leguminosa vaina,
Le dejó en la jofaina
La luna de propina.

---

[34] «Pierrot»: también personaje de la *commedia dell'arte,* aparece hacia 1450 como criado de Pantalón, melancólico y sentimental galanteador de Colombina.

[35] «Valeriana»: planta medicinal que se usa como sedante.

[36] «Barbacana»: torreón para defender un puente o castillo. Es evidente el juego de palabras.

[37] «Yesca»: materia muy seca que se usa para encender fuego, preparada de modo que la chispa prende en ella fácilmente. Es una metáfora sorprendente, pero que sugiere muy bien las pisadas blandas y livianas del gato.

[38] «Tudesca»: alemana.

[39] Se refiere a Lohengrin, héroe de la leyenda medieval alemana en la que este hijo de Parzival o Parsifal llega en una barca tirada por un cisne para liberar a la princesa Elsa de Brabante, injustamente acusada de matar a su hermano. Representa la renuncia y la generosidad.

[40] «Casesosa»: relacionada con el queso o parecida a él.

Sobre la azul esfera,
Un murciélago sencillo,
Voltajea[41] cual negro plumerillo
Que limpia una vidriera.

El can lunófilo, en pauta de maitines,
Como una damisela ante su partitura,
Llora enterneciendo a los serafines
Con el primor de su infantil dentadura.

El tiburón que anda
Veinte nudos por hora tras de los paquebotes,
Pez voraz como un lord en Irlanda,
Saborea aún los precarios jigotes[42]
De aquel rumiante de barcarolas[43],
Que una noche de caviar y cerveza,
Cayó lógicamente de cabeza
Al compás del valse *Sobre las Olas*[44].
La luna, en el mar pronto desierto,
Amortajó en su sábana inconsútil[45] al muerto,
Que con pirueta coja
Hundió su excéntrico descalabro,
Como un ludión[46] un poco macabro,
Sin dar a la hidrostática ninguna paradoja.

En la gracia declinante de tu disco
Bajas acompañada por el lucero
Hacia no sé qué conjetural aprisco,
Cual una oveja con su cordero.

---

41 «Voltejea»: voltea, vuelve.

42 «Jigotes»: guiso de carne picada.

43 «Barcarolas»: antiguas canciones de marineros.

44 «Valse *Sobre las olas*»: referencia humorística al título del conocido vals escrito en 1888 por el músico mexicano Juventino Rosas (1868-1894).

45 «Inconsútil»: sin costuras.

46 «Ludión»: aparato que utilizan los físicos para ensayar el equilibrio de los cuerpos sumergidos en un líquido.

Bajo tu rayo que osa
Hasta su tálamo de breña,
El león diseña
Con gesto merovingio su cara grandiosa.
Coros de leones
Saludan tu ecuatorial apogeo,
Coros que aún narran a los aquilones[47]
Con quejas bárbaras la proeza de Orfeo.

Desde el soto de abedules,
El ruiseñor en su estrofa,
Con lírico delirio filosofa
La infinitud de los cielos azules.
Todo el billón de plata
De la luna, enriquece su serenata;
Las selvas del Paraíso
Se desgajan en coronas,
Y surgen en la atmósfera de nacarado viso[48]
Donde flota un Beethoven indeciso—
Terueles y Veronas...[49]

El tigre que en el ramaje atenúa
Su terciopelo negro y gualdo
Y su mirada hipócrita como una ganzúa;
El búho con sus ojos de caldo;
Los lobos de agudos rostros judiciales,
La democracia de los chacales—
Clientes son de tu luz serena.
Y no es justo olvidar a la oblicua hiena.

---

[47] «Aquilones»: vientos polares o que soplan del norte.

[48] «Viso»: apariencia.

[49] «Terueles y Veronas»: alusión a las ciudades en que transcurren las historias de amores desgraciados de *Los amantes de Teruel* de Hartzenbusch y *Romeo y Julieta* de Shakespeare.

Los viajeros,
Que en contrabando de balsámicas valijas
Llegan de los imperios extranjeros,
Certificando latitudes con sus sortijas
Y su tez de tabaco o de aceituna,
Qué bien cuentan en sus convincentes rodillas,
Aquellas maravillas
De elefantes budistas que adoran a la luna
Paseando su estirpe obesa
Entre brezos extraños,
Mensuran la dehesa
Con sonámbulo andar los rebaños.

Crepitan con sonoro desasosiego
Las cigarras que tuesta el Amor en su fuego.

Las crasas ocas,
Regocijo de la granja,
Al borde de su zanja
Gritan como colegialas locas
Que ven pasar un hombre malo...
Y su anárquico laberinto,
Anuncia al Senado extinto
El ancestral espanto galo[50].

Luna elegante en el nocturno balcón del Este;
Luna de azúcar en la taza de luz celeste;
Luna heráldica en campo de azur o de sinople[51]:

---

[50] Todo el fragmento hace referencia a los gansos consagrados a Juno que había en el Capitolio romano y que avisaron con sus gritos del peligro de ser invadidos por los galos.

[51] «Campo de azur o de sinople»: en heráldica, «campo» es la superficie del escudo, «azur» es el color azul oscuro y «sinople» el verde.

Yo seré el novel paladín que acople
En tu "tabla de expectación"[52],
Las lises y quimeras[53] de su blasón.

La joven que aguarda una cita, con mudo
Fervor, en que hay bizcos agüeros, te implora;
Y si no llora,
Es porque sus polvos no se le hagan engrudo.
Aunque el estricto canesú es buen escudo,
Desde que el novio no trepará la reja,
Su timidez de corza
Se complugo[54] en poner bien pareja
La más íntima alforza[55].
Con sus ruedos apenas se atreve la brisa.
Ni el Ángel de la Guarda conoce su camisa.
Y su batón de ceremonia
Cae en pliegues tan dóricos, que amonesta
Con una austeridad lacedemonia.

Ella que tan zumbona[56] y apuesta,
Con malicias que más bien son recatos,
Luce al sol popular de los días de fiesta
El charol de sus ojos y sus zapatos;
Bajo aquel ambiguo cielo
Se abisma casi extática,
En la diafanidad demasiado aromática
De su pañuelo.

---

[52] «Tablón de anuncios».
[53] «Quimeras». Lugones aprovecha otra vez el doble sentido: seres mitológicos formados con miembros de distintos animales, pero también son ideas o proyectos irrealizables e incluso riña o enfrentamiento.
[54] «Complugo»: complació.
[55] «Alforza»: pliegue, jareta que se usa como adorno en prendas de lencería.
[56] «Zumbona»: burlona, poco seria.

Pobre niña, víctima de la felona[57] noche,
¡De qué le sirvió tanto pundonoroso broche!

Mientras padece en su erótico crucifijo
Hasta las heces el amor humano,
Ahoga su ¡ay! soprano
Un gallo anacrónico del distante cortijo.

En tanto, mi atención perseverante
Como un camino real, persigue, oh luna,
Tu teorema importante.
Y en metáfora oportuna
Eres el ebúrneo mingo[58],
Que busca por el cielo mi billar del Domingo,
No sé qué carambolas de esplín[59] y de fortuna.

Solloza el mudo de la aldea,
Y una rana burbujea
Cristalinamente en su laguna.

Para llegar a tu gélida alcoba
En mi Pegaso de alas incompletas,
Me sirvieron de estafetas
Las brujas con sus palos de escoba.

A través de páramos sin ventura,
Paseas tu porosa estructura
De hueso fósil, y tus poros son mares
Que en la aridez de sus riberas,
parecen maxilares
De calaveras.

Deleznada por siglos de intemperie, tu roca
Se desintegra en bloques de tapioca.

---

[57] «Felona»: traidora, desleal.
[58] «Mingo»: bola que se coloca en un punto fijo en el juego del billar.
[59] «Esplín»: hastío, aburrimiento.

Bajo los fuegos ustorios[60]
Del Sol que te martiriza,
Sofocados en desolada ceniza,
Playas de celuloide son tus territorios.

Vigilan tu soledad
Montes cuyo vértigo es la eternidad.

El color muere en tu absoluto albinismo;
Y a pesar de la interna carcoma
Que socava en tu seno un abismo,
Todo es en ti inmóvil como un axioma.

El residuo alcalino
De tu aire, en que un cometa
Entró como un fósforo en una probeta
De alcohol superfino;
Carámbanos de azogue[61] en absurdo aplomo;
Vidrios sempiternos, llagas de bromo[62],
Silencio inexpugnable;
Y como paradójica dendrita[63],
La huella de un prehistórico selenita
En un puñado de yeso estable.

Mas, ya dejan de estregar[64] los grillos
Sus agrios esmeriles[65]
Y suena en los pensiles[66]
La cristalería de los pajarillos.

---

[60] «Ustorios»: se dice los espejos cóncavos que, al concentrar los rayos
en un foco, pueden llegar a producir la combustión.

[61] «Azogue»: mercurio.

[62] «Bromo»: este metaloide se caracteriza por ser de color rojo sucio y
tener un olor repugnante.

[63] «Dendrita»: calcedonia traslúcida incolora o gris blancuzca con
dibujos en forma de árbol o helechos (el nombre significa «en forma de
árbol» en griego).

[64] «Estregar»: frotar con fuerza dos cosas para limpiarlas o calentarlas.

[65] «Esmeriles»: minerales de gran dureza que se usan para pulir.

[66] «Pensiles»: jardines.

Y la Luna que en su halo de ópalo se engarza,
Bajo una batería de telescopios,
Como una garza
Que escopetean cazadores impropios,
Cae al mar de cabeza
Entre su plumazón de reflejos;
Pero tan lejos,
Que no cobrarán la pieza.

INEFABLE AUSENCIA

—¡Cuánto te quiero, Blanca, cuánto te quiero!... ¡Si supieras cuánto te quiero!...

No acertaba a decir más, torpe como un niño, el corazón enorme de piedad y de ternura: de ternura hacia ella, de piedad por todo lo que padece en el Universo. Y en su alma, como en una agua negra de profundidad, aunque muy pura, cada estrella que nacía en el firmamento, duplicaba una estrella.

Crepúsculo lejano; arboledas en torno; claridad de excesiva palidez; fuentes que lloraban invisibles, encantado el silencio de previstas glorietas. Al desfallecimiento crepuscular mezclábase un poco de luna que empezaba a desteñir la pradera inmediata. La brisa, con intermitencias de aliento, cruzó, sencillamente perfumada de heno. Todavía rojeaba sobre la profundidad de los árboles, el techo de un *chalet*.

Y el amante seguía rezando su jaculatoria de amor, monótona como un conjuro:

—¡Cuánto te quiero, Blanca!...

Blanca respondió:

—¡Te adoro, Roberto!

Sus manos, de frialdad extraña, se soldaban más en esa frialdad, como dos trozos de hielo. ¡Y qué manos! Manos de decadencia, inútiles como objetos de arte y expresivas como fisonomías; manos a las cuales parecía no tener fuerzas para llegar la sangre escasa; manos de ofrenda y de claudicación; manos extraordinarias, ¡ay de mí!

Los cabellos castaños de Blanca, sueltos en cocas[1],

---

[1] «Cocas»: cada una de las dos partes en que se suelen dividir el pelo las mujeres.

alargaban quizá demasiado el óvalo del rostro. Nada notable, estoy seguro, nada notable había en éste, ni aun los ojos negros, donde ardía una fiebre arseniosa[2]. Su trajecito claro parecía de colegiala, y grandes hebillas brillaban en sus zapatos.

Él era mucho más bello. Una dulzura de niño pensativo inundaba su rostro; y como las vírgenes, tenía cuello de lirio. En la obscuridad azul de sus ojos se aterciopelaban melancolías. Sus labios, sin sombra de bozo, sugerían besos sororales[3]. La negrura lacia de sus cabellos tenía el atractivo de una amorosa fatalidad.

Regresaba después de una temporada asaz larga, entre parientes fastidiosos, que durante seis meses discutieron hijuelas[4]; tan extraviado de amor, que al entrar en el salón donde Blanca lo aguardaba, se acordó inmediatamente de su madre muerta (a la cual nunca había amado en extremo) y lloró.

Niños casi, compadecíanlos con benevolencia irónica, y dejábanlos solos. Aquél[5] era el tercer día después de su llegada.

Había sufrido, horriblemente aislado[6]. Sin un amigo en aquella finca, desdeñando por igual las faenas rurales y el vigor casi grosero de aquella naturaleza con su solaz y sus estímulos, cómo suspiró por la ciudad amiga donde lo esperaba el amor; aquel amor de enervamientos[7] tan sutiles. Detestaba esa feracidad de los predios natales, esa gente, esas salvajadas con los potros y las reses. La vida nerviosa era la única intelectual, la única digna de ser vivida, si no valía

---

[2] «Arseniosa»: relacionada con el ácido arsenioso, veneno muy enérgico.
[3] «Sororales»: propios de las monjas.
[4] «Hijuelas»: las partes de una herencia.
[5] En otras ediciones aparece «Aquello».
[6] «Solo» en la primera edición.
[7] «Enervamientos»: debilidades, decaimientos.

más la inercia del leño que la fugacidad atormentada y gloriosa del ascua...

Suspiró quejosamente, apretando con mayor ansiedad las manos de Blanca.

Ahora la arboleda simulaba un promontorio, la pradera un lienzo amarillento, el cielo un vidrio azulino bajo el plenilunio. Pero a la distancia, más allá de la pradera, la superficie del río se azogaba[8] inquietamente. Y el silencio era tan grande afuera, que ambos retrocedieron en el balcón.

Mas el encanto nocturno acercó sus cabezas, intimando el roce de los próximos brazos.

La magnificencia lunar se extasiaba en aquel silencio.

Entonces Roberto pensó una tristeza. Nunca la había amado como allá, a lo lejos, con una devoción tan exclusiva en el sereno delirio que constituyó su nostalgia. ¡Amar en el dolor, sí que era amar!...

La luna ascendía, desliendo su luz en las aguas cuyo esplendor evocaba los pasos milagrosos de Jesús.

Y la tristeza del místico amante se acentuaba. No sólo la había amado así, sino que jamás volvería a amarla. La certidumbre, la materialidad del encanto que resultaba de tenerla allí tan cercana, disminuían su amor. En la distancia, ¡qué idealidad y qué pureza! No la amaba como era, mas como debía de ser, realzada por su imaginación y creada de nuevo por ella, en irrealidades de ensueño.

¡Ah sugestiones insensatas de la luna! Sobre el brillo insondable del piélago, se adivinaba suspensa la góndola de Dalti, caídos los remos, la cabeza del pescador rendida sobre el hombro de la romántica condesa.

---

[8] Otra vez doble sentido: cubrir de azogue, tomar color de mercurio, agitarse, temblar.

(Canta, Porcia, canta tu romanza de adioses y quimeras, mientras la brevedad del minuto alegre anuncia la inminencia del desengaño. Canta tu romanza de amor, tan melancólica, porque la misma plenitud de la dicha que alaba es el comienzo de la presentida desventura....)

Versos románticos del Musset puro y sereno, con qué noble dolor mejoráis el alma[9].

Las manos de Roberto apretaron casi desesperadas las otras manos.

No, nunca volvería a amarla así, pues el acto de fe que el amor impone, sólo alcanza su perfección en la invisibilidad del objeto amado. Y, por otra parte, ¿dejar de verla?... ¿Perder voluntariamente aquella esperanza que lo sostuvo durante las horas más amargas de la separación, lanzándolo, al llegar el día anhelado, como un huracán por los caminos, sintiendo vahídos de tanto devorar el horizonte con sus ojos?

¡Cómo brillaba, cuán inexorable brillaba aquella luna de la eternidad!...

No había remedio. Si quería conservar la excelencia absoluta de su amor, tendría que alimentarlo en la soledad. Y sin atreverse a confesarlo, en el desgarramiento que su convicción le producía, sollozó profundamente sobre esas manos, mártir de aquel desvarío heroico.

Cuando levantó la cabeza, Blanca lloraba también y sus ojos brillaban como el rocío. Entonces pensó en el beso de despedida. Nunca la había besado y aquella era la última vez...

Pero no; no quería llevar consigo ninguna sensación

---

[9] Todo el fragmento se refiere al poema «Portia», escrito por Musset en el verano de 1892 para sus *Contes d'Espagne et d'Italie,* en el que presenta los amores de la mujer que da título con el conde Onorio Luigi y con el conde Dalti.

turbadora, ningún recuerdo cuyo encanto aminorara su sacrificio. Púsose en pie, lleno de dolorosa fortaleza, y al soltar las manos adoradas, titubeó todavía ante la noche.

La luna, en el cénit ahora, no proyectaba una sombra. Reinaba la luz en su vasta pureza, y la inmensidad blanca y silenciosa producía un ligero vértigo.

Despidiéronse con el juramento acostumbrado, mirándose mucho, acariciándose las manos otra vez. Y Roberto se alejó para siempre, regresó a la finca odiada, buscando la ausencia donde gustaría eternamente su tortura, en holocausto incomprendido por la misma a la cual lo dedicó, con el intento de más bien amarla, anacoreta del amor perfecto que sólo vive de dolor y de imposible.

¡Ah, cómo resplandecía la luna, la luna de las romanzas, la luna de los solitarios y de los tristes!...

Hortulus lunae[1]

JACULATORIA LUNAR

Luna, dorada luna
Del daño y del esplín,
Labre nuestra fortuna
Tu pálido florín.

Bajo el hado tremendo,
Sea nuestro solaz,
Tu cero en el minuendo
De la vida fugaz.

Cuéntanos por cofrade
De tu hermandad novel,
Turbia luna de jade,
Clara luna de miel.

Vate y filósofo, ambos
Con igual gratitud,
Entonen ditirambos[1]
A tu fatal virtud.

Con decidido encomio,
Trovaré tu primor,
Candil del manicomio,
Candado del amor.

---

[1] «Ditirambos»: desordenada composición poética de tono arrebatado o alabanza exagerada y excesiva.

Reina del almanaque
Compuesto a tu merced;
Atún del badulaque[2]
Que te pesca en su red.

Cuando estúpida y grande,
Percibiéndose va,
Tu faz de azúcar cande
Sobre el marino *allá*...

A tu suave petróleo,
El bergantín veloz,
No se sabe si es mole o
Fantasma precoz.

(Indefinido barco
De lúgubre perfil,
Que punza tu ojo zarco[3]
Con su proa sutil.

Nave de nuestras penas,
Que en el lóbrego azur,
Penando cuarentenas
Corre un nefasto albur.)

Luna del oro falso,
Bola de la sandez,
Linterna del cadalso,
Comadre del mal juez;

Tarántula del diablo,
Musa del acohol,
Maléfico vocablo,
Perla espectral del sol;

---

2 «Badulaque»: persona de poca inteligencia y superficial.
3 «Zarco»: de color azul claro.

Fascina a tu clientela
Con tu encanto letal.
Ave MALIS *Stella*[4],
Danos tu dulce mal.

---

4 *«Ave* MALIS *Stella»:* este verso, paráfrasis irreverente de una de las oraciones católicas más repetidas, en la que se ha sustituido *maris* por *malis* («estrella del mar» pasa a ser «estrella del mal»), es muy próximo a alguno de Laforgue y ha sido uno de los motivos más repetidos para acusar a Lugones de falta de originalidad.

ARIA DE MEDIA NOCHE

Luna, son las doce.
Con feliz auspicio,
Deja que te goce
Mi encanto novicio.

En mi astral vigilia[1]
Que tu amor se digne,
Darme la honra insigne
De hablarte en familia.

Permite que inciense
Tu faz de magnesia.
Mi amor ateniense
Postrado en tu iglesia.

Mi fiel sacerdocio,
Por tu azul parroquia,
Rima y soliloquia
Los versos del ocio;

Que al pálido tedio
De tu luz inútil,
Dan por intermedio
Su música fútil.

Cuando en mi ventana
La honda madreselva
El rostro te envuelva
Como a una sultana;

---

[1] «Vigilia»: nótese, una vez más, el uso de términos con significados muy amplios. En este caso se puede entender como «estar despierto», «trabajar de noche», «oficio de difuntos», «falta de sueño» o, incluso, «abstención de comer ciertos alimentos».

Y tu prez[2] excelsa
Me entregues por premio,
Cual lánguida Elsa[3]
De mi amor bohemio;

Captaré la clave
De tu eterna magia
Que el amor presagia
Con beleño[4] suave.

Con ojeras lilas,
Tu hondo sortilegio
Turba a las pupilas
Del casto colegio.

La precoz alumna
Que el amor desvela,
Tu disco recela
Tras de una columna.

Sé buena y otorga
Tu gracia a su empeño.
Como astral pandorga[5]
Remonta su ensueño.

Que asaz te recuerde
Sobre el clavicordio,
En lírico exordio[6]
Con su pisaverde[7].

---

[2] «Prez»: estima, gloria, honor, oración.

[3] «Elsa»: puede ser la princesa Elsa de Brabante que, salvada por el caballero Lohengrin, se casó con él, pero, más tarde, causó la desgracia de ambos al preguntarle sobre su origen, única condición del hombre para la unión.

[4] «Beleño»: planta de la que se obtiene una sustancia narcótica.

[5] «Pandorga»: aquí es cometa, juguete hecho de cañas y papel para hacerlo volar.

[6] «Exordio»: comienzo, introducción de un discurso.

[7] «Pisaverde»: hombre presumido, ridículo.

Que haciendo a tu imagen
Religiosa venia,
Sus manos se cuajen
En luna y gardenia.

Y cuando sucumba
Su virtud indemne,
La noche solemne
Cávale por tumba.

Plenitud oblonga
De deidad adulta,
Tu esplendor prolonga
Con virtud oculta.

Cuando ancha y sanguínea[8]
surges del abismo,
Trama un cataclismo
Tu mágica línea.

El funesto búho,
Desde su ramaje,
Con lúgubre dúo,
Divulga tu ultraje.

La temprana alondra,
Con pueril festejo,
En tu claro espejo
Vibra y se atolondra;

Y en el lago, donde
La cigüeña ayuna,
El cisne es *Vizconde*
De la Blanca Luna[9]

---

[8] Nueva plurisemia: sangrienta, del calor de la sangre o de temperamento violento.

[9] En estos dos versos parece que se mezcla la imagen del Caballero de la Blanca Luna del *Quijote* y el cisne de la leyenda de Lohengrin que, en realidad, era el hermano de la princesa Elsa bajo un hechizo.

Tu presencia obtiene,
Deslumbrante y sola,
Como una gran bola
La risa del nene.

Vuelve el arte eximia
Su vasta liturgia
Con la noble alquimia
De tu metalurgia.

Y al mísero burgo
Con su oca y su cabra,
En jaspe lo labra
Tu oro taumaturgo[10].

Tu misericordia
Seráfica, absorbe
En igual concordia
Los pueblos del orbe.

Su cuño no cambia
Tu libra esterlina,
Ya sea en la China
O en la Senegambia.

Cuando en tu alta empresa
Mi orgullo se esponje,
Yo seré tu monje
Si tú mi abadesa.

Por eso ante el vulgo
Que te hace ludibrio[11]
Tu valor promulgo
Con justo equilibrio.

---

[10] «Taumaturgo»: que produce maravillas y prodigios.
[11] «Ludibrio»: burla, escarnio.

Con versos sonoros
Deja, pues, que adorne,
Tu cuarto bicorne,
Tu cabal as de oros.

Luna, ya es la una,
Sopla tu candil,
Escuálida luna,
Mi luna de abril.

EL PESCADOR DE SIRENAS

Con el corazón y la cabeza
En incompatible matrimonio,
El buen pescador busca un testimonio
A sus frustrados sueños, en su propia tristeza.
Su poético desvarío,
Dos años ha que refresca
En el desamparo azul del lago frío,
El injusto fracaso de tal pesca.

Es por la noche, cuando en éxtasis de blancura
El astro nocturno desciende macilento
Como un témpano de luz por la hondura
Líquida del firmamento.

A lo lejos canta un acueducto,
En consonancia con sus penas,
Y si bien el anzuelo nunca le da producto,
Lo cierto es que ha visto las sirenas.

Bogan muy cerca de la superficie
Blancas y fofas como enormes hongos,
O deformando en desconcertante molicie
Sus cuerpos como vagos odres oblongos.

Surgen aquí y allá, suavemente sensuales,
Un sedeño vientre, un seno brusco,
Que bien pronto disuélvense en los hondos cristales
Con fosfórica putrefacción de molusco.
Otras nadan más hondas,
En lenta congelación de camelias,
Difluyendo con vagas sutilidades blondas,
Cabelleras bareales de hipnóticas Ofelias.
Flotan en lo profundo como en una hamaca,

Y la luna les pinta con su habitual ingenio,
Bajo angustiosas órbitas de cara flaca,
Azules párpados de proscenio.
Alguna que pasa
Bajo un tembloroso suspiro de gasa,
Con repentina oferta
En breve copo su cendal[1] anuda,
Para quedarse temblando desnuda
Y al amoroso polen de la luna, entrabierta.
Sin saberse de dónde,
Brota una gigantesca llenando el lago.
Pero, felizmente, luego se esconde
Entre lactescencias[2] de un ópalo vago.
Colmó la esmeralda umbría
De las nocturnas aguas, su anca gorda.
¡Cómo el lago no desborda
Con tan enormes damas de la mitología!
En cambio, hay más de una,
Cuya desnudez, en volátil anemia,
No es más que un poco de luna
En la curva de un cristal de Bohemia.
Y otras son finas
Como porcelanas *art nouveau* para regalo;
Con un tembloroso halo
Que bien pronto las funde en linfas opalinas[3].

Aunque cada noche hermosa
Las ve nadar en el agua lenta,
Con el alma sedienta
Como una arena amorosa,
El buen pescador tiene ideas bien grises,

---

[1] «Cendal»: tela fina de seda olino.

[2] «Lactescencias»: lechosidades, con aspecto de leche.

[3] «Linfas opalinas»: aguas de color blanco azulado y con reflejos dorados.

En cuanto
A su proyecto tan próximo al desencanto;
Y como ha seguido el método de Ulises,
Nunca pudo oír el hechicero canto[4].

A veces bien quisiera ser su émulo
Y deleitarse con las anfibias sopranos,
Pero el terror de los antiguos arcanos
Lo paraliza en un mutismo trémulo.

En tanto, ¿por qué extraña carambola,
A pesar de tanto desvelo,
El constante anzuelo
No ha podido pescar una sola?
En vano lo pregunta al seto,
A la espuma, a las ondas tersas
(Como es de estilo) nunca sabrá que su secreto
Está ¡oh lector! en las nubes diversas.

«Le bastaría mirar el firmamento...»
Sí, pero incurre en la pertinacia
De no mirarlo. Esta es la gracia,
Y también la razón de su descontento.
«La bola de la luna, en acto tan sencillo,»
«Fuera a su deplorable enojo»
«Como pedrada en ojo»
«De boticario...»[5] ¡Abominable chascarrillo
Que le causa grima y sonrojo!

---

[4] Alusión al episodio de *La Odisea* en que el astuto Ulises tapa con cera los oídos de sus compañeros para que no puedan escuchar el canto engañoso de las sirenas.
[5] «Pedrada en ojo de boticario»: expresión coloquial que significa éxito, buena suerte, ya que el «ojo de boticario» era el armario en que se conservaban los productos más valiosos de la farmacia.

«Las nubes se reflejan en el agua;»
«Es así que hay nubes sobre ese estanque; luego...»
Sin duda que de tal modo se fragua
Un argumento enteramente griego;
Mas, oh lector, concéntrate en ti mismo
Y juzga de esas penas con tu alma fuerte:
Si fuesen capaces del silogismo
¿Habría allá un pescador de tal suerte?...

Lo malo es que una noche de ideas más perplejas,
Se destapa de pronto las orejas.
Oye, naturalmente, el canto maldito,
Arrójase —homérida[6]— al agua sinfónica,
Y como dirá la crónica,
Pone fin a sus días sin dejar nada escrito.

Por ello, al influjo de tan triste fortuna,
Un llanto sublime sus mejillas tala.
Y su lánguido suspiro se aduna
Al simétrico rizo que resbala
Sobre el lago temblando suavemente de luna,
Como un piano de cola por una leve escala.

---

[6] «Homérida»: como Homero.

Taburete para máscaras

DE LA MUSA AL ACADÉMICO

Señor Arcadio, hoy es la fiesta,
Es la fiesta del Carnaval.
Estalla al sol como una orquesta
Toda su cháchara jovial.

Lindos están el mar y el cielo;
Fermentan sátira y tonel;
La mosca azul detiene el vuelo
En tu saliva de hidromiel.

Traza mi castañuela intrusa
Un loco vals sobre el tapiz,
Y mi ligero pie de musa
Un arco bajo tu nariz.

Mi vino es pálido y valiente
Como un héroe, y va también[1],
El flaco pollo decadente[2]
Frito en mi mágica sartén.

---

[1] En otras ediciones el verso es «como un héroe, y está también».

[2] «Pollo decadente»: curiosa autoalusión, ya que el mismo Lugones está dentro de esta tendencia estética que resalta la tristeza y el gusto morboso por lo triste o enfermizo en bastantes composiciones del presente libro.

Mi sartén, reina de las ollas,
Porque es la luna —gran perol—
Donde frío como cebollas
Cráneos sabios en luz de sol.

Ven, que en la danza, las parejas
Te darán sitio principal,
Porque tus plácidas orejas
Son la mitra internacional.

AL JOROBADO[1]

Sabio jorobado, pide a la taberna,
Comadre del diablo, su teta de loba.
El vino te enciende como una linterna
Y en *turris eburnea*[2] trueca tu joroba,
Porque de nodriza tuviste una loba
Como los gemelos de Roma la Eterna.

Sabio jorobado, tu pálida mueca
Tiene óxidos de odio como los puñales,
Y los dados sueltos de tu risa seca
Con los cascabeles disuenan rivales.
Tu risa amenaza como los puñales,
Como un moribundo se tuerce tu mueca.

Sabio jorobado, la pálida estrella
Que tú enamorabas desde una cornisa,
Como blanca novia, como astral doncella,
Del balcón del cielo cuelga su camisa.
Un gato me ha dicho desde la cornisa,
Sabio jorobado, que duermes con ella.

---

[1] Se dirige a Polichinela, otro personaje de la *commedia dell'arte* italiana, que era jorobado, de aspecto y voz desagradables, y representa la aventura, la presunción y el ridículo.

[2] *«Turris eburnea»:* torre de marfil. Es otra alusión irreverente a la letanía mariana y también hace referencia a cierta forma elitista de entender el arte entre algunos modernistas.

Demanda a la luna tu disfraz de boda
Y en íntimo lance finge a Pulcinela[3].
Pulula en el río tanta lentejuela
Para esos brocatos[4] a la última moda,
Que en su fondo debes celebrar tu boda
Tal como un lunólogo *dandy*[5] a la alta escuela.

[3] «Pulcinela»: Polichinela en italiano.
[4] «Brocatos»: brocados, telas tejidas con seda y oro o plata.
[5] *«Dandy»*: este anglicismo tenía significado positivo en la época y equivalía a *elegante, refinado*.

PLEGARIA DE CARNAVAL

¡Oh luna! que diriges como *sportwoman*[1] sabia
Por zodiacos y eclípticas[2] tu lindo cabriolé:
Bajo la ardiente seda de tu cielo de Arabia,
¡Oh luna, buena luna!, quién fuera tu Josué[3].

Sin cesar encantara tu blancura mi tienda,
Con desnudez tan noble que la agraviara el tul;
O extasiado en un pálido antaño de leyenda,
Tu integridad de novia perpetuara el azul.

Luna de los ensueños, sobre la tarde lila
Tu oro viejo difunde morosa enfemedad,
Cuando en un solitario confín de mar tranquila,
Sondeas como lúgubre garza la eternidad.

En tu mística nieve baña sus pies María[4],
Tu disco reproduce la mueca de Arlequín[5],
Crimen y amor componen la hez de tu poesía
Embriagadora y pálida como el vino del Rhin.

Y toda esta alta fama con que elogiando vengo
Tu faz sietemesina de bebé en alcohol,
Los siglos te la cuentan como ilustre abolengo,
Porque tú eres, oh luna, la máscara del sol.

---

[1] *«Sportwoman»:* mujer deportista.

[2] «Eclípticas»: círculo máximo en la órbita de un cuerpo celeste.

[3] Josué: el caudillo del pueblo judío, realizó algunos actos prodigiosos, como detener el movimiento del sol.

[4] «Baña sus pies María»: referencia a las frecuentes representaciones de la Virgen María con los pies apoyados simbólicamente en el cuarto creciente de la luna.

[5] «Arlequín»: otro personaje de la *commedia dell'arte,* que representa la alternancia de penas y alegrías de la vida.

A LAS MÁSCARAS

I

Máscara rosa o crema,
De una ilusión en pos,
Que frustra una suprema
Gota de *Últimoadiós*.

Máscara en verde o rojo:
Losanges de Arlequín[1],
En que muequea un cojo
Con aflictivo esplín.

Máscara negra, en piélago
De furtivo crespón,
Cual tangente murciélago
De un biombo del Japón.

Angelicales tules
En capota «ideal».
Mascaritas azules
De alma sentimental.

Máscaras blancas, únicas
Joyas del dominó[2],
Bajo lunares túnicas
O chaponas[3] Watteau[4].

---

[1] «Losanges de Arlequín»: rombos de colores que llevaba en su traje este personaje de la *commedia dell'arte* en las versiones de épocas más recientes.

[2] «Dominó»: traje largo hasta los pies, con capucha, normalmente blanco o negro, que se utiliza como disfraz.

[3] «Chaponas»: blusas cortas.

[4] Los cuadros de Watteau se caracterizan por los colores suaves y la presencia de elegantes cortesanos en ricos jardines; todo refleja en su obra una enorme alegría de vivir.

II

Mimos de terciopelo,
Burlas del antifaz,
Labios de caramelo
Medianamente audaz.

Pobres Pierrots sin luna,
Que en erótico albur,
Desdeñan la fortuna
Papando un bol[5] de azur.

Colombinas en crisis
Bajo turbio farol,
Asoleando sus tisis
Con barato arrebol[6].

Beso que en fútil salsa
Condimenta el desliz,
Precio de perla falsa
Por una hora feliz.

Crencha rubia o castaña
Que malmuerde el carey,
Nucas gusto a champaña,
Senos al *new-mown-hay*[7].

Divergentes oboes
Sin sombra de compás;
Bizarros cacatoes[8]
Bajo cosmos de gas.

---

[5] «Papando un bol»: comiendo una taza grande.
[6] «Arrebol»: cosmético de color rojo.
[7] *«New-mown-hay»:* heno recién segado.
[8] «Cacatoes»: cacatúas.

Corazones galantes,
Que en comedia de amor
Pierden *(agítese antes
De usarse)* su candor.

Amistad espontánea
Que anticipa en el *tú*
La tierna miscelánea
De besos y ambigú...

III

Casi etéreo en su tabes[9]
Amoris causa[10], un fiel,
Cata finos jarabes
«A la luna de miel.»

Berrea una comparsa
Su epilepsia común,
En primitiva farsa
De cafres[11] de betún.

Ante su copa glauca[12],
Soñando el soñador,
Con triste faz embauca
Sus ensueños de amor.

Y haciendo al dulce fraude
Prenda de intimidad,
La vieja luna aplaude
Desde la eternidad....

---

[9] «Tabes»: enfermedad que produce atrofia progresiva; con frecuencia es resultado de la sífilis.

[10] *«Amoris causa»:* a causa del amor. Es parodia de ciertas fórmulas de lenguajes cultos, como el jurídico.

[11] «Cafres»: tribus de negros naturales de una zona en la costa oriental del sur de África.

[12] «Glauca»: de color verde claro.

LA ÚLTIMA CARETA

La miseria se ríe. Con sórdida chuleta,
Su perro lazarillo le regala un festín.
En sus funambulescos calzones va un poeta,
Y en su casaca el huérfano que tiene por Delfín.

El hambre es su pandero, la luna su peseta
Y el tango vagabundo su padre nuestro. Crin
De león, la corona. Su baldada escopeta
De lansquenete[1] impávido suda un fogoso hollín.

Va en dominó de harapos, zumba su copla irónica.
Por antifaz le presta su lienzo la Verónica.
Su cuerpo, de llagado, parece un huerto en flor.

Y bajo la ignominia de tan siniestra cáscara,
Cristo enseña a la noche su formidable máscara
De cabellos terribles, de sangre y de pavor.

---

[1] «Lansquenete»: antiguo soldado de la infantería alemana.

QUIMERA LUNAR

Apaciguando el gran río
Con una gracia enfermiza,
La luna espiritualiza
Un crepúsculo de estío.

Desde el profundo diván
Gusta uno su dulce opio,
Y se despide algo propio
En las velas que se van.

Aquel cuarto de pensión
Da a un paisaje de suburbio,
Que va poniéndose turbio
A la par del corazón.

La fantasía detalla
En el ramaje más tosco,
Leves caprichos de kiosco
Bajo un cielo de pantalla.

Y en la irresoluta luz,
Bellos crisantemos dobles,
Mecen blanduras de nobles
Abanicos de avestruz;

Ocurrencia baladí
Que concibo, grave y tierno,
Hojeando un viejo cuaderno
De modas, perdido allí...

Una tristeza olvidada
Llena el personal recinto
Con el afecto distinto
De una hermana ya casada.

Dolorosamente pura,
El alma, de tal manera,
Se reduce en su quimera
Como una fuente en su hondura.

Y ante ese ilusorio abismo,
Con inclementes resabios,
La clausura de los labios
Se amarga de fatalismo.

En el rincón inmediato
Donde el bufete se esquiva[1],
La sombra meditativa
Tiene un silencio de gato.

Llega un lejano compás
De polka; en el confidente[2],
Florece excesivamente
Todo un jardín de lampás[3].

En el cristal que atormenta
Su heráldica contorsión,
Moldea un áureo dragón
Mi copa más violenta.

Abajo, el ama legisla
su honor de sartén y escoba,
Mientras defiende mi alcoba
Su soledad, como una isla.

Hay tertulia; su rumor
Comenta el lujo mediano
De la sala; en el pinao
Recita la hija menor.

---

[1] «El bufete se esquiva»: el escritorio se esconde.
[2] «Confidente»: sofá, canapé de dos asientos.
[3] «Lampás»: tejido para tapicería, de raso y con mucho color.

Mima su pequeño modo
Y cecea su falacia
Versos de amor, con la gracia
De fingir que ignora todo.

Muere la tarde estival,
Y entre sus dulces fatigas,
La charla de las amigas
Llega cortada y trivial.

Concíbese su semblanza,
Trazando bajo las gorras
Con remilgos de cotorras
Reglas de buena crianza.

Entre raudos delantales,
Sobre la mesa ya puesta,
Anticipará la fiesta
Sus brindis en los cristales.

Y en tanto ¡qué placidez
En mi aislamiento profundo!
No hay quietud en este mundo
Más dulce que ella, tal vez.

En el tiempo transcurrido
Silencia cada hora muerta
Su lapso, como una puerta
Que se ha cerrado sin ruido.

Tendiendo sus graves paños,
La sombra apaga el reflejo
De un melancólico espejo
Palidecido de antaños.

Y en las joyas cristalinas
Del lavabo, un pomo exótico,
Promete sutil narcótico
De ponzoñas florentinas.

Con un leve roce obscuro
De sensación indolente,
Pasa el sueño por la frente
Como un gato sobre un muro.

Entonces, brotando inciertas
En suave resurrección,
A la muda habitación
Llegan las ternuras muertas.

Criaturas del azul
Que envuelve un frágil misterio:
Tailleur, Luis XV, Imperio[4]...
Primores de encaje y tul.

Dulcifican más la calma
Sus atónitas pupilas
Que son las gotas tranquilas
En que les desborda el alma.

Y sus besos de pasión,
Tanto corazón revelan,
Que sus labios se modelan
En forma de corazón.

Tiembla el alma en sus regazos
Como un niñito maltrecho
Que defiende mal su pecho
Cruzando sobre él los brazos.

Entre todas hay alguna
Tan leve, que es casi nada,
Enteramente flotada
En ondas de gasa y luna.

---

[4] «*Tailleur*, Luis XV, Imperio»: *tailleur*, traje sastre o de chaqueta. Son denominaciones de tipos de trajes.

En lo irreal de su tez
Tiene su hermosura hermética
Como una noche poética
Por luna su palidez.

Y percibo que quizás
Me revela su presencia
Un amor de adolescencia
Que no definí jamás.

Pero ¿amé acaso? ¿Fui yo
Aquel mismo?... Cuánto diera
Por averiguar siquiera
Si alguna vez existió.

Con dolorosa ventura
El corazón, a ella unido,
Sangra como un fruto herido
Que aumenta así su dulzura.

Tornándolo menos grave
En aquel absurdo amor,
El suspiro es al dolor
Lo que el vuelo para el ave.

¡Ah, quimeras del azul
En vuestro frágil misterio!
Tailleur, Luis XV, Imperio...
Primores de encaje y tul.

Así brota un ideal
En los internos jardines,
De hojear viejos figurines
Una tarde pasional.

DIVAGACIÓN LUNAR

Si tengo la fortuna
De que con tu alma mi dolor se integre,
Te diré entre melacólico y alegre
Las singulares cosas de la luna.

Mientras el menguante exiguo
A cuyo noble encanto ayer amaste,
Aumenta su desgaste
De cequín[1] antiguo;
Quiero mezclar a tu champaña,
Como un buen astrónomo teórico,
Su luz, en sensación extraña
De jarabe hidroclórico[2].
Y cuando te envenene
La pálida mixtura,
Como a cualquier romántica Eloísa o Irene[3],
Tu espíritu de amable criatura
Buscará una secreta higiene
En la pureza de mi desventura.

---

[1] «Cequín»: cequí, antigua moneda de oro.

[2] «Hidroclórico»: ácido muy corrosivo.

[3] Eloísa se refiere, sin duda, a la mujer de ese nombre (1101-1164), protagonista de la desdichada historia de amor con el pensador y teólogo Pedro Abelardo (1079-1142), su maestro de filosofía. Castigado Abelardo con la castración, se hace religiosa y viven separados aunque mantienen relación a través de un apasionado epistolario. Esta figura femenina ha atraído la atención de multitud de escritores. Respecto a Irene, resulta mucho más complicado saber cuál es la referencia de Lugones: puede ser la última tragedia que escribió Voltaire titulada igualmente *Irène* (1778), o el poema, mucho más «romántico», de François Coppée *La Tête de la Sultane* (1878), que recoge la muerte de la joven griega ordenada por su enamorado, y dueño, el sultán que, de esta manera, se justifica ante las críticas por haber abandonado el gobierno por el amor.

Amarilla y flacucha,
La luna cruza el azul pleno,
Como una trucha
Por un estanque sereno.
Y su luz ligera,
Indefiniendo asaz tristes arcanos,
Pone una mortuoria translucidez de cera
En la gemela nieve de tus manos.

Cuando aún no estaba la luna, y afuera,
Como un corazón poético y sombrío
Palpitaba el cielo de primavera,
La noche, sin ti, no era
Más que un obscuro frío.
Perdida toda forma, entre tanta
Obscuridad, eras sólo un aroma;
Y el arrullo amoroso ponía en tu garganta
Una ronca dulzura de paloma.
En una puerilidad de tactos quedos,
La mirada perdida en una estrella,
Me extravié en el roce de tus dedos.
Tu virtud fulminaba como una centella...
Mas, el conjuro de los ruegos vanos
Te llevó al lance dulcemente inicuo,
Y el coraje se te fue por las manos
Como un poco de agua por un mármol oblicuo.

La luna fraternal, con su secreta
Intimidad de encanto femenino,
Al definirte hermosa te ha vuelto coqueta.
Sutiliza tus maneras un complicado tino;
En la lunar presencia,
No hay ya ósculo que el labio al labio suelde;
Y sólo tu seno de audaz incipiencia,
Con generosidad rebelde
Continúa el ritmo de la dulce violencia.

Entre un recuerdo de Suiza
Y la anécdota de un oportuno primo,
Tu crueldad virginal se sutiliza;
Y con sumisión postiza
Te acurrucas en pérfido mimo,
Como un gato que se hace una bola
En la cabal redondez de su cola.
Es tu ilusión suprema
De joven soñadora,
Ser la joven mora
De un antiguo poema.
La joven cautiva que llora
Llena de luna, de amor y de sistema.

La luna enemiga
Que te sugiere tanta mala cosa,
Y de mi brazo cordial te desliga,
Pone un detalle trágico en tu intriga
De pequeño mamífero rosa.
Mas, al amoroso reclamo
De la tentación, en tu jardín alerta,
Tu grácil juventud despierta
Golosa de caricia y de *Yoteamo*.
En el albaricoque
Un tanto marchito de tu mejilla,
Pone el amor un leve toque
De carmín, como una lucecilla.
Lucecilla que a medias con la luna
Tu rostro excava en escultura inerte,
Y con sugestión oportuna
De pronto nos advierte
No sé qué próximo estrago,
Como el rizo anacrónico de un lago
Anuncia a veces el soplo de la muerte....

EL PIERROTILLO

Hecho un primor
De harina y miel,
Ríe a la infiel
Luna, su amor.

Para burlar
A la infeliz,
Fija el pulgar
En la nariz.

Alto un talón,
Se da el tahúr
Un pescozón
Que dice ¡abur!

Un puntapié
Le manda allá
Y se
Va...

NOCTURNO

I

En la ribera
De la laguna,
Sale la luna
De primavera.

Derrama su orto[1]
Sutil topacio
Por el espacio
Tibio y absorto.

Un vago cirro[2]
De medio luto,
Le da un astuto
Ceño de esbirro.

Blancor de polo
Su disco ampara
Como una cara
Que ardió el vitriolo.

En los jirones
De la tiniebla
Traza y amuebla
Largos salones;

Donde con yerros
De vano alarde,
Hasta muy tarde
Ladran los perros.

---

[1] «Orto»: salida del sol o de otro astro.
[2] «Cirro»: nube.

II

En dulce anemia,
Luna de idilio,
Dame el auxilio
De tu academia.

Allá principia
Tu obra marmórea,
Una hiperbórea[3]
Estereotipia.

Allá se yerma
La frágil Filis
Trocando en bilis
Tu luz enferma...

Una zampoña
De llanto asiduo
Gime el residuo
De tu ponzoña.

Y en dulce oprobio
Toman por deuda
Tu torta leuda[5]
Cloe y su novio[6].

---

[3] «Hiperbórea»: de regiones muy septentrionales. Desde épocas remotas se ha dudado de la existencia real o imaginaria del país hiperbóreo y para los ocultistas está muy relacionado con la que llaman «segunda Raza Madre».

[4] «Filis»: nombre literario de origen grecolatino que se extendió durante el Renacimiento; con frecuencia alude a la amada lejana.

[5] «Leuda»: fermentada con levadura.

[6] «Cloe y su novio»: según una antigua leyenda, Dafnis, cazador y pastor siciliano, juró fidelidad a la ninfa Cloe; no cumplió la promesa y fue castigado con la ceguera. Hay versiones muy diferentes de la historia, pero siempre han sido tomados como símbolos de amor sincero e ingenuo.

III

Para que ingenie
Mi arte su forma,
Virtud y norma
Da tu progenie.

En fiel deliquio[7]
Tu dulce vate,
Trama el debate
De un hemistiquio.

De un fauno gozas
La antigua infamia,
En poligamia
Con locas mozas.

Plan insensato
De hacerte suya,
En su aleluya
Te gime el gato.

A tu virgíneo
Rostro druida[8],
Clava un suicida
Su ojo sanguíneo.

Y ante un borracho
Que tu amor purga,
Te da la murga
Su mamarracho.

---

[7] «Deliquio»: desmayo, desfallecimiento.
[8] «Druida»: antiguo sacerdote de los galos.

IV

Tu albo circuito
De disco griego,
Es reloj ciego
Del infinito.

Un solitario
De tu prosapia,
Desde una tapia
Sigue ese horario.

Sagaz cual lince,
Su insomnio espera
Que por tu esfera
Pasen las quince.

Y porque, lerda,
Frustras su arrobo,
Le llama bobo
La gente cuerda.

En un compendio
De fe sincera,
Yo compartiera
Su vilipendio.

Y en el garifo[9]
Tic de su cara,
Le descifrara
Tu logogrifo[10].

---

[9] «Garifo»: jarifo, vistoso, llamativo.

[10] «Logogrifo»: juego o enigma en el que se combinan las letras de una palabras para formar otras.

CANTILENA[1] A PIERROT

Sobre tu grácil facha,
Como afable nodriza,
La luna pulveriza
Su azúcar remolacha.

La luna en cuyo lapso
Por Europa y América,
Cobra una luz histérica
Tu espíritu relapso[2].

La platitud[3] plebeya,
Con imbécil apodo,
Clasifica el gran modo
De tu prosopopeya;

Pero a tus pies, la faja
Del arco-iris es trocha,
Y la luna es tu brocha
Y el viento tu navaja.

Por esto con la luna,
Tu faz rapada y tísica,
Un problema de física
Recreativa, aduna;

Cual si armara a tu flaco
Desgaire de palote,
Su disco mondo el bote
Que junta al mingo el taco.

[1] «Cantilena»: cantinela.
[2] «Relapso»: que reincide en el pecado.
[3] «Platitud»: parece neologismo de Lugones; se entiende que quiere decir «llaneza».

Fundiendo en azabache
La fuente y el arbusto,
La luna te da un susto
Con cada cachivache;

Y como va tan alta
Por su órbita sin tregua,
Pierde la última legua
Y a la cita te falta.

Contemplas desde abajo
Su absurdo derrotero
Como mal campanero
Que no alcanza el badajo.

Codicias su dulzura,
Mas tu frágil rapiña,
Como el zorro en la viña
Jamás la ve madura.

Cuando nadie la espera,
Con caprichosa etapa,
Cae sobre la tapa
De alguna cafetera.

Mientras tu amor se arroba,
Colombina, más apta,
Parece que la capta
Si cierra bien la alcoba.

Y no bien en la jamba
Gira la puerta al rape[4],
Se fuga en mudo escape
Junto con su *¡caramba!*

---

[4] «Al rape»: casi hasta la raíz, hasta su base.

Sobre el nocturno y ancho
Piélago en que se abisma,
Tu pertinaz sofisma
Le arrojas como un gancho.

Burlando tu desvelo
Con ímprobo contraste,
Su fluidez da al traste
Con tu paciente anzuelo;

Que cuando al fin se ancla,
Creyendo darle alcance,
En clásico percance
Pesca una vieja chancla.

Que sean, pues, tus bodas
Escuálida cuaresma,
O escríbele una resma[5]
De epitalamios y odas.

Quizá el lírico embuste,
Con que la llames linda,
A tus amores rinda
Doncella de tal fuste.

No hay dama a quien no abisme
Cual doméstica hidra,
La agri-risueña sidra
Del amoroso chisme.

Y para que su hermético
Mal, tus horas no acerbe[6],
Pon en tu rostro imberbe
Su lívido cosmético.

---

[5] «Resma»: conjunto de quinientos pliegos de papel.
[6] «Acerbe»: Lugones forma este verbo partiendo del adjetivo «acerbo», amargo, o en sentido figurado, cruel.

Mas, si con befas zurdas
Te engaña a la intemperie,
Prolongando la serie
De tus horas absurdas;

Con amor que concibe
La dulzura y la afrenta,
Espérala sedienta
Y atrápala en tu aljibe.

ODELETA A COLOMBINA[1]

I

A tu punzante sorna
De aventurera avispa,
La luna en loca chispa
De tus ojos, se torna.

Tu gracia superfina
Da un insinuante tufo
Al cefirillo bufo
Que infla tu crinolina[2].

Arlequín mequetrefe,
Con mano afable y luenga,
Te subraya su arenga
Finchado[3] como un jefe.

Pierrot borracho y sucio
De vino y de berrinche,
Ante el feliz compinche
Se araña el occipucio.

Esbozan sus afanes
Mímicas morondangas[4]
Que amplían en sus mangas
Alados ademanes.

---

[1] «Odeleta a Colombina»: «odeleta» es diminutivo de «oda»: antiguamente era sinónimo de «canto», después quedó para poemas líricos de corte clásico, hoy se llama así a cualquier composición lírica extensa y de tono elevado.

[2] «Crinolina»: miriñaque; armazón de tela rígida y muy ligera, hecha de crin o de otra fibra, que se ponía bajo la falda para mantenerla hueca y abultada.

[3] «Finchado»: ridículamente engreído.

[4] «Morondangas»: mezcla, revoltijo de cosas inútiles.

Su pantomima es queja
Que en necio mixtifori[5],
Gime y te llama Clori[6]
Plagiando una oda vieja.

El lúgubre jengibre
De su embriaguez acerba
Pone en su muda verba[7]
Loas de gran calibre.

Como a hermana de Euterpe[8],
Por musa te idolatra;
O te sueña Cleopatra
Para tornarse sierpe.

Y su amor, poco ducho
Del poético ripio,
Se arde desde el principio
Con su último cartucho.

En tiránica sede
Frustra su ojo lascivo
Tu escarpín evasivo
Provocándolo adrede.

O en huracán de cintas,
Súbitamente loca,
Con tu pintada boca
Los pómulos le pintas;

---

[5] «Mixtifori»: barullo, mezcla de objetos muy diferentes.
[6] «Clori»: otro nombre poético para la mujer amada, muy usado por los clásicos.
[7] «Verba»: labia, locuacidad.
[8] «Euterpe»: musa de la poesía lírica y de la música.

(Bien que en el mismo elogio
De ese fugaz almagre [9],
Él perciba el vinagre
De su martirologio.)

II

Mas ya en celosa angurria [10]
Traba Arlequín los ojos,
Y líricos enojos
Te rasca en su bandurria.

Y el gran Polichinela,
Rojo como una antorcha,
A tu salud descorcha
Su frasco de mistela.

Como un hechizo corre
Su erótico menjurje [11],
Y su joroba surge
Bella como una torre,

Que asiéndote a su cuello
Con audacias modernas,
Le oprimes con tus piernas
Como a un feliz camello.

Cuando el licor te raspe
La lengua, a tu capricho
La luna alzará un nicho
Con su pálido jaspe;

---

[9] «Almagre»: óxido ferroso de color rojizo que se usa en pintura.
[10] «Angurria»: sensación dolorosa al orinar. Aquí debe tomarse en sentido amplio por desazón, inquietud.
[11] «Menjurje»: mejunje.

Y en amoroso indulto
Querrás *(in vino veritas)* [12]
Que con gracias pretéritas
Pierrot te rinda culto.

Pero a tu amor, en tanto,
Polichinela inculca
Pavores de trifulca
Con celoso quebranto.

Sospechando de befa
La esclavitud que le unce,
El entrecejo frunce
Cual lóbrega cenefa;

Y Arlequín, con remedos
De militar sainete,
Para un lance a florete
Se ensortija los dedos.

Los dos gruñen tan malos,
Que quizá, en el destrozo,
Tu mudo y blanco mozo
Lleve tras cuernos palos.

Mas, tu ira les espeta
Su mortífera pulla
En el grito de grulla
Que fragua tu corneta;

Y acabando la intriga
Con amoroso ahínco,
Te escapas en un brinco
Que hace brillar tu liga.

---

[12] *«In vino veritas»:* «la verdad está en el vino».

III

Para un dulce misterio
De aventura española,
De capa, estoque y viola
Pierrot te aguarda en serio.

Mientras fiel al destino
Te suspiraba en vela,
Trocó a la luna en muela
Del clásico molino.

La noche fue la tolva[13],
Las estrellas el grano
Con cuya harina, ufano
De su invención, se empolva.

Con su molino espúreo,
La luna, en noble hallazgo,
Os prepara el hartazgo
De un almuerzo epicúreo.

Cuando la roa el cuarto
Menguante, en otro esfuerzo
Variaréis ese almuerzo
Con un nuevo reparto.

En la sombra infinita
Donde su luz se extingue,
La luna echará un pringue[14]
Vivaz, de carpa frita;

Y amagará la hartura,
cuando en torno a esa carpa,
Trinando como un arpa
Pulule la fritura.

---

[13] «Tolva»: recipiente que dirige y dosifica el grano en los molinos.
[14] «Echará un pringue»: mojará en la grasa o el aceite de la comida.

Sólo la luna nueva
Finge a tus ambiciones
Las gratas tentaciones
Que ama toda hija de Eva.

Mientras el novilunio
La cierra como a una ostra,
Tu pobre amante arrostra
Durmiendo, su infortunio.

A los deberes sorda,
Ostenta con astucia,
Tu petulante argucia,
Tu pantorrilla gorda.

Y mientras Pierrot yace
Como un blancuzco espárrago,
Dile en risueño fárrago
Su *requiescat in pace.*

Vibren tus lentejuelas,
Vuelen tus escarpines,
En busca de Arlequines
Y de Polichinelas.

Vuelve a correr la tuna[15],
Déjate hacer la corte,
Y pon a tu consorte
Los cuernos... de la luna.

---

[15] «Correr la tuna»: vagar en libertad y sin hacer nada.

LOS FUEGOS ARTIFICIALES

En las tinieblas que forman como un atrio
A esplendores futuros, goza la muchedumbre
Las últimas horas de su día patrio[1];
Esperando que el cohete de costumbre,
Con su tangente flecha
De iniciación, alumbre
El anual homenaje de la Fecha.

Bajo el rumor confuso
De la germinante batahola[2],
Se desgañita pisado en la cola,
Con ayes de mujer un can intruso.
A dos comadres con el Jesús en la boca,
Una bicicleta pifia[3] graznidos de oca;
Y en gambetas[4] chabacanas
Precipita su fulminante polea
Por la plaza que hormiguea
De multitud, como un cubo de ranas.

---

[1] Todo el poema es una visión de la fiesta nacional argentina del 25 de mayo.

[2] «Batahola»: ruido grande, barullo.

[3] «Pifia»: que produce un sonido como el de la flauta desajustada, soplada con exceso de fuerza.

[4] «Gambetas»: movimiento del cuerpo para esquivar algo (es americanismo).

Sonando por las esquinas,
Organillos de triste catadura,
Sugieren el pesar de una fractura
De estalactitas cristalinas.
Y en la luna de Otoño que se hunde con sus penas,
Tras un pavor de lejanía atlántica,
Desfallece una romántica
Palidez de Marías Magdalenas.

Entre mágicos bastidores
Que cobija un obscuro sosiego,
Se indefine sin rumores
La aún estéril selva de fuego,
Cuya sombra cual mágico talego
Se abrirá en millonario tesoro de colores.

Primero, despertando arrobos
De paganismo atávico, en cursivas alertas,
Es la pura majestad de los globos
Sobre la O vocativa de las bocas abiertas.
Y tras un sobresalto de cañonazo
Que corta charlas y alientos,
La bomba sube con tremendo desembarazo
A horadar firmamentos.

Evocando pirotécnicas Gomorras,
Ráfagas de silbidos sancionan la proeza.
Abandonan más de una cabeza
La cordura y las gorras.
El ímpetu bellaco
Encanalla acritudes de tabaco;
Y casi musical como un solfeo,
Chillan aspavientos de jóvenes criadas,
Dichosamente frotadas
Por aquel enorme escarceo[5].

---

[5] «Escarceo»: movimiento suave de las olas.

Con su reproche más acre,
Un vieja
Se queja
Desde el fondo de su fiacre[6];
Cuando a mitad del estéril soponcio,
Surge una culebra de múltiples dardos,
Crepitada en ascuas de estroncio[7]
Sobre tres catástrofes de petardos.
Y el delirio de fuego y oro
Estalla en química hoguera,
Cuya cimera
Exaltada a meteoro,
Es ya desaforada bandera
Que agita un bello comodoro,
Chispeando un rubí por cada poro
Y con un lampo[8] azul por charretera[9].
Coloreados humos de combates navales,
Evocando la patria guerrera
Y los "oíd, mortales".

Con plenitud silenciosa
El cielo obscuro germina centellas,
Y entre racimos de estrellas
Se encanta una noche rosa.

Y aquellas pálidas luces,
En divergente ramaje de cedro,
Van a incendiar los sordos arcabuces
De un magnífico dodecaedro.
El artificio se entiende
En una transformación de duende,

---

[6] «Fiacre»: coche de alquiler.
[7] «Estroncio»: metal alcalino de color blanco, descubierto hacía poco tiempo.
[8] «Lampo»: relámpago, fogonazo.
[9] «Charretera»: jarretera, divisa o adorno militar que se coloca en los hombros.

Que hecho luz bermeja
Baila su fandango,
Mientras con juego malabar, maneja
Diez cuchillos por el mango,
Hasta que en tromba
De esplendor admirable,
Le revienta en el vientre una bomba,
Y colgado de un cable,
Queda meciéndose como un crustáceo
Violáceo...

La noche sobre el mundo nuevamente se abate
Con sus cálidas sombras y su olor de combate;
Y el esquife[10] de humo que entre dos astros surte[11],
Va a encallar en la luna como en lejano lurte[12]
Que al ras de las aguas tiembla,
Con un polar reflejo de Orcada o Nueva Zembla[13].
Cuando con su ascua más brava,
Una tripa de pólvora que está escupiendo lava,
Sobre el bastidor pueril y magro,
Revienta, en maravilla imprevista,
Un inmenso girasol de milagro
Deshaciéndose en polen de amatista;
Y con su doble brillo,
Aquel meteoro impresionista
De lila sobre amarillo,
Deflagra nuevamente caudales de conquista.

Al despedirlo el eje,
Su estela es reguero de escudos
Que proyecta en los cielos mudos

---

[10] «Esquife»: barco pequeño.
[11] «Surte»: surge.
[12] «Lurte»: alud, avalancha.
[13] «Orcada o Nueva Zembla»: las Orcadas del Sur forman un archi-piélago argentino en el Antártico; Nueva Zembla es otro archipiélago soviético en el Ártico.

El perfil anormal de un templo hereje.
Y con las lluvias luminosas
De su ascensión sonora y garifa,
Sugiere fantasías de califa
Estalladas en piedras preciosas.

Tras los cipreses
Correctos como alfiles,
En seráficos añiles
La girándula[14] exalta gárrulos intereses.
Su centro, que es un cohete redondo,
Entre el volcán de fuego charro[15],
Deflagra[16] como un cigarro
Pavesas de fuego blondo.
Y esa gloria
Giratoria,
Derrochada en vivos cromos,
Parece una noria
Que gárrulos gnomos,
Fuesen vertiendo en inmensas dosis
De apoteosis.

Y de pronto,
En torbellino de áurea polvareda,
Estalla la vertiginosa rueda
Que hace babear los éxtasis del tonto;
Trocando absurdamente su destino
En el sautor regular de un molino.
La majestad bilateral del aspa,
Desmenuza bajo el denso toldo
De la noche, una incandescente caspa
Que es detritus de sol hecho rescoldo.

---

14 «Girándula»: cohetes colocados en forma de rueda.
15 «Charro»: recargado, con muchos adornos de mal gusto.
16 «Deflagra»: arde rápidamente con llama pero sin explosión.

Y todo acaba allí, si no arremete
La azogada fugacidad del cohete,
Cuya cinta bizarra
A través de la noche se desliza
Como una raya de tiza
Sobre una pizarra.
Su silbo se aguza
Con chillido de lechuza;
Y tras el brusco azoramiento,
En mansa catarata,
El negro firmamento
Se pone a llover plata.

Ensueño de belleza,
Que en ese anacrónico instante de aurora
Como fatuo vino te vas a la cabeza:
No olvides que la luna llora
En la acuática lejanía,
La luna, consultora
De la melancolía,
A quien el alma implora
Con suave letanía:
—*Virgo clarissima. Virgo mater*[17]—
En tanto que ultrajan su poesía
Aquellos patrióticos fuegos de cráter.

Y mientras la pobre luna cuyo martirio
Entre el agua y el fuego,
Implora con la sugestión de un ruego,
Vuelve la noche a arder con un delirio
Que exaltara los más nobles cráneos
Contemporáneos.

---

[17] Otra irónica incursión más en la letanía. *Virgen ilustrísima, Virgen madre.*

Al incendiario brillo
De un astro fugaz anulado en estruendos,
Combina sus carbunclos estupendos
La fantasía final del Castillo.
Una luz de luna
En fusión, llena su ámbito de pagoda,
Que mezcla con rara fortuna
La botánica china y el rococó a la moda.
¡Oh maestro, que hiciste tal maravilla
Con un poco de mixto, de noche y de mal gusto:
Deja que te aclame con un alma sencilla,
Con un alma de tribu que adora un fuego augusto!
Buen diablo entre tu flora de arsénico y de azufre,
¡Qué armonía de espíritu y materia
Tienen para el que sufre
Tus bazares de cosmos, tu astronómica feria!
Y con qué formidable caricatura,
Tu polícroma incandescencia,
Destaca a la concurrencia
En un poema de humanidad futura.

Bajo el iris de un prisma de garrafa,
Mi musical vecina,
Hacia su mamá se inclina
Con alelado estupor de jirafa,
Su oreja se pierde
En un matiz de herrumbre verde;
Y una llama loca
Del candente aparato,
Con lúgubre sulfato
Le amorata la boca.

A su lado el esposo, con dicha completa,
Se asa en tornasol, como una chuleta;

Y el bebé que fingía sietemesino chiche[18],
No es ya más que un macabro fetiche.
La nodriza, una flaca escocesa,
Va, enteramente isósceles, junto a la suegra obesa,
Que afronta su papel de salamandra[19]
Con una gruesa
Inflación de escafandra,
Mientras en vaivén de zurda balandra
Goza sus fuegos la familia burguesa.

Mas, de repente,
Cambia el artificio bruscamente;
Y bajo un nuevo iris,
El marido, en su manso porte,
Adquiere una majestad de Osiris;
Al paso que la consorte
Se exalta con mágico transporte,
Y en igual luminosa crisis,
Naturalmente, parece una Isis.

Un señor mediocre
Que puede ser boticario o maestro,
Bajo un lampo de ocre
Se vuelve siniestro;
Sin que por ello se alarme
El olfato poco diestro
Del inmediato gendarme.
Y aquella fiera en ciernes,
Que así en rojo tizón su cuello tronche,
Tiene una gran cabeza de Holofernes
Ardida en llamas de ponche.

---

[18] «Chiche»: juguete, chuchería (es americanismo).
[19] «Salamandra»: además del anfibio parecido al lagarto es un tipo de estufa de carbón.

188

Pero el gendarme mismo
Se ha vuelto ya un cliente del abismo;
Y la multitud entera
Se deforma en comba de cafetera.
En tanto que el artificio estalla
Con estruendos
Tremendos,
Mandando en granizo de oro su metralla.

Rodea una deslumbrante zona
De vértigo solar en artificio,
Donde mi propia persona
En coloreado maleficio,
Adquiere algo de sota y de saltimbanqui
Yankee[20]...

Con una
Descarga de estrépito salvaje,
Se hunde al castillo y acaba el homenaje:
Y ahora ya no hay pólvora ni hay luna.
Salpicada de astros escasos,
Vuelve la noche, removida de pasos
Como un lodazal; silba un pilluelo;
Arroja una bengala alguien que pasa,
Y es aquella anacrónica brasa
El último bocado de sol que engulle el cielo.

Camino de la casa,
Volvemos todavía la cabeza
Con el encanto de una vaga certeza.
Hasta que, de improviso,
La postrer bomba, por el ámbito sonoro,
Se abre a la inmensidad en palmas de oro
Como un árbol del Paraíso.

---

[20] «Yankee»: Yanqui, natural de Nueva Inglaterra (es anglicismo).

VALSE[1] NOBLE

En la tarde suave y cálida,
Desde el diván carmesí,
Alzas fielmente hasta mí
Tus lentos ojos de pálida.

Con la espectral ilusión
De la hora que te importuna,
Un vago pavor de luna
Te acerca a mi corazón.

Por el cielo angelical
Se ahonda en místico ascenso
La soledad de un inmenso
Plenilunio inmaterial;

Que encantando los jardines
Viene casi lastimero,
Delirado en un ligero
Frenesí de violines.

En escena baladí,
Te infunde su poesía
Tan dulce melancolía,
Que quieres morir así.

Con el mimo de estar triste,
Buscas mi arrullo más blando,
Y te sorprendes llorando
Lágrimas que no sentiste.

---

[1] «Valse»: vals (galicismo muy frecuente en Hispanoamérica).

Pides, tan sola en la vida,
Diminutivos de infancia,
Y tu tímida constancia
Quiere ser compadecida.

Con alteración ardiente,
En tu insaciable interés
De preguntarme «quién es
Tu...»[2] eternamente;

Quisieras huir conmigo
Hacia un país de quimera,
Donde no se conociera
La voz del mundo enemigo.

Algo eleva nuestro ser,
Y la calma de la luna,
Nos embarga como una
Blanca nave... a no volver.

---

[2] Aquí el lector debe poner el nombre amado. *(Nota del autor.)*

ABUELA JULIETA[1]

Cada vez más hundido en su misantropía, Emilio no conservaba ya más que una amistad: la de su tía la señora Olivia, vieja solterona como él, aunque veinte años mayor. Emilio tenía ya cincuenta años, lo cual quiere decir que la señora Olivia frisaba en los setenta. Ricos ambos, y un poco tímidos, no eran éstas las dos únicas condiciones que los asemejaban. Parecíanse también por sus gustos aristocráticos, por su amor a los libros de buena literatura y de viajes, por su concepto despreciativo del mundo, que era casi egoísta, por su melancolía, mutuamente oculta, sin que se supiese bien la razón, en la trivialidad chispeante de las conversaciones. Los martes y los jueves eran días de ajedrez en casa de la señora Olivia, y Emilio concurría asiduamente, desde hacía diez años, a esa tertulia familiar que nunca tuvo partícipes ni variantes. No era extraño que el sobrino comiese con la tía los domingos; y por esta y las anteriores causas, desarrollóse entre ellos una dulce amistad, ligeramente velada de irónica tristeza, que no excluía el respeto un tanto ceremonioso en él, ni la afabilidad un poco regañona en ella. Ambos hacían sin esfuerzo su papel de parientes en el grado y con los modos que a cada cual correspondían. Aunque habíanse referido todo cuanto les era de mutuo interés, conservaban como gentes bien educadas, el secreto de su tristeza. Por lo demás,

---

[1] «Julieta»: en este caso la referencia a la joven protagonista del drama de William Shakespeare (1564-1616) se emplea en función de adjetivo, viene a ser algo así como «enamorada fiel». Forma parte del tono suavemente irónico, sentimental y decadente, que domina la atmósfera de todo el cuento.

ya se sabe que todos los solterones son un poco tristes; y esto era lo que se decían también para sus adentros, Emilio y la señora Olivia, cuando pensaban con el interés que se presume, ella en la misantropía de él, él en la melancolía de ella. Los matrimonios de almas, mucho más frecuentes de lo que se cree, no están consumados mientras el secreto de amargura que hay en cada uno de los consortes espirituales, y que es como quien dice el pudor de la tristeza, no se rinde al encanto confidencial de las intimidades. La señora Olivia y su sobrino encontrábanse en un caso análogo. Si aquella tristeza que se conocían, pero cuyo verdadero fundamento ignoraban, hubiéraseles revelado, habrían comprobado con asombro que ya no tenían nada que decirse. Reservábanla, sin embargo, por ese egoísmo de la amargura que es el rasgo característico de los superiores, y también porque les proporcionaba cierta inquietud, preciosa ante la perfecta amenaza de hastío que estaba en el fondo de sus días solitarios. Un poco de misterio impide la confianza, escollo brutal de las relaciones en que no hay amor. Así, por más que se tratara de dos viejos, la señora Olivia era siempre tía, y Emilio se conservaba perpetuamente sobrino.

Cuarenta años atrás —recordaba la señora Olivia— aquel muchacho sombríamente precoz, cuyo desbocado talento, unido a sordas melancolías, hizo temer más de una vez por su existencia; aquel hombrecito, huraño ya como ahora, era su amigo. No tenía esos risueños abandonos de los niños en las rodillas del ser predilecto; pero miraba con unos ojos tan tristes, su frente era tan alta y despejada, que lo quería y estimaba al mismo tiempo. No se dio cuenta de los veinte años que le llevaba; considerólo su amigo, empezando a comprender aquella diferencia, sólo cuando lo vio regresar de Alemania, terminada ya su carrera, hecho todo un señor ingeniero, que vino a saludarla, muy respetuoso, muy amable, pero demasiado sobrino para que ella no asumiera inmediatamente sus deberes de tía.

Las relaciones estrecháronse después, pero ya de otro modo. Ella, en su independencia orgullosa de solterona rica, acogió amablemente al joven cuya misantropía le pareció interesante; y cuando tres años después, éste se quedó huérfano, encontró en la casa de la vieja dama, a pesar de las etiquetas y los cumplimientos, el calor de hogar, no muy vivo, que le faltaba.

Por un acuerdo inconfeso aunque no menos evidente, fueron cambiando con los años sus pasatiempos. Después de las conversaciones, la música; después de la música, el ajedrez. Y de tal modo estaban compenetrados sus pensamientos y sus gustos, que cuando una noche de sus cuarenta años, Emilio encontró en el saloncito íntimo el tablero del juego junto al cerrado piano, sin notar al parecer aquella clausura del instrumento que indicaban el fin de toda una época, hizo sus reverencias de costumbre y jugó durante dos horas como si no hubiera hecho otra cosa toda la vida. Ni siquiera preguntó a la señora Olivia cómo sabía que a él le gustaba el ajedrez. Verdad es que ella habríase encontrado llena de perplejidad ante esa pregunta.

La diferencia de edades había concluido por desaparecer para aquellos dos seres. Ambos tenían blancas las cabezas, y esto les bastaba. Tal vez la misma diferencia de los sexos ya no existía en ellos, sino como una razón de cortesía. La señora Olivia conservábase fresca, pues estaba cubierta por una doble nieve: la virginidad y la vejez. Aún sonreía muy bien; y para colmo de gracia, apostataba de los anteojos. Su palabra era fluida y su cuerpo delgado. La vida no la aplastaba con su peso de años redondamente vividos; al contrario, la abandonaba, y esto volvíala translúcida y ligera. No podía decirse, en realidad, que fuese vieja; apenas advertíanse sus canas.

Emilio, sí, estaba viejo; mas no parecía un abuelo. Carecía de esa plácida majestad de los ancianos satisfactoriamente reproducidos. Era un viejo caballero que podía ser novio aún. Sus cabellos blancos, su barba blanca, su talante un poco estirado, mas lleno de varonil elegancia, sus trajes irreprochables, sus guantes, constituían un ideal de corrección. Llevando un niño de la mano, hubiéranlo tomado por un fresco viudo; pretendiendo una señorita de veinticinco años, habrían tenido que alabar su amable cordura.

Su tía y él eran dos mármoles perfectamente aseados. Por dentro, eran dos ingenuidades que disimulaban con bien llevada altivez candores tardíos. La delicadeza de la anciana encubría un estupor infantil; la frialdad del sobrino velaba una desconfianza de adolescente.

Además, hablaban en términos literarios, hacían frases como las personas ilustradas y cortas de genio que no han gozado las intimidades del amor, ese gran valorizador de simplicidades. También eran románticos. Precisamente, hacía tres meses que Emilio regaló a su tía un ruiseñor importado a mucho costo de Praga, por los cuidados del famoso pajarero Gotlieb Waneck[2], y en una legítima jaula de Guido Findeis, de Viena. Dos noches antes, el pájaro cantó, y ésta fue la noticia con que la señora Olivia había sorprendido a su sobrino un martes por la noche, mientras ocupaban sus casillas las piezas del ajedrez. Emilio, galante como siempre, traía para el pájaro un alimento especial: la

---

[2] «Gotlieb Waneck»: este nombre, como los otros que aparecerán poco más abajo, recoge ciertas marcas comerciales de la época.

composición de M. Duquesne, de l'Eure; pues, en punto a crianza, prefería los métodos franceses.

Aquel ruiseñor fue un tema de que se asieron ansiosamente, cansados ya por un año de plática sin asunto. Y del ruiseñor... ¡a Shakespeare!

—En Verona, decía la señora Olivia, aprendí, precisamente, a preferir la alondra; como que, al fin mujer, había de quedarme con la centinela de Romeo[3]. Profésanle allí una predilección singular, llamándola, familiarmente, *la Cappellata*[4].

—Pero este ruiseñor, afirmó Emilio, no es de los veroneses. Es la clásica *Filomela*[5], o ruiseñor alemán, el único pájaro que *compone,* variando incesantemente su canto; mientras aquellos recitan estrofas hechas. Un verdadero compatriota de Beethoven.

¿Cuánto tiempo hablaron?... La luna primaveral que había estado mirándolos desde el patio, veíalos ahora desde la calle. Y Emilio contaba una cosa triste y suave como las flores secas de un pasado galardón. ¿Recordaba ella cuando la tifoidea lo postró en cama, siendo muy niño aún, de doce años, creía? Ella fue su enfermera, ¡se desveló tanto por él!... Miraba todavía sus ojeras, sus cabellos desgarbados por el insomnio en ondas flavas[6] de fragante opulencia. Él sabía por los dichos de los otros, de los grandes, que era bella, aunque no se daba bien cuenta de lo que venía a ser una mujer hermosa. Pero la quería mucho, eso sí, como una hermana que fuese al mismo tiempo una princesa. Su andar armonioso, su cintura, llenábanlo

---

[3] Referencia a la escena en que los jóvenes Romeo y Julieta discuten, tras su primera noche juntos, sobre si el pájaro que canta es el ruiseñor o la alondra.

[4] *«Cappellata»:* alondra copetuda o moñuda.

[5] *«Filomela»:* o *filomena*. Es muy frecuente que se llame así al ruiseñor en textos poéticos antiguos.

[6] «Flavas»: de color de miel.

ante ella de turbado respeto. Poníase orgulloso de acompañarla; y por esto, siempre que iba a su lado, estaba tan serio. Durante sus delirios febriles, fue la única persona que no viera deformada en contorsiones espeluznantes; y cuando vino la convalecencia, una siesta —llevaba ella un vestido a cuadritos blancos y negros— el niño, repentinamente virilizado por la enfermedad, comprendió que el amor de su tía le ocupaba el corazón con la obscura angustia de un miedo. Fue una religión lo que sintió entonces por ella durante dos años de silencio, siempre contenidos por su pantalón corto y su boina de alumno, ridículos para el amor...

Después, el colegio, los viajes, el regreso ¡y siempre esa extraña pasión poseyéndole el alma! Se hizo misántropo... ¡y cómo no! Esterilizó su vida, gastó el perfume de ese amor de niño concentrado por la edad, inútilmente, como un grano de incienso quemado al azar en el brasero de una chalequera dormida... Mas ¿para qué le estaba él diciendo todo eso?...

El silencio del saloncito se volvió angustioso. Con la mano apoyada en la mejilla, la tía y el sobrino, separados apenas por el tablero donde las piezas inmóviles eternizaban abortados problemas, parecían dormir. Allá en el alma del hombre, en una obscuridad espantosamente uniforme, derrumbábanse grandes montañas de hielo. Y la señora Olivia meditaba también. Sí, fue tal como él lo decía. Ella estaba en la trágica crisis maternal de los veintinueve años. Aquel chiquillo la interesaba; pero ella descubrió primero que ese interés era un amor descabellado, imposible, una tentación quizá. Una noche deliraba mucho el pobrecito; los médicos presagiaban cosas siniestras con sus caras graves. Llorábase en la casa, sin ocultarlo ya. Entonces sus desvelos de tía, sus sobresaltos de vulgar ternura, reventaron en pedazos su desabrida corteza. Loca, sin saber lo que hacía, corrió a la pieza contigua, y allá, desarraigándosele el corazón en sollozos, se comió a besos, locamente, el retrato del enfermo. Fue un relámpago, pero de aquel deslumbramiento no volvió jamás. ¡Y hacía cuarenta años de eso, Dios mío! Cuarenta años de amarlo en secreto, consagrándole su virginidad, como él le había consagrado también su alma. ¡Qué delicada altivez surgía de ese doble sacrificio, y qué dicha no haberse muerto desconociéndolo!

Poco a poco, un nebuloso desvarío ganó la conciencia de la anciana. Los años, las canas, el influjo de las conveniencias, fueron desvaneciéndose. Ya no había sino dos almas, resumiendo en una sola actualidad de amor, el ayer y el mañana. Y la niña, intacta bajo la dulce nieve de su vejez incompleta, se desahogó en un balbuceo:

—Emilio... yo también....

Él tuvo un estremecimiento casi imperceptible, que hizo palpitar, sin abrirlos, sus párpados entornados. Allá dentro, en la negrura remota, las montañas de hielo continuaban derrumbándose. Y pasó otra hora de silencio. *Emilio... Olivia...* suspiraban los rumores indecisos de la noche. La luna iluminaba aquella migaja de tragedia en la impasibilidad de los astros eternos.

Inmediato a ellos, sobre el piano, un viejo Shakespeare perpetuaba en menudas letras las palabras celestes del drama inmortal. En la blancura luminosa de la noche, muy lejos, muy lejos, diseñábanse inalcanzables Veronas. Y como para completar la ilusión dolorosa que envolvía las dos viejas almas en un recuerdo de amores irremediablemente perdidos, el ruiseñor, de pronto, se puso a cantar.

Espectral como un resucitado, Emilio abandonó bruscamente su silla. Y ya de pie, estremecidos por algo que era una especie de inefable horror, la señora Olivia y él se contemplaron. Debía de ser muy tarde, y tal vez no fuese correcto permanecer más tiempo juntos...

Era la primera vez que se les antojaba aquello. No advertían, siquiera, que fuese ridículo, pues dominábalos la emoción de su paraíso comprendido. Mas la luna, propicia por lo común a los hechizos, rompió esta vez el encanto. Uno de sus rayos dio sobre la cabeza de la anciana, y en los labios del hombre sonrió, entonces, la muerte. ¡Blancos! ¡Si estaban blancos, como los suyos, esos cabellos cuya opulencia fragante recordaba aún a través de tanto tiempo! Era Shakespeare el que tenía la culpa. ¡Quién lo creyera! ¡Tomar a lo serio un amor que representaba el formidable total de ciento veinte años!

El ruiseñor cantaba... Cantaba, sin duda, los lloros cristalinos de su ausencia, las endechas armoniosas de su viudez.

Una viva trisadura[7] de cristal mordía lentamente los dos viejos corazones. De pie, frente a frente, no sabían qué decirse ni cómo escapar al prestigio[8] que los embargaba.

Y fue ella la que tuvo valor por fin, la que asumió heroicamente esa situación de tragedia absurda (porque, después de todo, no sabía que la luna le estaba dando en la cabeza). Como Emilio hiciera un movimiento para retirarse:

—Quédate; ya tienen bastante con los cuarenta años de vida que les hemos dado.

Es probable que el destino estuviera incluido en ese plural.

---

[7] «Trisadura»: ruptura leve del cristal o de la loza.
[8] «Prestigio»: fascinación producida por magia, ilusión.

Bajo el bigote de Emilio se estiró una sonrisa escuálida como un cadáver. El lenguaje literario se le vino a la boca, y con una melancólica ironía que aceptaba todos los fracasos del destino, hizo una paráfrasis de Shakespeare:

—No, mi pobre tía, el rocío nocturno hace daño a los viejos. El ruiseñor ha cantado ya, y el ruiseñor es la alondra de la media noche[9]...

---

[9] Esta última es frase paralela a la que se dicen los dos amantes en la escena mencionada de la tragedia de Shakespeare.

Lunas

UN TROZO DE SELENOLOGÍA[1]

Ante mi ventana, clara como un remanso
De firmamento, la luna repleta,
Se puso con gorda majestad de ganso
A tiro de escopeta.
No tenía rifle,
Ni nada que fuera más o menos propio
Para la caza; pero un mercachifle
Habíame vendido un telescopio.
Bella ocasión, sin duda alguna,
Para hacer un blanco en la luna.

—«Preciso es que me equipe
Bien», murmuré al sacar el chisme mostrenco;
Y requiriendo como un concejal flamenco,
El gorro, la bata, las chinelas de tripe[2];
Dispúseme, un tanto ebrio de fantasías,
A gozar con secreto alborozo
Aquel bello trozo
De selenología.

Vi un suelo de tiza,
En el cual recostábanse con lúgubre trasunto,
Tristes sombras de hortaliza
A las doce en punto.
Pero era
Imposible calcular la hora.
La vida resulta desconcertadora
De esta manera.

---

[1] «Selenología»: supuesta ciencia que estudia la luna, selenografía.
[2] «Tripe»: tela de lana o esparto parecida al terciopelo.

Todo se eternizaba en una luz de nitro[3],
Con perspectiva teatral de palco escénico;
Había árboles, pero eran de cinc y arsénico;
Y agua, ya se sabe, no queda un solo litro.

(Con movimiento
Blando,
La luna iba girando
Ante el vidrio de aumento).

Y de pronto, sobre geométricas lomas,
Aparecieron los primeros seres
Vivos: cinco palomas
Grandes como mujeres.
Crispábalas una ilógica neurastenia;
Sus miradas eran de persona;
Después hicieron una elegante venia,
Con modales de *prima donna*[4].
Pero en la luna todo es mudo y sordo;
Y en la falta de gravedad excepcional,
(De aquí la neurastenia que es allí normal)
Es como si uno se encontrara a bordo.

Después vino una horizontal región
Donde no había más elevación,
Que sobre un suave arenal,
Un inmenso anciano de cristal;
Como esos frascos de licor que son
Un Garibaldi o un Napoleón.
Y aquel tenía por corazón
Un poco de arena glacial.

---

[3] «Nitro»: debe referirse a una luz producida por la combustión del nitrato de potasio.

[4] En la primera edición estos tres versos ofrecen otra forma:
   Sus miradas eran de personas:
   Después hicieron una elegante venia...
   Se conocía que eran como *Primas donnas*.

Diseñando inútiles rutas,
Durante dos horas pasaron soledades,
Permanentes como verdades
Absolutas.
Entre costas atormentadas
Por el más anormal dibujo,
Vi el *Mar de las Crisis*[5] cuyos reflujo
Provoca las náuseas de las embarazadas.
Es una especie de gelatina
Terriblemente eléctrica, por cierto.
Después pasó otro desierto,
Y después una especie de ruina:
Construcción de paradoja,
En cuya cornisa, con imprevista gracia,
Lucían una bola verde y otra roja,
Como globos de farmacia.
Pero lo más curioso,
Es que que aboliendo mis más serias dudas,
Surgieron junto a un lago en reposo
Muchas doncellas blancas y desnudas.
¡Al fin veía figuras humanas!...
Aunque siendo hasta rubias por más señas,
Tuviesen no sé qué anomalías arcanas,
Dormitando en un pie como las cigüeñas.
Noté bastante hermosas sus caras,
Y bien que la nieve lunar fuera mucha,
Lucían, brillantes de *lawn tennis*[6] y ducha,
Como magnolias duras y claras.

No sé por qué original encanto,
Pensé que hablarían en estilo astronómico,
Algún idioma como el esperanto,

---

[5] *«Mar de las Crisis»:* zona de la cara visible de la luna. Aquí se usa el nombre con doble intención.

[6] *«Lawn tennis»:* tenis.

Equitativo, simple y económico.
Mas, no bien hube pensado en ello,
Cuando un inesperado destello
Borró vivamente el cuadro aquel,
Digno tema de un docto pincel.
Y tan suave como tierna,
Te vi a ti misma —¿por qué ventana?...—
En tu bañadera[7] de porcelana,
Como una Susana[8] moderna,
Más linda, ciertamente, que la antigua Susana.

Y como yo no era un viejo,
Comprendí que allí no había ningún engaño,
Sino que la luna era tu espejo,
Y que tú no estabas en el baño,
Sino desnuda en mi alma, como una
Noble magnolia en un claro de luna.

Así, en símiles sencillos,
Destacábase en pleno azul de cielo,
Tu cuerpo liso como un arroyuelo
Sólo contrariado por dos guijarrillos.

Mas, a pesar de tan grata fortuna,
Cierta inquietud me tenía en jaque,
Por haber visto en el almanaque
Que, precisamente, esa noche no había luna.
Hasta que tú me diste la certeza
Ante nuestro lavabo cojo y viejo,
De que la luna era aquel pobre espejo
Convertido en astro por tu belleza.

---

[7] «Bañadera»: bañera, baño (americanismo).

[8] «Susana»: mujer judía famosa por su belleza y castidad; sorprendida mientras se bañaba por dos jueces ancianos, éstos le hicieron proposiciones deshonestas que ella rechazó, por lo que la acusaron de adulterio y fue condenada a muerte, aunque fue salvada por la intervención de Daniel.

EL TALLER DE LA LUNA

Desde su alta tribuna,
En artístico imperio
De blancura y de misterio,
Trabaja la luna.

Con vertical exacta,
El álamo esbelto
Parece el pilar resuelto
De su basílica abstracta.
Y los abedules
En columnata musicalmente acorde,
Estremecen su vértigo al borde
De inefables abismos azules.

Las masas de luz blanca
Van transformándose con arte futuro,
Mezcladas a la sombre que se estanca
En los follajes como un fluido obscuro.
Y es tenebroso pórfido[1] la barranca,
Y cantera de mármol cualquier muro.

---

[1] «Pórfido»: roca formada cristales de feldespato y cuarzo, de color oscuro y gran dureza.

Allá el plenilunio incrusta
En nácar de leyenda la obra propia,
O cincela con serenidad augusta
Algún noble alabastro en hábil copia.
Trueca el percal de la palurda
En increíble tisú[2] de dama fatua,
Y hiela con tenacidad absurda
Los pies solitarios de la estatua.
(La estatua asegura un histórico interés,
Con la tranquila firmeza de sus blancos pies).

Llena en el huerto la alberca
De sombra y de plata;
Y un poco más cerca
La fronda inmediata,
Esfuma sobre el césped su sombra en vago tizne,
Sobre el cual una pieza de ropa, remeda
La palpitación de una Leda
Abandonada a su cisne.

Un leño caduco,
Donde extremosa medra
La hiedra
En alterno verdor con el bejuco[3],
Se torna bajo su pálido estuco
En boceto de estatuaria piedra:
Junto a una Amistad blanca que nunca reposa,
Duerme, haragán y frívolo, un Amorcillo rosa.
Y por la parte opuesta es aquel grupo,
Que con luz irreal el astro labra,
Un inconcluso fauno a quien no cupo
En el magro pernil el pie de cabra.

---

[2] «Tisú»: tela de seda con oro o plata.
[3] «Bejuco»: planta tropical de fibra flexible y resistente. Especie de liana.

la nieve lunar suelda
En el fondo del parque soñoliento[4],
Celda sobre celda
Con una simetría de convento.
Y aquel lúgubre claustro
Donde clásicamente puede gemir el austro
Y juguetear el duende ameno,
Tiene por tema un ángulo de blanca noche,
Con el perfil de un carricoche
Empinado entre el heno.

Así es como la luna artista
Despilfarra su peculio,
Sin otro éxito a la vista
Que el aplauso del vate contertulio;
Pues hay un vate fortuito
Cuyo estro se aduna
A la obra que la luna
Teje como una araña en el infinito.

Su magnífico silencio,
Se llena de Virgilio y de Terencio;
Y su cráneo, negro de hastío,
Derrocha una poesía rara,
Como un cubo sombrío
Que se invierte en agua clara.

---

4 «Soñoliento»: en la primera edición aparece «macilento».

Con punzante sospecha de adefesio
Que desbarata en lírica jerigonza,
Equilibra su torpe serventesio
Pidiendo a la luna su marmórea onza.
Su nocturna cantinela
Tiene un leve agraz[5] de mofa,
Que desbarata el canon de la escuela
Y no logra cabal ninguna estrofa.
Es que la fútil luna
la construcción de las cuartetas importuna.
Por eso el triste vate,
Con un arte más alto que el Himalaya,
Lima la ya perfecta siempre mal, ¡y malhaya[6]
A la pérfida luna que su éxito combate!

Con arte de moza pícara
La luna para él se encapota,
Como si algún eclipse echara una gota
De café, en su blanca jícara.
Y ante aquel desengaño
Que sus potencias ofusca,
El pobre vate busca
Una vara de soga y un castaño...

Mas, la luna poetisa,
Que a la sublimidad del cénit sube,
Ha salido ya de su nube
Como una doncella de su camisa.
Su desnudez divulga
La hermosura secreta
Que escocía vilmente alguna pulga;
Y el lúgubre poeta,

<hr>

[5] «Agraz»: amargura, disgusto.
[6] «Malhaya»: forma anticuada de maldecir.

Ante esa aparición divina,
Bajo la escultura lunar se concreta
En un Pierrot blanco de harina.

Sobre el lago que agrupa
Macilento sauzal en su ribera,
Deslízase ligera
Una ideal chalupa
Que es un poco de luz y de quimera.
A poco se advierte,
Que aquello es el viaje de la muerte;
Y en el viento que sopla
El alma nocturna hacia el limbo uniforme,
El eco de una copla
Extravía un pavor blanco y enorme.

Pero ya menos vívida,
Y mientras el melódico viento se pone ronco,
La luna alarga con histeria lívida
En espectro de sombra cada tronco.
El estanque en desasosiego,
Remueve en sus ondas quedas,
Como un lúgubre talego
Deslustradas monedas.
A través del lóbrego zarzo[7]
Que trenza la umbría,
Algún rayo amontona todavía
Vírgenes bloques de cuarzo.
Mas, la tiniebla opresora
Convierte la glorieta en hondo cuévano,
Donde el arte lunar trabaja ahora
En un silencioso ébano.

_____

7 «Zarzo»: tejido de cañas.

Y bajo un horror de graves hojas,
Tras de la luna, con prodigio imprevisto,
Su faz asoma un inmenso Jesucristo
En el sangriento sudor de sus congojas[8].

---

[8] Obsérvese que este final es bastante parecido al del anterior poema «La última careta» (pág. 157) y que, en los dos casos, la última aparición de un Cristo sangriento, amenazador y espectral resulta muy poco clara en su significado, ya que parece no representar en ningún caso su triunfo o glorificación.

CLARO DE LUNA

Con la extática elevación de un alma,
La luna en lo más alto de un cielo tibio y leve,
Forma la cima de la calma
Y eterniza el casto silencio de su nieve.
Sobre el páramo de los techos
Se eriza una gata obscura;
El olor de los helechos
Tiene una farmacéutica dulzura.
Junto a una inmóvil canoa
Que al lago del parque cuenta íntimas vejeces,
Una rana croa
Como un isócrono[1] cascanueces.
Y una guitarra yace olvidada en la proa.

Blanqueando vecindades halagüeñas
En témpanos de cales inmaculadas,
Parecen lunares peñas
las casas aisladas.
La media noche, con suave mutismo,
Cava a las horas el fondo de su abismo.
Y anunciando con sonora antonomasia,
El plenilunio a su inmóvil serrallo,
Un telepático gallo
Saluda al sol antípoda del Asia.

Entre taciturnos sauces,
Donde la esclusa
Abre sus líquidas fauces
A la onda musical y confusa,

---

[1] «Isócrono»; que se produce a intervalos de tiempo regulares e iguales.

Concertando un eclógico[2] programa
De soledad y bosque pintoresco,
Gozamos el sencillo fresco
De una noche en pijama.
Con trivial preludio,
Que al azar de un capricho se dispersa y restaura,
Conturban la futilidad del aura
Los lejanos bemoles de un estudio.
La luna obsesora
Comienza a descender en su camino,
Cuando marca precisamente la hora
La llave puntual de mi vecino.
La luna, en su candor divino,
Va inmensamente virgen como Nuestra Señora.

Vertiendo como un narcótico alivio,
Con la extática infinitud de su estela,
Poco a poco se congela
Su luz en un nácar tibio.

En el agua obscura sobre la cual desfloca[3]
El sauce ribereño
Su cabellera agravada de sueño
Como un sorbete se deslíe una oca.
Diluye un remo su líquido diptongo,
El lago tiembla en argentino engarce,
Y una humedad de hongo
Por el ambiente se esparce.
El luminoso marasmo[4],
Reintegra la existencia en lo infinito.
Con temeroso pasmo,
La vida invisible nos mira de hito en hito.

---

[2] «Eclógico»: relacionado con el campo o con los poemas de tema campestre.

[3] «Desfloca»: desfleca.

[4] «Marasmo»: suspensión, paralización.

En frialdad brusca,
Se siente la intimidad coeterna [5]
De un alma inédita que busca
Una gota de albúmina materna.
La muerte, como un hálito nulo,
Pasa junto a nosotros, y se siente su pausa,
En el lúgubre disimulo
Del perro que cambia de sitio sin causa.

Al resplandor yerto,
La misma soledad se desencaja;
Y paralizado en la lunar mortaja,
Diríase que el tiempo ha muerto.
Cuando he aquí que poco a poco,
En la próxima ventana,
Aparece la cabeza arcana
Del médico loco.
Su mirada serena,
Dice infortunios de romántico joven.
Y es tan pura su pena,
Que el abismo lunar lentamente se llena,
De divino Beethoven...

---

[5] «Coeterna»: término tomado de la Teología, en la que se utiliza para reflejar la igual eternidad de las tres personas divinas.

LUNA MARINA

La luna en lo más hondo
Del horizonte, atarda su descenso;
Y como un resto de agua en el fondo
De un cántaro inmenso,
Sobre la inquieta
Infinitud de abismo y de amarga ola,
Sugiere una enorme sed de profeta
Que en la zarza flagrante se inmola.

En tanto, sobre el espectral velamen,
Una brisa de naufragio,
Pasa imponiéndole repentino vejamen
Con silbos[1] de vagancia y de presagio.
Mas el navío, aunque asaz tétrico,
Todavía tranquilo boga,
Y el oleaje continúa simétrico
Cual un tejado que la vislumbre azoga.

Una brusca ventana
Echa rumores de sarao;
Y en el salino desabrimiento emana
Con intimidad tertuliana[2]
Un cálido soplo de cacao.

Pero el mar abrevia
Aquel grato detalle con nuevo tumbo,
Y en el ignoto rumbo,
La noche vuelve a su majestad previa.

---

[1] «Silbos»: silbidos.
[2] «Tertuliana»: de tertulia.

Entonces, sobre los mares arcanos,
Haciendo en el aire el proverbial castillo,
Se evoca el dulce organillo
De los plenilunios ciudadanos.

Roedora conjetura,
Íntimamente el espíritu embarga.
Bajo una soledad demasiado larga
Todo el pasado niega la ventura.
Y el corazón marcha con su pena obscura
Como árido camello con su carga.

Con histéricos efluvios,
La maravilla lunar preexiste,
Iluminando cabellos rubios
De longitud anormal, en la onda triste.
Y la música inaudita
Del organillo imposible,
Llora con una sencillez increíble
En una desolación de luna infinita.
Como huraño vagabundo que pulsa
Para su insomnio y su perro,
En una vieja guitarra convulsa
Nobles dolores de destierro;
Traspasada de ternuras,
El alma, de los ángeles vecina,
Abre a la inspiración su ala genuina
Para arrancarse lágrimas más puras.
El alegre organillo en la tristeza
Del grave mar, divaga con fútil melodía,
Empalideciendo de luna la tristeza
Que es el fondo cordial de su alegría.
Y mientras con la brisa traba flébil litigio,
Mece el astro en las aguas su ebúrnea trirreme,
Haciendo brotar en pálido prodigio
Las Ciudades del Mar que el nauta teme.

Es como si entre el bullido espumarajo
Que estruja en la estela líquidos pañales,
Viniera el organillo sonando muy abajo
En el teclado obscuro de los hondos cristales.
Y a ratos, en las cuencas abismales,
Repercute claramente un badajo.

Su son anuncia por las fatales trayectorias
Del oblicuo vértigo de avenidas
En que tiemblan las ciudades ilusorias,
La augural campana de las naves perdidas.
La faz urbana, sobre el vago celeste,
No es sino un vertical rigor de perfiles
En fuga hacia el Oeste,
De donde un aura llena de ideas sutiles
Murmura que son las Ciudades de la Peste.

Por eso abren tan solas,
Bajo el novilunio³ miope,
Sus calles sin más vida que el mudo galope
Con que inflan sus siluetas tumbales⁴ las olas.
El aire se pone inerte
En su abierta extensión, sin causa alguna;
Y llena todo el ámbito la blanca muerte
De la luna.
Para que el luminoso desamparo irradie
Con más desolación, se alza la niebla.
Un metafísico y evidente Nadie,
En negativo concepto las puebla.
Sobre el venenoso mar de antimonio,
Su existencia maligna,
No tiene otro testimonio
Que aquel badajo en lúgubre consigna.

---

³ «Novilunio»: momento de conjunción de la luna con el sol.
⁴ «Tumbales»: de tumba, sepulcrales, o de tumbo, voltereta.

Y de pronto se nota en el seno
De la noche finamente plateada,
Que en realidad no se ha oído nada,
Ni tañido ni música por el aire sereno.
El organillo, a ratos pueril o grave,
Fue nada más que un silencio, lleno
De invisibles ojos fijos sobre la nave.

Un silencio con ojos, impávido y ajeno.

EL SOL DE MEDIA NOCHE

En aquel día de oro suave
Que no tiene fin ni comienzo,
Sobre el cielo lavado de azul como un lienzo,
Se destaca la nave.
Serenísima cabalga
Las olas limpias como calderas,
Arrollando oleosas densidades de alga
Que parecen cabelleras
De anegadas lavanderas.
En lóbrega oxidación de cobaltos,
Alza la costa sus austeros basaltos;
Y a la falda de los montes,
Con sus cimas flagradas de sol, el cielo irradia
Una expansiva claridad de horizontes
En pradiales[1] ternuras de Arcadia[2].

Bajo pálidos tules
Que disuelven el cenit en turquesa,
La nieve montañesa
Contrasta entre ligeros abedules.

Una gaviota ensancha
El círculo de su vuelo
Sobre la palpitante lancha
Que diluye su aguda mancha
En una difusión de *fiord*[3] y cielo.

---

[1] «Pradiales»: relacionadas con el noveno mes, Pradial, en la denominación adoptada por los republicanos franceses tras la Revolución (entre el 20 ó 21 de mayo y el 18 de junio).

[2] La «Arcadia»: se consideró como el país de la felicidad y la inocencia.

[3] «Fiord»: fiordo, golfo montañoso en las costas noruegas.

El agua, mar adentro,
En su propia plenitud se aísla,
Y toda la inmensidad tiene por centro
El punto obscuro de la última isla.

Y se desea a la nave buena suerte,
Y en la extensión no hay amenaza alguna,
Cuando, de pronto, se advierte
Que todo aquello pertenece a la luna.
El día es un abuso
Que en el tesoro lunar se ceba;
Y desde el páramo a la gleba[4],
El oro permanente del sol intruso
Con su brillo insolente nada prueba.
La luna viejecita,
En un vago hielo se derrite,
Quizá soñando un íntimo escondite
Que fuera a la vez templo y ermita.
¡Pobre luna de estío
Condenada a que bogue
Con mortal desvarío,
Sin poder bañarse en ningún río
O en el habitual mar de azogue!
A la par con sus penas,
Plenilunios inútiles devana,
En la astronómica ventana
Donde sueña sus noches agarenas[5].

Farol glacial del invierno:
Cuando se paralice toda savia,
Y muera como un tigre el sol eterno,
Y temple el cierzo formidable la gavia[6],

---

[4] «Gleba»: terrón que se mueve con el arado.
[5] «Agarenas»: mahometanas, árabes. Aquí tiene un matriz folclorista.
[6] «Gavia»: nombre de ciertas velas de los barcos.

Y petrifique el boreal infierno
En suplicio de mármol toda la Escandinavia;
Tu ojo de pez antediluviano
Congelará con su influjo maligno
La desolada extensión, en signo
De esplendor soberano.
Sobre rígidos mares
Que formarán tu palestra,
Recordarás sardónica a la nieve siniestra
Las medias noches solares;
Y tu blanca ironía será una obra maestra.

Busca un antro oportuno
Hasta que llegue la solar exequia,
O tu dorado panal obsequia
Al oso misántropo en desayuno.
Que su filial blancura concentre
Tu noble prez, y que desde su brezo,
Te trague en lóbrego bostezo
Y hasta el otoño te guarde en el vientre.

LUNA MALIGNA

Con pérfido aparato
De amorosa fatiga,
Luce su oro en la intriga
Y en el ojo del gato.

Poetas, su recato
No pasa de su liga;
Evitad que os consiga
Su fácil celibato.

El dulce Shakespeare canta
Su distinción de infanta;
Mas, cuando su alma aduna

Con Julieta infelice,
Swear not by the moon, dice:
«No juréis por la luna»[1]...

---

[1] En la escena II del acto segundo de la tragedia de Shakespeare, Julieta dice a su joven amado: «No jures por la luna, la inconstante luna que cambia mes a mes en su esfera circular; no sea que tu amor resulte igualmente cambiante.»

LUNA CIUDADANA

Mientras cruza el tranvía una pobre comarca
De suburbio y de vagas chimeneas,
Desde un rincón punzado por crujidos de barca
Fulano, en versátil aerostación de ideas,
Alivia su consuetudinario
Itinerario.

Las cosas que ensarta,
Anticipan con clarovidencia[1],
La errabunda displicencia
De una eventual comida a la carta.
Afuera, el encanto breve
Del crepúsculo, dilata un dulce arcano,
Que abisma el plenilunio temprano
En la luminosa fusión de su nieve.

El truhán de vehículo,
Molesta, bien se ve, con su ferralla[2],
A un señor de gran talla
Que lee un artículo.
Y ya no hay más persona
Que una muchacha de juventud modesta
Sentada a la parte opuesta:
Lindos ojos, boca fresca. Muy mona.

En elegante atavío,
Realza sus contornos
Un traje verde obscuro, con adornos
Violeta sombrío.

---

[1] «Clarovidencia»: clarividencia; parece neologismo de lugones.
[2] «Ferralla»: conjunto de hierros, chatarra.

Aligera esa seriedad de otoño
Con gracia sencilla,
Un ampo de gasa que en petulante moño,
Va acariciando la tierna barbilla.

Sugiere devaneos de conquista
La ambigüedad que en su rostro lucha,
Con su intrepidez flacucha
De institutriz o de florista.
Mas, desconcierta el asedio,
La imperiosa silueta
De su mano enguantada en seis y medio[3]
Con parsimonia coqueta.
Y aquella aristocracia,
Anómala en tal barrio y a tal hora,
Insinúa en el peligro de su gracia
Una angustia embriagadora.

Quizá se llame Leonilda o Elisa...
Quizá en su persona se hermane,
Un doméstico aroma de melisa
A un mundano soplo de *frangipane*[4]...
Quizá su figura indecisa
Reserve al amor de algún joven ladino,
En la inocencia de una futura sonrisa
La poesía de un ángel del destino.
Acaso en la muda
Fatalidad de una vulgar tragedia,
Con sensata virtud de clase media,
Cose para una madre viuda.
Quizá... Y en ese instante de familiar consuelo[5],

---

[3] «Seis y medio»: se refiere a la talla de los guantes.

[4] *«Frangipane»*: torta de almendras, mazapán (es palabra francesa).

[5] En otras ediciones este verso aparece dividido en dos a partir de los puntos suspensivos. La forma presente nos parece más correcta al evitar que quedara el *Quizá...* sin rima, lo que estaría en contra de las ideas de Lugones sobre el tema expresadas desde el mismo «Prólogo».

Tras el exacto campanillazo,
La desconocida, leve como un vuelo,
Desciende. ¡Qué ojos! ¡Qué boca! ¡Un pedazo
De legítimo cielo!

Como un claro témpano se congela
El plenilunio en el ámbito de la calle,
Donde aquel fino talle,
Sugiriendo ternuras de acuarela,
Pone un detalle
De excelente escuela.

La linda criatura,
Descubrió con casta indiferencia,
Para dar su saltito más segura,
Una pierna de infantil largura
Que puso su juventud en evidencia.
Y su cuello grácil,
Y su minucioso paso de doncella,
Bien dicen que no es aquella
Una chica fácil.

*
* *

Muy luego, ante su botella
Y su rosbif[6], el joven pasajero
Se ha puesto a pensar —¡qué bueno!— en una estrella.
Cuando, de pronto, un organillo callejero
Viene a entristecerle la vida,
Trayéndole en una romanza
El recuerdo de la desconocida.
—¡Ah!, ¿por qué no le ofreció una mano comedida?
¿Por qué olvidamos así la buena crianza?...

---

[6] «Rosbif»: *roast beef.*

¡Cómo se sentiría de noble en su presencia!
¡Con qué bienestar de hermanos,
Comentarían fielmente sus manos
Una hora mutua de benevolencia!

Y entre divagaciones remotas,
De melancolía y de indolencia,
Por la calle que mide con popular frecuencia
el paso notorio de las cocotas[7];
Vuelve *Fulano* a verla, en un estado
De ternura infinita,
Con cierta noble cuita
De novio infortunado.

El café le pone las ideas de luto;
Y lo[8] molesta con absurda inquina,
Cierto aire sardónico en el mozo enjuto
Que aguarda su propina.
Pero aún se queda padeciendo largo rato,
Y monda que te monda
Los dientes. (Qué diablos, esas comidas de fonda
Son el martirio del celibato.)

Para colmo, el organillo, de dónde
Saca, después de su más dulce habanera[9],
La donna é mobile[10] —una verdadera
Necedad de lindo conde...

El pobre *Fulano,*
Vuelve a evocar, vagamente poeta,
La suave silueta
De la muchacha del tranvía suburbano.

_____

[7] «Cocotas»: del francés *cocotte,* mujeres de vida alegre, prostitutas.

[8] «Le» en la primera edición.

[9] «Habanera»: baile de origen cubano o la música que lo acompaña.

[10] *«La donna é mobile»: La mujer es cambiante.* Son las palabras iniciales de una conocida aria de la ópera *Rigoletto* (1851), de Giuseppe Verdi (1813-1901).

Dulce academia de luna,
De luna espolvoreada
Al pastel, en una
Ceniza verde, entre verde y dorada.

¡Verdaderamente hay encuentros sin fortuna!

LUNA BOHEMIA

Al reanudar su amoroso convenio
Con la pequeña ingrata
Que fuera por un divino bienio
El perpetuo tema de su sonata,
El joven bohemio tortura su corbata
Con un altanero regocijo de ingenio.
Y ella tiene los clásicos mimos de rubia gata...

La buena estación los junta
Con una lánguida ebriedad de instinto.
Ella tiene la cabeza hecha un laberinto.
Él le ve a cada lápiz un soneto en la punta.
Ella es blonda[1] y un poco cejijunta.
Él es moreno y se llama Jacinto.

Con regocijo oculto y tierno,
La ha visto abandonar como un pimpollo
En la frescura rosa de su desarrollo,
La grave cachemira[2] que le infligió el invierno.
En aquella suntuosidad bruna[3],
Fue perla inaccesible a su monopolio
De triste joyero de la luna;
Y a ese aislador contraste de la fortuna,
Aquel amor fue el ganso de su capitolio[4].

La pobreza, madrastra de esclavos,
Es para el amor mala consejera.
No se ama en verso sino por primavera,

---

[1] «Blonda»: rubia (es galicismo).
[2] «Cachemira»: casimir, tela fina de lana de mucho abrigo.
[3] «Bruna»: de color negro o muy oscuro.
[4] Nueva referencia a la historia de los gansos del Capitolio romano que avisaban de la proximidad de cualquier peligro. Ver nota 50 de «Himno a la luna».

Con una rosa y diez centavos.
El lujo de buena cepa,
Cual la orquídea congénere necesita la estufa[5];
Y solamente así no discrepa
Con su poco de noche, su Borgoña y su trufa[6].
¡Ah, qué mal lo trató la suerte,
Cuando por más perfidia de celosos venenos,
La vio, con angustias de muerte,
En el refugio de los brazos ajenos!
Mas, las gatas mimosas no saben tener frío;
Y él no poseía, por su mal,
Otro bien que la luna, buena sólo en estío,
Pues apenas hay cosa más glacial.
En el insomnio de sus célibes horas,
La soledad curaba, papando[7] de hito,
En la honda castidad del infinito
El azul infantil de sus auroras.

Y decidido a esperar la buena estación
Puso a dieta estoica su corazón.
Pero la ausencia de la amiga dio origen
A la más lacerante envidia,
Al desearla en la pérfida desidia
De esas horas ajenas que tan cruelmente afligen.

Hoy que su sencillez asocia
Con un petulante garbo,
La gracia de la breve toca color ruibarbo
Al popular imperio de la seda de Escocia[8];
Vuelve el amor, en magnífico evento,

---

[5] «Estufa»: invernadero.
[6] «Trufa»: mentira, cuento, patraña.
[7] «Papando»: empapando, llenando.
[8] «Seda de Escocia»: parece ser una alusión irónica a la lana.

A hacer del tugurio alcoba regia
Que un encanto fraternal privilegia
Cuando a través del aposento,
La amiga cruza con serenidad de hermana,
Hojeando un cuaderno de música alemana.

Aquel desvencijado limbo,
Vuélvese a su contacto la capilla risueña,
Donde la luna habitual forma el nimbo
De su loca greña.
Y donde, vívido abejorro,
El amor que zumba en torno de sus mieles,
Junta en prudente ahorro
Las migajas de besos que llenan los manteles.

Sobre el fatigado diván de estambre,
Apuran el escaso champaña
En que con locura nada extraña
Gastaron un mes de hambre.
Al empinar su copa,
Con un resto de púdica vegüenza,
La niña su seno arropa
En el oro pluvial de su trenza.
Y por el solariego caballete de adobe[9],
Asomando con sardónico arte,
Para que más el amor los arrobe,
La luna en la fiesta toma parte.

Las copas vacías hace ya mucho rato,
Brillan cuajadas de joyas lunares,
Luciendo un anacrónico boato
De adamantinos[10] azahares
En aquel tugurio de literato.

---

[9] «Por el solariego caballete de adobe»: «a través de la ventana de ladrillos de la casa familiar», que así se convierte en un metafórico caballete de pintor.
[10] «Adamantinos»: como el diamante.

Mas, brindando a la luna por la ventana,
Los amantes apuran sus copas secas,
Con inteligentes muecas
De comedia italiana.

Gozando en absurdo extremo
Sus amorosos desatinos,
Beben luna en un éxtasis supremo.

¡Y sus besos untados de luna, son divinos!

LUNA CAMPESTRE

Infinitamente gimen los ejes broncos
De lejanas carretas en la tarde morosa.
A flor de tierra, entre los negros troncos,
La luna semeja un hongo rosa.
Bajo el bochorno, la hierba seca
Permanece asolada y sumisa;
Pero ya una ligera brisa
Templa la amarga rabia de la jaqueca.
Da el poético molino
Su compás hidráulico a la paz macilenta,
Y llena de luna su alma simple como la menta,
A ilusorios pesebres rebuzna un pollino.

El sauce llorón con la noche se integra,
Como un ermitaño intonso[1]
Que rezara un responso
Sobre el agua negra.
En cada menudo pliegue
De la onda, el plenilunio se estaña[2],
Al paso que va amortajando la campaña
Su paralizante jabelgue[3].
Pónense misteriosas las praderas;
Suenan últimamente las esquilas pueriles;
Los bosques parecen riberas,
Y mansos ríos los carriles.

---

[1] «Intonso»: que no tiene el pelo cortado.
[2] «Se estaña»: se cubre o se baña de estaño; toma color gris con brillo metálico.
[3] «Va amortajando la campaña / su paralizante jalbegue»: la luna cubre con su luz blanca los quietos campos, de forma que recuerda una blanca mortaja.

Con la blanda brisa, lléganos
De las hijuelas regadías
El cálido perfume de los oréganos.
Y entre humedades sombrías
De veraniegas albahacas,
Una exhalación vegetal de vacas
Olorosas como sandías.

El azul del sencillo cielo agrario,
Promete a la buena voluntad sus alturas.
Pasa todavía un jinete solitario...
Y hay mozas calladas en las puertas obscuras.

A medida que esciende por el cielo tardío,
La luna parece que inciensa
Un sopor mezclado de dulce hastío;
Y el sueño va anulando el albedrío
En una horizontalidad de agua inmensa.
Ligero sueño de los crepúsculos, suave
Como la negra madurez del higo;
Sueño lunar que se goza consigo
Mismo, como en su propia ala duerme el ave.

Cuando uno despierta,
Con el rostro vuelto al cielo ya bien claro,
El plenilunio lo abisma en un desamparo
De alta mar, sin un eco en la noche desierta.
Sobre el disco, la ingenua leyenda se concilia
Al paisaje astronómico en él inscripto[4],
Haciendo viajar la Sacra Familia
Para un quimérico Egipto.
Y está todo: la Virgen con el niño; al flanco
San José (algunos tienen la fortuna
De ver su vara); y el buen burrito blanco
Trota que trota los campos de la luna.

---

[4] «Inscripto»: es uso muy argentino.

Adquiere el alma un timbre de pieza argentina
Entre reminiscencias triviales o burlonas:

Aquella tos anómala... La última becasina[5]...
(Un buen tiro). El correo... Dos o tres personas...
Y una ternura paulatina
De suaves Juanas y frescas Petronas.

La luna desde el cenit los campos domina;
Y el alma se dilata en su portento
Con ritmo uniforme y vago,
Como el agua concéntrica de un lago
En torno de un cisne lento.
Y pasa uno así la noche entera,
Vuelto sobre el vientre desde ha ya largo rato,
Hasta que con lúgubre aparato
El disco se hunde tras la horizontal barrera.
Firme en la quimera
De amor tan insensato,
Mientras haya una vislumbre en la pradera.
Fiel como el gato
A la última brasa casera...

---

[5] «Becasina»: becacina, pequeña ave zancuda de vuelo rasante que suele
vivir a orillas de los arroyos y pantanos.

LUNA CREPUSCULAR

La tarde sobre la palpitación marina,
Donde finos lingotes el Ocaso fragua,
Parece aprontarte una divina
Anegación de luz y de agua.
Tu alma ligera como la velutina[1],
Sobre las leves siluetas
De aquel pálido conjunto,
Anticipa en encanto de lunar asunto
Los habituales *Angelus*[2] violetas.

El jardín, con sus íntimos retiros,
Dará a tu alado ensueño fácil jaula,
Donde la luna te abrirá su aula
Y yo seré tu profesor de suspiros.
El astro, entre los árboles espesos,
Hará a nuestra miseria suntuosa tramoya;
Y por no desprendernos de tan alta joya,
Nos moriremos de hambre, de poesía y de besos.

Mas, ya la luna con amable trueque,
Por el balcón que en fondos lilas se dilata,
Libra en blanco —naturalmente— su cheque,
Y estamos ya nadando en plata.
Con no sé qué presagio obscuro,
Tu mente en penas vagas se encapricha;
Y mi amistad ofrece a tu desdicha
Una fidelidad de viejo muro.

---

[1] «Velutina»: tela de seda entretejida de oro o plata que se usaba en tapicería.
[2] *«Angelus»:* en este caso el autor hace referencia a los abundantísimos cuadros en los que, con la disculpa de la plegaria, vespertina se destacaba el juego cromático del atardecer.

En el coqueto cruce
De tu fichú[3] casi estricto,
Para mi amor, como la sombra adicto,
Tibiezas de perla la luna trasluce.
La soledad de nuestra ventura,
Reina sin la impureza de un estorbo,
Y cada beso bebe alma como un sorbo
De agua sensible y obscura.
El espejo, que ansiando la doble certeza
De tu imagen, con ojos insaciables taladro,
Adquiere al llenarse con tu belleza,
Una dignidad de noble cuadro.
En su macilento
Baño de luz, tu cuerpo sumerge
Su blanco estremecimiento;
Y yo vigilo cual taciturno conserje
Aquel pálido portento.
Sólo la luna puede tocar con sus destellos
El íntegro alabastro de tu persona,
Cuando desciende sobre tus cabellos
Con una serenidad de corona.

Y para que postergue
Su caricia oportuna
Como un sueño futuro en nuestro albergue,
Tu desnudez será una lámpara, una
Suave lámpara llena de luna.

La aguda sutileza
Con que mi amor deleito
Provocando a tus gracias dulce pleito,
Doblega tristemente tu cabeza.
En el azul ambiguo
Donde la luna su ópalo incrusta,

---

[3] «Fichú»: pañoleta, toca (es galicismo).

Asume la hora una serenidad augusta
De crepúsculo antiguo.
Sobre la armonía griega
Del paisaje, que casi nocturno ya reposa,
El crepúsculo mezcla un vaho rosa
A aquel débil oro de luna veraniega.
En la onda cercana,
Pasea un cisne su fineza de duque;
Y parece que por la abierta ventana,
La tarde nos meciera como un tranquilo buque.

LUNA DE LAS TRISTEZAS

Sintiendo vagar por su elegante persona
Una desolada intimidad de hastío,
La bella solterona
(Treinta y ocho años, regio porte, un tanto frío
De beldad sajona)
Desde el tocador ya bastante sombrío,
Ve morir un crepúsculo en el río,
Y a su confidente suavidad se abandona.

La hora se purifica, llena de pesadumbre.
Una voz lejana interpela: ¡Pablo!... ¡Pablo!...
Y un trasatlántico, solemne en la vislumbre,
Brama con ronca mansedumbre
Como el buey en el establo.
El muelle desierto ábrese a ignotos emporios;
En algunos cables flotan piezas de ropa;
Y hacia el azul rogado por *Angelus* ilusorios,
El rancho marinero vaporiza su sopa.
Las dársenas, ya opacas de penumbras ligeras,
Se paralizan en lívidas charcas;
Y cubre las riberas
Una taciturna quietud de barcas
Extranjeras...

Con el sosiego artístico
De un cisne que dilata las acuáticas sedas,
Un plenilunio místico
Encanta en blanco lejanas arboledas.
La noble solitaria,
Tiene las penas lógicas de ese cuadro tan propio;
Y su inquietud pasionaria
Asciende como una plegaria
Hacia aquella luna de opio.

Su último amor se ha desvanecido
Bajo el silencio de una dignidad sombría,
En la ilusión de un precoz marido
Algo bachiller[1] todavía.
El trivial jovenzuelo,
Pasó junto a aquella insospechada fortuna,
Como un transeúnte pasa mirando al cielo.
Por episodios de estos llora más de una.

Fue aquella noche fatal, noche de luna
También. Un sauce palidecía hoja por hoja
En el jardín. Y en el balcón obscuro,
Vestida de blanco palpitaba su congoja.
Él fumaba pausadamente su puro.

Hablaron algo de crónica mundana;
De *Lohengrin*[2] que tuvo este año un mal reparto;
Del casamiento de Lucía Quintana...
Pero, a las once menos cuarto,
El joven, decididamente inepto,
Murmuró, «señorita...»
Y concluyó su visita
Como siempre. ¡Ah, la eternidad de este concepto!
¡Siempre! Y su alma sombría y tierna,
Como humedad volátil se le hiela en la frente.
Con dulzura casi materna,
Evoca el par de ligas que estrenó inútilmente...
Su falda violeta,
Emanaba el perfume inherente;
Y en el jardín, al lado de la habitual glorieta,
Comentaba su languidez secreta
La melancólica frivolidad de la fuente.

---

[1] «Bachiller»: charlatán impertinente.
[2] *«Lohengrin»:* famosa ópera del alemán Richard Wagner (1813-1883) acabada en 1847 y estrenada en el 50.

Piensa con angustia nimia,
Que ha sido necia su esquivez bisoña[2];
la pérfida alquimia
De la luna, la emponzoña.
Y mientras en el parque macilento,
Hila la fuente el lírico cristal de su chorro,
Su albo cuerpo asume un mal pensamiento,
Como un lirio que traga un abejorro.

Sin duda el ingrato ronda las escuelas,
Incendiario el ojo, el alma pronta,
Buscando a las insípidas chicuelas
Con su moño en la nuca y su vanidad tonta.
Mas, ante la pureza de su propia amargura,
Su alma, abandonando las terrestres querellas,
Se profundiza en lágrimas, como una noche obscura
En estrellas.

El lánguido paisaje,
Le da la certidumbre de la nada.
¡Quién la creyera, en su alto linaje,
Tan sentimental y tan desdichada!

Bajo el dolor exánime que la enerva
Ante la sandez del joven libertino,
—Con una compasiva docilidad de cierva—
Siente que simboliza su destino,
La sonrisa fútil e infinita
De una estampa siglo dieciocho,
Sobre una viejecita
Que roe un bizcocho...

LUNA DE LOS AMORES

Desde el horizonte suburbano,
El plenilunio crepuscular destella
En el desierto comedor, un lejano
Reflejo, que apenas insinúa su huella.
Hay una mesa grande y un anaquel mediano.
Un viejo reloj de espíritu luterano[1].
Una gota de luna en una botella.
Y sobre el ébano sonoro del piano,
Resalta una clara doncella.

Arrojando al hastío de las cosas iguales
Su palabra bisílaba y abstrusa,
En lento brillo el péndulo, como una larga fusa[2],
Anota el silencio con tiempos inmemoriales.

El piano está mudo, con una tecla hundida
Bajo un dedo inerte. El encerado nuevo
Huele a droga desvanecida.
La joven está pensando en la vida.
Por allá dentro, la criada bate un huevo.

Llena ahora de luna y de discreta
Poesía, dijérase que esa joven brilla
En su corola de cambray[3], fina y sencilla
Como la flor del peral. ¡Pobre Enriqueta!
La familia, en el otro aposento,
Manifiéstame, en tanto, una alarma furtiva,

---

[1] «Luterano»: se puede entender como «alemán» o «centroeuropeo», por el origen de Lutero, o como «hereje».

[2] «Fusa»: nota musical cuya duración es la mitad de la semicorchea.

[3] «Cambray»: tela blanca muy fina que se fabricaba en la ciudad francesa de Cambray.

Por el tenaz aislamiento
De esa primogénita delgada y pensativa.
«No prueba bocado. Antes le gustaba el jamón.»
«Reza mucho y se cree un cero a la izquierda.»
«A veces siente una puntada en el pulmón.»
—Algún amor, quizá, murmura mi cuerda
Opinión...

En la oscuridad, a tientas halla
Mi caricia habitual la cabeza del nene...
Hay una pausa.
«Pero si aquí nadie viene
Fuera de usted,» dice la madre. El padre calla.

El aire huele a fresia[4]; de no sé qué espesuras
Viene, ya anacrónico, el gorjeo de un mirlo
Clarificado por silvestres ternuras.
La niña sigue inmóvil, y ¿por qué no decirlo?
Mi corazón se preña de lágrimas obscuras.

No; es inútil que alimente un dulce engaño;
Pues cuando la regaño
Por su lección de inglés, o cuando llévola
Al piano con mano benévola,
Su dócil sonrisa nada tiene de extraño.

«Mamá, ¿qué toco?» dice con su voz más llana;
«¿Forget me not?[5]...» Y lejos de toda idea injusta,
Buenamente añade: «al señor Lugones le gusta»,
Y me mira de frente delante de su hermana.

Sin idea alguna
De lo que pueda causar aquella congoja
—En cuya languidez parece que se deshoja—
Decidimos que tenga mal de luna.

---

4 «Fresia»: fresa.
5 «Forget me not»: No me olvides.

La hermana, una limpia joven de batista,
Nos refiere una cosa que le ha dicho:
A veces querría ser, por capricho,
La larga damisela de un cartel modernista.
Eso es todo lo que ella sabe; pero eso
Es poca cosa
Para un diagnóstico sentimental. ¡Escabrosa
Cuestión la de estas almas en trance de beso!
Pues el «mal de luna», como dice más arriba,
No es sino el dolor de amar sin ser amada,
Lo indefinible: una Inmaculada
Concepción, de la pena más cruel que se conciba.

La luna, abollada
Como el fondo de una cacerola
Enlozada,
Visiblemente turba a la joven sola.
Al hechizo pálido que le insufla,
Lentamente gira el giratorio banco;
Y mientras el virginal ruedo blanco
Se crispa sobre el moño rosa de la pantufla,
Rodeando la rodilla con sus manos, unidas
Como dos palomas en un beso embebidas,
Con actitud que consagra
Un ideal quizá algo fotográfico,
La joven tiende su cuello seráfico
En un noble arcaísmo de Tanagra[6].

Conozco esa mirada que ahora
Remonta al ensueño mis humanas miserias:

---

[6] «Tanagra»: antiguas estatuillas de barro cocido encontradas en la necrópolis de Tanagra en Grecia.

Es la de algunas veladas dulces y serias
En que un grato silencio de amistad nos mejora.
Una pura mirada,
Suspensa de hito en hito,
Entre su costura inacabada
Y el infinito...

A LA LUNA DE VERANO

Son de tu clientela,
El can necio y fiel,
Y la damisela
Con su damisel[1].

Deplora un falsete
Tu fiasco[2] de actriz
En el clarinete
De un mozo infeliz.

Tu gran cero ha inscrito
En su proverbial
Cabeza, el chorlito,
Con luz natural;

Guarismo enigmático
Que en fiel comprensión,
El asno lunático
Pone a su ilusión.

Una *miss* coqueta
Quisiera volar
En su bicicleta
Con tu rueda impar.

Bandeja del ogro
Que al pobre bebé,
En pérfido logro
Va a comerle un pie.

---

[1] «Damisel»: masculino de «damisela», joven que presume de dama; sería
algo así como jovencito que quiere parecer un caballero.
[2] «Fiasco»: fracaso.

Flor de *jettatura*[3],
Carantoña vil,
Tu antigua flacura
Tiene un aire hostil.

Sobre la muralla
Te canto mi amor.
Dame tu pantalla
Luna, ¡qué calor!

---

[3] *«Jettatura»:* mal de ojo, resultado de malograr alguna cosa (es italianismo).

LA MUERTE DE LA LUNA

En el parque confuso
Que con lánguidas brisas el cielo sahúma,
El ciprés, como un huso,
Devana un ovillo de bruma.
El telar de la luna tiende en plata su urdimbre;
Abandona la rada un lúgubre corsario,
Y después suena un timbre
En el vecindario.

Sobre el horizonte malva
De una mar argentina,
En curva de frente calva
La luna se inclina,
O bien un vago nácar disemina
Como la valva
De una madreperla a flor del agua marina.

Un brillo de lóbrego frasco
Adquiere cada ola,
Y la noche cual enorme peñasco
Va quedándose inmensamente sola.

Forma el tic-tac de un reloj accesorio,
La tela de la vida, cual siniestro pespunte.
Flota en la noche de blancor mortuorio
Una benzoica[1] insipidez de sanatorio,
Y cada transeúnte
Parece una silueta del Purgatorio.

---

[1] «Benzoica»: que desinfecta.

Con emoción prosaica,
Suena lejos, en canto de lúgubre alarde,
Una voz de hombre desgraciado, en que arde
El calor negro del rom[2] de Jamaica.
Y reina en el espíritu con subconciencia arcaica,
El miedo de lo demasiado tarde.

Tras del horizonte abstracto,
Húndese al fin la luna con lúgubre abandono,
Y las tinieblas palpan como el tacto
De un helado y sombrío mono.
Sobre las lunares huellas,
A un azar de eternidad y desdicha,
Orión[3] juega su ficha
En problemático dominó de estrellas.

El frescor nocturno
Triunfa de tu amoroso empeño,
Y domina tu frente con peso taciturno
El negro racimo del sueño.
En el fugaz desvarío
Con que te embargan soñadas visiones,
Vacilan las constelaciones;
Y en tu sueño formado de aroma y de estío,
Flota un antiguo cansancio
De Bizancio...

Languideciendo en la íntima baranda,
Sin ilusión alguna
Contestas a mi trémula demanda.
Al mismo tiempo que la luna,
Una gran perla se apaga en tu meñique;
Disipa la brisa retardados sonrojos;
Y el cielo como una barca que se va a pique,
Definitivamente naufraga en tus ojos.

---

[2] «Rom»: ron.
[3] «Orión»: constelación ecuatorial, situada entre el Toro y los Canes.

LA NOVIA IMPOSIBLE

El comandante G. me refirió aquella noche un cuento extraño.

Representaba el comandante un simpático tipo de soldado: ojos bruscamente vivaces, fuertes cejas de amplitud leonina, nariz aguileña de experto consumidor de pólvora, bigote autoritario y ancho resuello. Su palabra sonaba alto, y al hablar, escribía en el aire las frases con ademán vertical, como hacheando. Tenía la rara discreción de no referir su foja[1]; no dispersaba los datos de su futura biografía. Sin embargo, contaba anécdotas, y sabía darles un interés tan singular, que quien habíale escuchado una, le oía cien sin aburrirse. Forma parte de su colección la siguiente, que no merece el olvido, a mi entender; razón por la cual me decido a escribirla.

En una de las ciudades donde le tocó estar de guarnición, cuando era capitán, trabó amistad el comandante con un joven de su misma edad, rico y soltero. Espíritu paradójico, en pugna con un carácter irresoluto que al más mínimo contraste se acongojaba hasta la desesperación, aquel amigo fue para nuestro militar una especie de hermano menor, desilusionado y enfermo. Su fuerza lo acogió con paternal apego, su cariño desbordó generosidades para él. Le[2] oyó con simpatía, lo cual equivale a consolar, y en vez de aconsejarle, lo distrajo.

Temía por él y con razón, pues veíalo enfermo. No

---

[1] «Foja»: hoja de servicio, historia profesional.

[2] En este caso y en algún otro del mismo relato mantenemos la forma «le», que aparece en la primera edición, frente a los «lo» que se han corregido en la segunda.

de mal físico, sino de enfermedad moral. Agotábase en una de esas tenaces melancolías, pobladas de deseos insaciables, que angustian el espíritu con fatales inminencias, con presagios punzantes; y en sus malas noches, cuando sentía la absorción de la soledad, que para el alma tranquila es refrigerio, había llegado a «oír» sus pensamientos, a manera de una lluvia serena y sombría, que, amplificándose, acababa por convertirse en el informe rumor de la noche aglomerada en torno.

Semejantes crisis preocupaban al militar. Era, sin duda, urgente interesar aquella alma, pues los caracteres del suicida por «cansancio» se definían.

Tal reflexionaba el comandante una noche que discurrían juntos entre los árboles de la quinta solariega. Una paz inmensa caía de los astros. La serenidad nocturna se llenaba de aromas.

El comandante preguntó de pronto:

—Dime, ¿por qué no te enamoras?

Su compañero tuvo un estremecimiento.

—¿Enamorarme? —dijo—; nunca he comprendido bien el significado de semejante palabra. La mujer ha sido uno de mis caprichos, el más costoso y amargo. Padezco por culpa suya, mi tristeza es femenina. Lo que primero empezó a cansarme fue el amor. Les he dado mi existencia sin tasa; he exprimido el jugo de todas mis flores —no un jardín, una selva— para formar una píldora de hastío. Cuando estuvo hecha, la tragué, y ahora sufro las consecuencias. Alguna vez he soñado con el amor; he pensado que la comunidad afectuosa podría ser algo más que un sueño; y para decírtelo de una vez, he querido amar y... no he podido.

El comandante intentó replicar.

—No, déjame concluir. Tanto peor para ti si te

disgusto, pero la culpa es tuya. Yo no puedo querer; es problema resuelto. Estoy condenado al aniquilamiento, pues el único amor posible para mí, sería el amor imposible. Desde niño soñaba con quimeras. Tenía un amigo fantástico, un chico semejante a mí, creado por mí; conversaba con él, nos referíamos nuestro percances, nos disgustábamos a veces. Para objetivar aquella fantasía, figurábame que mi mano izquierda era la suya, y así experimentaba el placer de estrechársela. Un día que me herí en aquella mano, no sentí dolor, pues el herido era el otro. En ocasiones lo enfermaba para darme el placer de sufrir por él. Quedábase en casa y yo iba a la escuela. Cuatro horas de pacedimiento mortal. «Lo encontraré en la puerta» —me decía al volver; y cuando llegaba, resolvía encontrarlo en mi cuarto, después en el patio, después sentado junto al último árbol de la quinta, para prolongar en lo posible mi ilusión de fraternidad dolorosa. Las primeras turbaciones de la pubertad lo trastornaron todo. Volvíme cruel con mi amigo, lo atormentaba. Un día lo maté, y desde entonces vivo en la soledad. He visto desaparecer a mis padres, a mis hermasin pena, indiferente, como si se hubiera tratado de seres extraños. Tú, solamente, has conseguido interesarme. Cuando pude querer, las mujeres me devoraron el alma...

—¿Y el ideal?

—No creo en eso.

—¿Y el deber?

—No lo conozco.

—¿Y la belleza?

—La belleza es mujer.

—Entonces, eres pesimista.

—No, porque no soy curioso; sólo soy triste.

Dos estrellas muy brillantes miraban desde la inmensidad. Los amigos continuaron paseándose en silencio durante un rato. Al cabo de este tiempo, el militar reanudó el diálogo:

—¡Pero la vida es imposible así!

—No te entristezcas; esa frase vulgar con que tu espíritu se desahoga, me revela un temor. La idea del suicidio ha germinado más de una vez en mi cabeza, pero me he sentido cobarde. Yo sólo sería capaz de morir por alguien: por ti, por la mujer a quien amara... El peligro está para mí en el amor. El amor no es más que un bello prólogo de la muerte.

Callaron de nuevo, y a los pocos minutos separáronse meditabundos.

Algunos días después, el comandante debió salir de la ciudad por asuntos del servicio.

Pasaron dos años. Durante el primero, la correspondencia se mantuvo. Después, el joven ya no contestó, y hubo en aquella amistad un crepúsculo de silencio.

El comandante regresó a los tres años.

Preguntó por su amigo, y supo que su retraimiento aumentaba, que sus ideas eran más extravagantes y que su misantropía degeneraba en ferocidad. Apenas tuvo alojada su tropa, corrió a verlo. La casa conservaba aquel aspecto de vetustez conventual que tanto le agradaba. Salitrosas manchas carcomían el revoque de la fachada. La quinta echaba por sobre los muros su tórrida exuberancia de bosque. Encontró al amigo en cama, tan sumamente arruinado, que daba pena. Los cabellos, descoloridos, parecían chorrearle por las mejillas. Un continuo tiritamiento lo agitaba. Tenía el cutis lívido[3] como el vientre de un pescado muerto, las yemas de los dedos arrugadas, las uñas blanduzcas. Al abrazarlo, sintiólo frío y percibió un olor de musgo en

---

[3] «Lívido»: amoratado.

su carne. Dos ojeras inmensas mitigaban el brillo de sus ojos, absurdamente luminosos en aquella faz de cadáver.

Hablaron.

—Estás enfermo.

—No, un poco débil y nada más. Sé que estoy muy cambiado; pero no importa; he mandado quitar todos los espejos.

Era un mal principio de conversación. El comandante giró sobre su frase.

—Fuiste un ingrato; has pasado dos años sin escribirme. ¿Qué ha sido de ti durante todo este tiempo?

El enfermo se incorporó.

—He hecho mal, es cierto; pero cuando sepas la causa, tú, como hombre de mundo, me disculparás. Eres mi único amigo, y debes saberlo. Vas a asombrarte como un chiquillo: ¡tengo una querida!

—¡Una querida!

—Una querida.

—¿Aquí?

—Aquí mismo.

Para disimular su estupefacción, el militar echó una mirada por el aposento. Los muebles polvorosos, los papeles en desorden, no revelaban ciertamente la mano de una mujer.

—En todo caso, no es muy hacendosa tu querida —dijo con tono jovial, decidido a bromear sobre aquel asunto, en el que presentía algo muy serio.

—Ella no entra nunca aquí —replicó el enfermo con voz grave.

—¿Y la quieres... completamente?

—No bromees; la adoro.

—Si consideras solemne la situación...

—Muy solemne. ¿Quieres oírme?

—Sí, cuenta.

—Fue unas semanas después de nuestra separación, una noche, entre los árboles de la quinta. Tus palabras sobre el amor me habían causado mucho daño. Sentía una inmensa necesidad de amar. La primavera palpitaba en torno mío como una tentación. La sombra estaba salpicada de luciérnagas, la quinta parecía una iglesia, y bajo aquella extraña decoración, vi de pronto, en el estanque, la divina blancura de su cuerpo. Desde ese instante nos amamos, ora en las castidades de la contemplación, ora en los arrebatos de la dicha. Nuestro delirio duró veintinueve noches. El corto mes de la felicidad absoluta.

El comandante consideraba al enfermo sin atreverse a contrariarlo, temiendo provocar alguna crisis si contenía su exaltación. «Está loco, se decía. El delirio lo consume y avanza a pasos agigantados hacia el fin.» Al cabo de un momento:

—¿Conque en el estanque?... —preguntó por decir algo.

—En el estanque. Cuando caía la tarde iba a esperarla allí, sumergido en el agua quieta.

—¿Se trata, entonces, de una sirena?...

—No, de una diosa. Pero escucha: tú no sabes qué deliciosa voluptuosidad se experimenta en aquella frescura. La suavidad de las hierbas acuáticas se pega a los miembros; hay como una caricia ansiada y larga en esos contactos. La sensación del agua se afina y multiplica. Primero es la muelle densidad del terciopelo, luego la morbidez ligera del raso, el aéreo cosquilleo de la gasa, el suspirante beso del tul. Después, ya no se siente el agua. La transparencia inmóvil se llena de vértigos. El vacío se apodera de uno, lo sumerge, lo dispersa en su deliciosa nada. Sé perfectamente que con eso me estoy matando. Pero es por ella. He sentido el amor, tal como yo lo creía, implacable y terrible. Por espacio de varias noches desciende ella a mis brazos, hasta el alba. ¡Tres años de dicha así, valen toda mi vida despilfarrada!

Su voz delirante se cortó, suspirando como la de un adolescente en el exceso de su primer amor.

—No te exaltes así; va a hacerte daño.

—No, no, óyeme todavía. En los primeros días está delgada y pequeña; parece una niña. A medida que el tiempo transcurre, aumenta su hermosura. Diríase que mi amor la vivifica, que mi sacrificio la embellece. Nuestras noches de abandono son dignas de los serafines. Los viejos árboles palpitan con nosotros; el firmamento se llena de luz para sonreírnos. Pero semejantes transportes, semejantes delicias, nos aniquilan, nos anonadan; ella vuelve otra vez a su infancia delgada y pequeña; yo paso por todos lo hielos de la decrepitud. Luego, mi amada y yo desaparecemos. Vamos a restaurar el vigor perdido en los celestiales excesos, para recomenzar el sacrificio, para tener más vida que darnos, para cultivar en las impaciencias de la espera, nueva voluptuosidad y nuevos deleites.

El dolor se mezcla con frecuencia a mi goce, en aquellas horas del estanque, complicando los delirios con una asfixiante y extraña angustia. A eso de la media noche, un frío desgarrador me punza las espaldas; la médula de mis huesos se congela; agudos calambres retuercen mis coyunturas; toda aquella agua me pesa en el hueco del estómago como un bloque de mármol. Las puntadas se generalizan; es como si estuviera acostado sobre vidrio molido. Siento un ansia espantosa de huir, de revolcarme en el polvo tibio de los canteros, de respirar el aire nocturno con todos los poros de mi cuerpo. Y al contenerme, al afirmarme en mi rigidez, mordiéndome la lengua hasta ensangrentarla para evitar el castañeteo de los dientes, pues ella está entonces dormida sobre mi pecho, experimento una beatitud inefable, saboreo las involuntarias lágrimas de mi desfallecimiento, deseando sufrir más todavía, aproximarme más a la muerte, para quererla más, en proporción de mi tormento...

...Dividamente silenciosa descenderá esta noche al estanque. El cristal líquido, palpitante con los latidos de mi pecho, dispersará en abismantes[4] ondulaciones el oro pálido de sus cabellos. Su desnudez impregnará de blancura el delicado muaré[5] de las aguas. Veré cómo se reclina mansamente sobre mi corazón, cómo me inunda con su belleza; la beberé en insaciables besos, y envuelto en la húmeda sábana que cobija nuestro amor, esta noche, amigo mío, dentro de una hora más, angelicalmente, ¡dormiré con la Luna!

---

[4] «Abismantes»: que confunden o esconden.
[5] «Muaré»: tela gruesa de seda cuyo tejido hace aguas.

Caricatura de Lugones por Otto (Revista *Caras y Caretas*)

Teatro quimérico

DOS ILUSTRES LUNÁTICOS[1]
O
LA DIVERGENCIA UNIVERSAL

DRAMATIS PERSONAE:

H. (desconocido, al parecer escandinavo).
Q. (desconocido, al parecer español).

Andén desierto de una estación de ferrocarril, a las once de la noche. Luna llena al exterior. Silencio completo. Luz roja de semáforos a lo lejos. Bagajes[2] confusamente amontonados por los rincones.

H. Es un rubio bajo y lampiño, tirando a obeso, pero singularmente distinguido. Viste un desgarbado traje negro y sus zapatos de charol chillan mucho. Lleva un junco[3] de puño orfebrado que hace jugar vertiginosamente entre los dedos. Fuma cigarrillos turcos que enciende uno sobre otro. Un tic le frunce a cada instante la comisura izquierda del labio y el ojo del mismo lado. Tiene las manos muy blancas; no da tres pasos sin mirarse las uñas. Camina lanzando miradas furtivas a los bagajes. De cuando en cuando vuélvese bruscamente, lanza un chillido de rata a la vacía penum-

---

[1] «Lunáticos»: una vez más, Lugones utiliza una palabra con su significado habitual, «que sufren locura durante temporadas», y por las variadas connotaciones o sugerencias que permite.

[2] «Bagages»: maletas, equipaje (es galicismo).

[3] «Junco»: bastón.

bra, como si hubiese alguien allí; después prosigue su marcha, haciendo un nuevo molinete[4] con el bastón.

Q. gallardea un talante alto y enjuto; una cara aguileña, puro hueso; hay en él algo a la vez de militar y de universitario. Su traje gris le sienta mal; es casi ridículo, pero no vulgar ni descuidado. Trátase a todas luces de una altiva miseria que se respeta. Este hace el efecto de la reserva leal, tanto como el otro causa una impresión de charlatán sospechoso. Van uno al lado del otro; pero se advierte que no conversan sino para matar el tiempo. Cuando llegue el tren, no tomarán el mismo coche. Tampoco se han visto nunca. Q. sabe que su interlocutor se llama H. porque al llegar traía en la mano una maleta con esta inicial. H. ha visto, por su parte, que el otro tiene su pañuelo marcado con una Q.

ESCENA PRIMERA

H.   Parece que hay huelga general y que el servicio está enteramente interrumpido. No correrá un solo tren durante toda la semana.

Q.   Locura es, entonces, haber venido.

H.   Más locos son los obreros que se declararon en huelga. Los pobres diablos no saben historia. Ignoran que la primera huelga general fue la retirada del pueblo romano al Monte Aventino[5].

Q.   Los obreros hacen bien en luchar por el triunfo de la justicia. Dos o tres mil años no son tiempo excesivo para conquistar tanto bien. Hércules llegó al confín de la Tierra, buscando el Jardín de las Hespérides. Una montaña le estorbaba el paso, y

---

[4] «Molinete»: en esgrima, movimiento circular que se hace con la espada por encima de la cabeza.

[5] «Monte Aventino»: es una de las siete colinas de Roma en la que se refugió una parte de sus habitantes durante las revueltas contra la clase patricia en el 494 a. de C.

poniendo sus manos en dos cerros, la abrió, dando entrada al mar, como se abre, trozándola por los cuernos, la cabeza cocida de un carnero[6].

H. Bello lenguaje; pero no ignoráis que Hércules fue un personaje fabuloso.

Q. Para los espíritus menguados, fue siempre fábula el ideal.

H. *(Volviéndose bruscamente y saludando con su junquillo la sombra.)* No sé si lo decís por mí, pero os advierto que no acostumbro comer carnero con los dedos. Vuestra metáfora me resulta un tanto brusca.

Q. Aunque no me es desconocido el juego del tenedor en las mesas de los reyes, he gustado con más frecuencia la colación del pobre. Desde la baya del eremita al pan del trabajador, duro e ingrato como la gleba, mi paladar conoce bien el sabor de las Cuaresmas.

H. Os aseguro que tenéis mal gusto. Por mi parte, compadezco al desdichado, ciertamente. Quiero la igualdad, pero en la higiene, en la cultura y en el bienestar: la igualdad hacia arriba. Mientras ello resulte un imposible, me quedo en mi superioridad. ¿Para qué necesitamos nuevas cruces, si un solo Cristo asumió todas las culpas del género humano? .

Q. Es condición de la virtud indignarse ante la iniquidad, y correr a impedirla o castigarla, sin reparar en lo que ha de sobrevenir. ¡Pobre de la justicia vilipendiada, si su socorro dependiera de un razonamiento irreprochable o del desarrollo de un teorema! En cuanto a mí, no deseo ni la igualdad, ni nuevas leyes, ni mejores filosofías. Solamente no puedo ver padecer al débil. Mi corazón se subleva y

---

[6] Episodio que forma parte de la leyenda del semidiós que, durante su viaje a las Hespérides en busca de las manzanas de oro, se vio obligado a separar una montaña, lo que dio lugar a las de Calpe y Abila.

pongo sin tasa al rescate de su felicidad, mi dolor y mi peligro. Poco importa que esto sea con la ley o contra la ley. La justicia es, con frecuencia, víctima de las leyes. Tampoco sabría detenerme ante el mismo absurdo. Pero cada monstruo que me abortara en fantasmagoría, cada empresa vana que consumiera mi esfuerzo, fueran a la vez incentivos para empeñarme contra la amarga realidad. ¿Por qué halláis mal que luchen a costa de su hambre estos trabajadores? ¿No es el hambre un precio de ideal como la sangre y como el llanto?

H.   Poseéis una elocuencia prestigiosa[7] que me habría arrebatado a los veinte años, cuando creía en los pájaros y en las doncellas.

Q.   Os estimaría que no dierais alcance despectivo a vuestras palabras sobre las doncellas y los pájaros.

H.   De ningún modo. Los pájaros tienen el mismo paso *(da una corridita ornitológica sobre las puntas de los pies)* que las doncellas; y las doncellas tienen tanto seso como los pájaros. Pero vuelvo a nuestro tema. Los obreros nada lograrán con la violencia. Os advierto, entre paréntesis, que no soy propietario. Los obreros deben conformarse con las leyes: aprovechar sus franquicias, elegir sus diputados, apoderarse del Parlamento, cometer algunas extravagancias para despistar a los ricos, como volverse ministros, por ejemplo, y después apretarles —*crac*— el tragadero... si es que no prefieren tornarse ricos a su vez. Es un sistema.

Q.   Un sistema abominable. Parecéisme, a la verdad, un tanto socialista.

H.   No lo niego; pero a mi vez os he notado un poco anarquista.

---

[7] «Prestigiosa»: ver nota 8 de «Abuela julieta».

Q.   No os ocultaré mis preferencias en tal sentido. Amé siempre al paladín; y no sé por qué anhelo de justicia desatentada, por qué anómalo coraje de combatir uno solo contra huestes enteras, por qué sombría generosidad de muerte inevitable, en la misma obra de la vida que otros gozarán mejor, sin perjuicio de seguir llamando crimen a la benéfica crueldad —hallo semejanzas profundas entre los caballeros de la espada y los de la bomba. Los grandes justicieros que asumen en ellos mismos el duro lote del porvenir humano, son como esas abejas de otoño que amontonan a golpes de aguijón la comida futura de una prole que no han de ver. Matan para el bien de la vida que sienten germinar en su muerte próxima, arañas y larvas: como quien dice tiranos e inútiles, quizá inocentes, siempre detestables. Ellas carecen, entretanto, de boca; no pueden gustar siquiera una gota de miel. Sus únicos atributos son el amor y el aguijón. Su obra de porvenir finca[8] en la muerte, que al fin es el único camino de la inmortalidad.

H.   ¿Sois espiritualista?

Q.   En efecto; ¿y vos?

H.   Materialista. Dejé de creer en el alma, cuando me volví incrédulo del amor. *(Estremécese con violencia.)*

Q.   ¿Tenéis frío?

H.   No, precisamente. Es una preocupación absurda, si queréis, y me la causa aquel cofre antiguo. A la ida me parece un elefante y a la vuelta una ballena.

Q.   *(Aparte.)* Esta frase no me es desconocida. *(Alto.)* Es mi cofre de viaje. Su color y su forma tienen, en efecto, algo de paquidermo.

H.   Hay cofres escandinavos que parecen cetáceos.

---

[8] «Finca»: estriba, tiene como base (es americanismo).

(Vuelve a estremecerse.) Es singular cómo preocupan estas cosas. Estas cosas que uno adquiere en el comercio con los espectros. Notaréis que a veces, cuando voy a pronunciar tal o cual palabra, el ojo izquierdo se me mete por equivocación debajo de la nariz. Es una curiosa discordancia. El sonido de la *erre* me hace vibrar las uñas. ¿Sabéis por qué chillan tanto mis zapatos?

Q.   No, por cierto.

H.   Es una moda húngara. La he adoptado para acordarme siempre de que debo poner los pies en el mismo medio de las baldosas, sin pisar jamás sus junturas. Manía que tiene, naturalmente, su nombre psicológico. *(Óyese a lo lejos el rebuzno de un asno.)* ¡Ah, el maldito jumento lunático! Creo que le arrancaría las orejas con gran placer, a pesar de su bondad específica.

Q.   Yo amo a los asnos. Son pacientes y fieles. Su rebuzno distante, en las noches claras, está lleno de poesía. Uno conocí que por cierto valía el del Evangelio.

H.   ¿Cabalgasteis en asno?

Q.   Oh, no. Quien lo hacía era un criado que tuve. Hombre excelente, pero erizado de adagios[9] como un puerco espín de púas.

H.   Yo nunca tuve criado fiel, ni creo que los haya. Criada, sí, hay una; pero es invisible: la Perfidia.

Q.   Diréis, más bien, fiera abominable.

H.   *Perfidia* es el nombre de la voluptuosidad que produce el crimen. *(Cogiendo amistosamente el brazo de su interlocutor)* Hablabais de la bomba. La bomba es necia. Pregona su crimen como una mujerzuela borracha. No es así como debe procederse.

---

[9] «Adagios»: sentencias breves que tienden a dar normas de conducta.

Un día descubrís que os han torcido brutal e irremediablemente la vida. Sentís que la sangre se os cuaja de fatalidad, como se escarcha un pantano. No os queda ya más placer posible que la venganza. Ensayad, entonces, la demencia. Es el mejor salvoconducto. El loco lleva consigo la ausencia. Al desalojarlo la razón, entre a habitarlo el olvido. *(Girando con rapidez y parando en cuarta*[10] *un golpe imaginario.)* No será malo que procuréis hablar con algún espectro. Frecuentad las sesiones espiritistas; es hermoso y compatible con el materialismo. Os quedará la manía de silbar vivamente cuando vayáis de noche por sitios solitarios, y cierto frío intermitente en la espina dorsal. Pero los espectros dan buenos consejos. Conocen la filosofía de la vida. Hablan como los parientes fallecidos.

Poco a poco os vais sintiendo un tanto contradictorio. Cometéis extravagancias por el placer de cometerlas. Ya habéis visto lo que me pasa. Mis zapatos chillones y mis molinetes son estúpidos; pero muy agradables. Son también imperativos categóricos; formas de razonar un tanto diversas. Pero el imperio de la razón es tan efectivo en ellas como en la lógica de Aristóteles.

Luego, os entra el fastidio de todo lo que ama y de todo lo que vive. Una individualidad estupenda se desarrolla en vuestro ser. Habéis comenzado rompiendo espejos o manchando tapices con los pies llenos de lodo. Luego matáis fríamente de un pistoletazo en la oreja a vuestra yegua favorita. Luego queréis algo mejor. Ya estáis a punto. Causáis, entonces, algún mal irreparable a vuestra madre o a vuestra mujer.

---

[10] «Parando en cuarta»: en esgrima, posición de defensa con la espada ligeramente levantada.

Q.   ¡Caballero!

H.   ¡Eh, qué diablos! Dejadme concluir. Habéis de saber que yo he amado. Amé a una muchacha rubia y poética; una especie de celestial aguamarina. Dábale por el canto y por la costura; no desdeñaba los deportes; pedaleaba gallardamente en bicicleta. A la verdad, era un tanto insípida, como la perdiz sin escabeche. Pero yo la quería con una pureza tan grande, que me helaba las manos. Gustábame pasar largas horas, recostada la cara en sus rodillas, mirando el horizonte que entonces queda a nivel con nuestras pupilas. Ella doblaba gentilmente la cabeza, con una domesticidad de prima que aún no sabe. Tenía la barbilla imperiosa; los ojos llenos de un azul juvenil e ignorante, cuando se los miraba bien abiertos; pero habitualmente entornábalos soñador desdén. La nariz con un ligerísimo respingo. La boca un tanto grande, pero todavía sin el más ligero desborde de ese carmín virginal que mancha los labios sabedores del amor, como el vino a la copa en que se ha bebido. Eran quizá un poco altos y flacos sus pómulos. Peinábase muy bien, con sólo dos ondas irregulares y flojas de rubio cabello. Llevaba siempre descubierta la nuca, exagerando su desnudez con una inclinación de lectura. Esta era toda su coquetería. No se distinguían sus senos bajo la blusa. Sus manos y sus pies eran más bien largos. La falda *trotteuse*[11] dejaba adivinar piernas delgadas y altivas de nadadora. Pues la natación constituía su encanto. La natación con peligro de la vida. Prohibiéronsela en vano. Iba al río con pretexto de coger violetas y ortigas para adornar su sombrero de sol.

Dejé de amarla cuando descubrí que pertenecía a

---

[11] *«Trotteuse»*: en francés, *trotadora, trotona*. Falda bastante corta que destaca los movimientos de la mujer que la viste.

la infame raza de las mujeres. No sé bien si murió o si se metió monja. Para ambas cosas tenía vocación. ¡Adiós, para siempre, novia mía! *(Arrojando de un papirotazo su cigarrillo hasta el techo.)* ¿Pero no advertís, caballero, que hablamos un idioma desusado, con pronombres solemnes, como si fuéramos hombres de otros tiempos?...

Q. No sabría yo hablar de otro modo, bien que comprenda lo pretérito de este lenguaje; mas, úrgeme refutar vuestros errores respecto de la mujer. Téngola yo por corona de los días laboriosos que uno vive en la inclemencia del destino; sus vestidos son follaje de palmera en toda peregrinación; en toda ardua empresa, su amor es el jardín de la llegada. Si esposa, es fuente tranquila donde os miráis al beber, y cuya agua está eternamente al nivel de vuestra boca. Si doncella, es íntegra llama donde pueden encenderse cuantas otras queráis, sin que por esto se aminore.

También yo amé y amo a una beldad por todo concepto extraordinaria. Baste deciros que un solo aliento de su boca haría florecer en pleno invierno todos los rosales de Trebizonda[12]. Si la mar no tuviera color, entrara ella para bañarse en la mar, y volviérase ésta azul por duplicarse en firmamento para tal estrella. Su alma tiene la claridad del cristal en su pureza; el timbre en su fidelidad; el brillo en su inteligencia; la delicadeza en su sensibilidad; la naturaleza ígnea en su ternura; la apariencia de hielo en su discreción. Y no cristal como quiera, sino vaso veneciano que habría conquistado a fuerza de armas, para un altar, el Emperador de Constantinopla.

---

[12] «Trebizonda»: Trebisonda, actual provincia de Turquía que, en el siglo XIII, fue la cuna del imperio griego del mismo nombre.

H. Si yo conociera una mujer así, es probable que también amara.

Q. *(Irguiéndose con jactancia.)* ¿Creéis que yo la conozca o haya conocido? Si la amo, es porque nunca ojo mortal profanó su increíble hermosura.

H. *(Sofocando una buchada de risa.)* Os felicito, caballero. He ahí un modo de entender el amor, que no estaba en mis libros. Mi filosofía respecto a las tórtolas, es, ahora, la de un gato goloso. Dejarlas volar o comerlas. *(Mira de pronto al cielo y, notando que la luna esta ya visible de aquel lado, hace una mueca desagradable.)* Ahí tenéis a la luna, el astro de los amantes líricos. ¡La luna! ¡Qué inmensa bobería! Cada uno de sus cuartos me produce una jaqueca. *(Increpándola)* ¡Eh, imbécil solterona, bolsa de hiel, ripio clásico, ladradero[13] de canes, hostia de botica, cara de feto! *(Apretándose las sienes.)* ¡Uf, qué dolorazo de cabeza!

Q. Mi alma se llena de poesía con la luna, como el agua de una alberca que fue sombría entre abetos. A ella debo mis más ilustres inspiraciones. Años llevo de contemplarla, siempre propicia a mi amor. Para mí representa la lámpara de la fidelidad.

H. Hembra es, y como tal, bribona sin remedio.

Q. *(Poniéndose muy grave.)* Caballero, la luna me filtra en el cerebro fermento de mil hazañas. Vuestros propósitos sobre la mujer son ciertamente intolerables; y no más que por reduciros a la decisión de las armas, os digo que tomo a la luna por doncella desamparada, y que no permitiré a su respecto ninguna insolencia.

H. *(Encogiéndose con un tiritamiento enfermizo.)* No desconoceréis, caballero, que os he tolerado a mi

---

13 «Ladradero»: neologismo de Lugones.

vez muchas impertinencias. La medida está colmada. La luna es una calabaza vacía y nada más. Sé bien que quien escupe al cielo, cáele la saliva en la cara. Pero tengo la boca llena como un mamón que echa los dientes, y veo allá un cartel que dice: «Es prohibido escupir en el suelo». (Qué gramática!) Así, pues, oh luna, buena pieza, toma *(¡escupe hacia la luna), toma (escupe nuevamente), toma (escupe por tercera vez.)*

Q.   *(Sacando su tarjeta.)* Mis señas, caballero.

H.   *(Haciendo lo propio.)* Caballero, las mías.

Q.   *(Mirando la cartulina con asombro.)* ¡El Príncipe Hamlet!

H.   *(Leyendo con interés.)* ¡Alonso Quijano!

ESCENA II

Don Quijote, alzando los ojos hacia su interlocutor, advierte que ha desaparecido.

Hamlet, buscando con una mirada a don Quijote, nota que ya no está.

El lector se da cuenta, a su vez, de que don Quijote y Hamlet han desaparecido.

LA COPA INHALLABLE

ÉGLOGA

DRAMATIS PERSONAE:

ANFILOQUIO, 20 años, escultor.
AGENOR, 60 años, dueño de casa.
DAIROS, 15 años, cabrero y sobrino de Agenor.
IOLE, 17 años
NAIS, 18 años } hijas de Agenor[1].

---

[1] Nótese que alguno de estos nombres mantienen cierto significado en griego. Así, Anfiloquio se podría traducir como «relativo al vaticinio o la sentencia», Agenor como «varonil o heroico» y Dairos como «devorador o funesto». Iole es nombre que aparece en Sófocles para la amante del mitológico Heracles; Nais significa «náyade» y aparece como tal en Eurípides y Jenofonte.

ACTO ÚNICO

Cabaña griega al pie de un monte, en Arcadia[1]. Siesta declinante. A lo lejos, entre la arboleda, vese rielar el agua de un río. Bajo una higuera que sombrea el patio, AGENOR *conversa con* ANFILOQUIO, *que acaba de llegar, teniendo aún a los pies su zurrón de viaje.* IOLE *y* NAIS *tejen a la sombra de la choza, bastante lejos. Óyense a ratos en el monte los balidos del rebaño y el son irregular de la esquila.*

. . . .

ANFILOQUIO *(Señalando la montaña.)*

La montaña, por cierto, no me es desconocida,
Pues en su otra vertiente casi dejé la vida
Ayer mismo en las garras de un oso.

AGENOR

                    La montaña
En libertad mantiene sus fieras, pues la entraña
De su bosque de pinos, compone un tabernáculo

---

[1] «Arcadia»: El nombre de Arcadia provenía de oso: αρχος, *arkos*. (Nota del Autor en la tercera edición.)

Donde entre sombra y musgo pronostica un oráculo
De Pan.

ANFILOQUIO

        Quizá sus yambos me indiquen un remoto
Modelo, que persigo para cumplir un voto
A Diana; bien que Diana, con su pudor esquivo,
Menosprecie los tropos del numen[2] pie de chivo.
Pero atiéndeme, oh huésped, ¿los arcanos del numen
Son propicios? ¿Sus méritos en la verdad resumen?

AGENOR

A veces encapríchase en desigual letargo;
Otras, confunde y traba con un misterio amargo
Lo que habla. Hoy mismo debe cumplirse en mi familia
Uno que, a mil angustias, el misterio concilia.

ANFILOQUIO

¿Un oráculo infausto?

AGENOR

               No lo sé bien. Escucha.
El pavor, en mi espíritu, con la esperanza lucha.
Mas, puesto que hoy termina la oracular sentencia,
Los dioses te autorizan a oír mi confidencia:

Hace de esto quince años, que cumplirán mañana.
Al mediar la clepsidra[3], perdí mi única hermana,
Viuda de seis meses apenas; y una niña

---

[2] «Numen»: dios, divinidad.
[3] «Clepsidra»: reloj de agua.

Fue la causa y el fruto de su muerte. Mi viña
No me rindió ese otoño sino una flaca odre[4],
Y diezmaron mi huerto la sequía y la podre[5].
Tanta desgracia hizo que acudiera en consulta
Ante el gran Pan; mas, como no era mi mente oculta
Asegurarme sólo de la huerta o del vino,
Purifiqué mis labios y pregunté el destino
De la huérfana, el nombre que llevaría y hasta
Un conjuro, si le era la predicción nefasta.
Bien lo valió mi ofrenda de miel y leche gorda[6].

A mis cuerdas razones la deidad no fue sorda.
Ordenó, en cuanto al nombre, conforme a mi pre-
    gunta,
Que se llamase Daira, cual la madre difunta.
Pero que le dijésemos Dairos, y hasta el renuevo
De sus quince años, fuese vestida de mancebo;
Pues era su destino que, en extrañas escenas,
Causara, a los tres lustros, una dicha y dos penas.

*(El sol comienza a declinar. Chirrían a lo lejos
algunas cigarras.)*

Con mi honorable esposa cumplimos el engaño.
(A ella una dulce muerte la visitó hace un año.)
Mis dos hijas *(Señalando a* NAIS *y a* IOLE*)*
                entonces en su más tierna infancia,
Han pasado al respecto su vida en la ignorancia,
Viendo y amando a Dairos con corazón ligero.

(Suenan en el monte compases de flauta. IOLE *y* NAIS
alzan la cabeza para oírlos.)

Justamente se escucha su flauta de cabrero.

---

[4] «Odre»: normalmente la palabra es de género masculino.
[5] «Podre»: pus, putrefacción.
[6] Era la ofrenda ritual a Pan. (Nota del Autor en la tercera edición.)

Sin duda que el oráculo fue eficaz; pues, ahora,
Cuando los cielos abra la venidera aurora,
Daira se verá libre del destino tremendo
Y tornará a sus gracias naturales, habiendo
Cumplido sin sospechas y en paz, su tercer lustro.

(Suena otra vez en el monte la flauta de DAIROS. *El*
sol está casi en el horizonte. IOLE *y* NAIS, *abando-*
nando el telar, se dirigen hacia los interlocutores.)

NAIS

Padre, las abubillas volvieron ya al ligustro[7].
De sombras violetas se va listando el césped.
Permite que las dulces palabras de tu huésped
Interrumpamos, para recordarte que apenas
Cierra la noche, el soto se puebla de sirenas[8],
Cuyo horror desampara más el cauce sombrío.
Debemos con las ánforas ir por agua hasta el río.
Un aura propia enciende la leña en la cocina...

AGENOR

Verdad. Ya su crepúsculo rebuzna la pollina.
Dejan sus amapolas los zánganos. La berza
Y el apio, en la hortaliza, perfuman con más fuerza.

ANFILOQUIO

Más nevado que nunca se estremece el almendro.

---

[7] «Ligustro»: alheña, arbusto de hojas ovaladas, pequeñas y brillantes.
[8] Las primitivas sirenas fueron aves rapaces, y en Arcadia siguieron
considerándolas así. (Nota del Autor en la tercera edición.)

Mi rana entre los lirios canta ya...

> (Nais *pellizca a* Iole *correccionalmente, obligándola*
> *a callar.*)

Anfiloquio

                      Como engendro
De urania espuma[9], finge la nube en[10] tibio grumo,
Venus[11] presa en red de oro ligero como el humo.
Es la hora en que con claras hogueras de hojarasca
Se anuncian los rediles. Pan su zampoña masca,
Royendo en los cañutos los abortados besos
De la Siringa[12] lírica; y con ritmos traviesos
Disciplina los magros faunillos de su prole...

(Suena otra vez la flauta en el monte.)

> Iole *(Titubeando hacia la derecha.)*

Por aquí están las ánforas, Nais.

> Nais *(Dirigiéndose a la izquierda.)*

                      Por aquí, Iole.
> *(Vanse saltando cogidas de la mano.)*

---

[9] «Urania espuma»: referencia al mito de Urano, dios que personificó al cielo fecundante. Por instigación de Gea, esposa de Urano y madre de los Titanes, el menor de éstos, Cronos, cortó los testículos a su padre y los arrojó al mar, engendrándose de ellos Venus, por lo que se llamó Venus Urania. Lugones compara el nacimiento de Venus de la espuma del mar con la aparición del planeta Venus entre las nubes del crepúsculo.

[10] En la primera edición aparece «un».

[11] «Venus»: en este caso se refiere al planeta que brilla especialmente al amanecer y atardecer.

[12] «Siringa»: ninfa que, cuando huía de Pan, fue convertida en un caramillo que el dios cortó en trozos de diferente tamaño que, unidos con cera, dieron lugar a la característica flauta de Pan.

ANFILOQUIO *(Con un vago suspiro y señalando a las jóvenes*
que desaparecen.)

La tarde, como ellas, se ha puesto rubia y muelle.

La voz de NAIS

Padre, si el viento merma, no descuides el fuelle.

ESCENA II

AGENOR

Pan te dará un oráculo propicio.

ANFILOQUIO

Mas yo temo
Que a mi ambición no ceda su influjo. Un don
supremo
Busco infructuosamente para el voto que anuda
Con lazo inquebrantable mi pubertad aún muda.
Correspondiendo al noble favor de tu secreto.
Te diré con sencillas razones el objeto
Que me extravió por este montañés laberinto:

Mi padre es Molion, rico mercader de Corinto.
Mas yo soy de un talento comercial muy mediocre.
De pequeño, vagaba con un pedazo de ocre
En la mano, cubriendo de adornos y bizarros
Monigotes los muros; o en eventuales barros
Que un amable alfarero botaba de su torno,
Pulía mis Tanagras, aún indignas del horno.

Y así fue como me hice escultor.
                                    Mi severo
Padre, al saber mi oficio, se irritó mucho; pero
Conociendo su culto por los dioses, mi angustia
Conjuró con un voto su grima torva y mustia.
Y fue que no oblaría[13] mi primer sacrificio
De amor, sin haber hecho para el sacro servicio
De Diana, la más bella copa que un cincel griego
Haya hasta hoy esculpido en alabastro.
                                          Luego
Busqué, naturalmente, los temas de mi obra;
Pero todos estaban usados ya de sobra.
El *rhyton* y el *eskifos*[14] son vulares. Yo busco
Algo a la vez distante de lo griego y lo etrusco
Que está de moda. Un tema cuya expresión reúna
La gracia de la virgen al blancor de la luna.

La castidad, en tanto, se me subleva en fiebre.
Como jóvenes potros relinchando al pesebre,
Mi veinte años reclaman su pasto de doncellas.
Veo dulces pupilas temblar en las estrellas.
El aura inicia besos con su lánguido soplo.
En juegos enervantes mis tórtolas acoplo.
Y ante las burdas mozas del lagar o el cortijo,
En palidez tremante mi vértigo cobijo.
Hasta en el mismo templo, mis pupilas glotonas
Se van tras las augustas piernas de las matronas.
Mas la hora, por fin libre, para mi amor no llega.
Por esto, desertando tan enervante brega,
Me acogí a las campañas, en busca del modelo
Que hasta hoy no pueden darme ni la tierra ni el cielo.

_____

    [13] «Oblaría»: ofrecería sacrificio.
    [14] *«Rhytón* y *eskifos»:* nombres de antiguas vasijas griegas de cerámica, el
ritón tenía forma de cuerno o cabeza de animal y el esquifo se asemejaba
bastante a una campana con la boca más ancha que la base.

Ola, nube o collado; nido, redondo fruto,
Denme la única curva para ese cruel tributo
Que me consagra a esa única[15] virtud como un trofeo.

AGENOR

Pan con exactas voces saciará tu deseo.
A estas cuitas, sus yambos jamás quedaron mudos.
Para el amor, potentes son sus muslos velludos.
Su sardónico labio que la zampoña aguza,
Sonríe a los deseos con juvenil gazuza[16].
El pelo de mis cabras a él debe su buen lustre,
Y el anual multiplicio[17] no hay miedo que se frustre
Con él.
      Mañana haremos las ofrendas rituales.
En mi colmena lloran desde ayer los panales.

(Ambos se dirigen a la casa.)

ESCENA III

*Un claro de bosque entre juncos, a la orilla del río. En el
fondo, a la derecha, una especie de glorieta rústica cuyo fondo
no puede verse desde la izquierda. Allá reposan sobre el
musgo, al pie de una encina,* NAIS, IOLE, *y* DAIROS *entre las
dos hermanas. Detrás de ellos, tíñese progresivamente de rosa
el cielo de la tarde.*

NAIS (Jugando con un bucle del pastor.)

Yo estaba muy inquieta con tu ausencia; ¡los lobos
Han cometido este año tantos sangrientos robos!

---

[15] En las otras ediciones dice «una árida».
[16] «Gazuza»: hambre.
[17] «Multiplicio»: multiplicación (parece neologismo).

282

Tu negligencia, Dairos, es de tal modo incauta,
Que puedes atraerlos con el son de tu flauta.
Apacentar las cabras en el monte es gran riesgo.
Así, cuando ya el rayo del sol se pone sesgo,
Y los cabritos balan con infantil porfía,
Empalidece junto con el sol mi alegría,
Al par que con la luna se agranda mi tristeza.
Mi padre no valora, por cierto, tu proeza
Cuando te expone, a mérito de costumbres avaras
Y antiguas; mas yo tengo para él razones claras,
Y pronto he de pedirle que, por más desahogo,
En vez de pastor, ponga frente al rebaño un dogo,
O que un mancebo tracio para el monte asalarie.

(Mirando a DAIROS *con ternura.)*

Sólo al pensar que un día, con horrible barbarie,
Puede tronchar un oso tu cuello dulce y blanco,
O encarnizar sus garras sobre tu débil flanco,
A los dioses elevo con lágrimas mis preces.

(Besándolo apasionadamente.)

Mas, tú eres valeroso como Teseo.

DAIROS

A veces
Un repentino espanto me hiela fibra a fibra.
Mi inquietud al amparo de los dioses se libra.
Y cuando entre los riscos me siento más cobarde,
Me abrazo al viejo chivo blanco. La roja tarde
Me causa miedo; entonces, buscando el más sonoro
Ritmo que da mi flauta, toco muy fuerte y lloro.

IOLE *(Estrechándole la mano contra su pecho.)*

Dairos, cuánta congoja me infunde tu destierro
En el pinar...

NAIS

   Sin duda que armado de buen hierro
Tu cayado, y poniendo dobles cueros a tu honda,
No tendrías ya miedo...

DAIROS

    Nais, la obscura fronda
Está llena de sacro terror. El viento puebla
De palabras antiguas su pánica[18] tiniebla,
Anuncia graves cosas su temblor cuando es mudo.
Yo antes no la temía, y entre el pinar agudo,
Distraía mis ocios, entablando en sus huecos
Durante horas, el trunco diálogo de los ecos.
Mas, desde que el estío reinó en las muelles lomas,
Y la tierna campiña se acaloró de aromas,
Fuéronme dominando la tristeza y el miedo.
El soplo de la brisa me da, cuanto más quedo,
El pavor inefable de una presencia; y cuando
Llega aquello, mi cuerpo se repliega temblando
En sí mismo, cual si algo de íntimo defendiera.
Y la melancolía me embarga, a la manera
De una inerte delicia que implicase una falta.
Mi corazón, entonces, desordenado salta,
Sofocando en anómalos rubores mi quimera,
Y con alados sueños mi noche se aligera.

Las rojas margaritas me turban como gotas
De sangre. Allá muy lejos, las cabañas remotas

---

[18] «Pánica»: terrorífica, que produce gran miedo.

Parece que me ofertan sus domésticas paces.
Pero pronto el respingo de los chivos locuaces,
Viene a turbar mi dulce divagación. ¿Qué influjo
Los vuelve así tan díscolos? ¿Por qué el florido lujo
De la selva, es tan grave, y en las siestas de plomo,
Con tan honda ternura se enronquece el palomo?...

Además, una extraña cosa agrava el misterio:
Buscando a la canícula mi habitual refrigerio,
Di ayer con una fuente cuya náyade interna
Abriga su tesoro de agua en una caverna.
Ya desnudo, apartaba sobre el borde del antro
Las importunas matas de junco y de cilantro,
Cuando vi reflejarse con desusado goce,
Albo como esos cuarzos que echan chispas al roce,
El reflejo en el agua de mi cuerpo tranquilo.
Y de pronto creíme preso en aquel asilo
Por la ronda de un fauno, que mi terror convulso
Vio venir de la sombra con vencedor impulso.
Dudo que aquella angustia mis palabras expliquen.
Sentí en mi piel su barba lanosa como el liquen;
Su mano ruda y áspera me ardió como una roncha;
Desordenaba el hipo su barriga rechoncha;
Y entre mis apretadas piernas, como una cuña,
Creí que penetraba su rústica pezuña.
Y solamente supe decidirme a la muerte.
Con los ojos cerrados, permanecía inerte,
Presintiendo el suplicio bestial de aquel asalto.
Pero malgasté en vana ficción mi sobresalto;
Pues cuando en torno mío dirigí la mirada,
Allá no había fauno, ni aparición, ni nada.
La soledad mullía los desiertos caminos
Llena del rumoroso silencio de los pinos.
Y al sentirme seguro, discerní que un encanto
Mezcla de horror y dicha, formaba mi quebranto.

*(El cielo empieza a descolorarse en la claridad
crepuscular.)*

IOLE

Ayer, en la otra orilla, vi un gran rastro bisulco[19].

NAIS

Dairos, las actitudes que a tu valor inculco,
No son vanas palabras. Mi amor por ti pregusta
El delicioso imperio de tu mano robusta.
Desde ayer voy tcjiéndote, como amante reliquia,
La túnica escarlata de la danza pirriquia[20]
Que los guerreros trazan en ficción de combate.
Con fogoso tumulto por ti mi pecho late
Cuando te miro en sueños, ilustre por la lanza.
La túnica que apronto colmará tu esperanza,
Siendo magnífica entre tus bélicos enseres.

(Estrechándose a él, mimosa.)

Pero ¡ámame a mí sola!...

IOLE *(Casi llorosa.)*

Nais, ¡qué mala eres!

DAIROS *(A* NAIS.)

Dame, en vez de la túnica, tu peine de ámbar claro.

---

[19] «Bisulco»: en forma de dos surcos.
[20] «Pirriquia»: pírrica, antigua danza guerrera que, en Atenas, formaba
parte de las panateneas.

NAIS *(Más tierna.)*

¡Oh, sí! *(besándolo)* ¡Tus labios tienen un deleite tan
raro!
¡Y en ellos con tan dulce claudicación me inmolo!

(Quédase como adormida en su hombro.)

IOLE

Dairos, yo nada tengo que ofrecerte. Tan sólo
Mi escudilla pintada, mi cinturón y un broche
De hueso. Pero ¡te amo tanto! Noche tras noche
Paso por ti llorando, sin que ninguna ofensa
Me hayas causado. Es una melancolía inmensa,
En que una madre anhelo, con la cruel certidumbre
De que nadie me quiere ya. Con triste vislumbre
Las estrellas duplican mis lágrimas serenas,
Y hay una sed profunda de sufrir en mis penas.
Cuando, desde los pinos, tu flauta nos invita
Con sus mejores ritmos a la diaria cita,
La emoción y la angustia me embargan de tal modo,
Que en un gran desamparo se abisma mi ser todo.
Y mis dedos se vuelven de mármol. Tal como esto
Será la muerte...
             Pero cuando venimos presto,
Y en tu hombro cae la gravedad pensativa
De mi ternura, entrego mi sencillez cautiva
A tu piedad, y siento como si floreciera
En mi flotante cuerpo toda la primavera.
Mi pobre almita rubia, cae en un beso largo
Como lánguida gota de miel; suave letargo
Me invade con viviente tibieza de plumaje.
Mi seno a ti palpita, rico como un lenguaje,
Y mártir bajo el hondo latido que lo cava.

Mi tristeza te adora con silencio de esclava.
El tímido suspiro que en la noche te nombra,
Es mi alma. Mi insomne palidez es tu sombra.
Y cuando el mal divino me finge la promesa
De morir en tus brazos, el corazón me pesa,
Maduro ya de lágrimas como un negro racimo.

DAIROS *(Besando a* IOLE.)

También para ti es grande mi amor.

NAIS *(Enderezándose vivamente.)*

¡Oh dulce primo!
En tu beso palpita mi alma, frágil burbuja,
Como una mariposa que atraviesa una aguja.
¡Ah! No podré tranquila contemplar nuevamente
Los ósculos de Iole. Sea de ella tu frente;
Mas tu adorable boca la necesito única.

(Con la boca muy cerca de la suya.)

Quedarás bello y noble como un dios, con mi túnica.

IOLE *(Contemplándolo en éxtasis.)*

Tomaré para mi alma, por exclusivo reino
Tu frente, y ha de verse con qué gracia te peino.

(El crepúsculo empieza a teñirse vagamente de luna.)

DAIROS

Yo he de corresponderos con dos chotos mellizos...

(Movimiento negativo de ambas.)

U os labraré a la siesta con gráciles carrizos
Jaulillas de cigarras...

NAIS *(Recogiendo vivamente las mangas de su túnica.)*

Dairos, toma mis brazos.
Es, dicen, lo más bello que hay en mí. Dulces lazos
Sean para tu esquiva puerilidad, y en suave
Ritmo, mezan tus sueños como la rama al ave.

IOLE *(Recogiendo sus cabellos.)*

Dairos, toma mi cuello que es toda mi belleza.
Los pastores elogian su virginal nobleza,
Y en él evocan símiles de paloma y de nardo.

DAIROS *(Desabrochándose el jubón.)*

También yo he de ofreceros lo que de más gallardo
Hay en mí. Dulce prenda que con halago tierno,
Guardo como un anómalo pichoncito de invierno,
En mí mismo...

*(Abriéndose enteramente el jubón y enseñando su seno
de doncella.)*

¡Miradlo!

IOLE y NAIS *(Alejándose espantadas.)*

¡Ah!...

DAIROS *(Alarmada.)*

¿Qué os pasa?

NAIS (*A* IOLE, *muy agitada.*)

                                   ¡Si es una
Mujer!

                    IOLE

        ¡Oh, justos dioses!

            DAIROS (*Con asombro.*)

                    ¿Una mujer?...

                NAIS (*Maligna.*)

                                   Fortuna
Es que en púdico alarde, tantos candores venza
El lindo primo... o prima.

            IOLE (*Cubriéndose el rostro.*)

                ¡Oh, hermana, qué vergüenza!

    NAIS (*Tomando a* DAIRA *por las muñecas, agresiva.*)

Mas, tu pérfido engaño tendrá ejemplar castigo
En nuestra ira: Infame como fue tu enemigo
Desdén, será la pena, ¡oh hipócrita muchacha!

        (DAIRA *se desmaya al pie del árbol, y* NAIS *añade
        mirándola con desprecio*):

¡Para virgen tan pura, bien honesta es su facha!

(*A* IOLE)

Ayúdame a la justa sentencia de nuestro odio.

(*Arrastran a* DAIRA *para donde hay más luna.*)

Que este blanco silencio sea espectral custodio
De su castigo, y que esta claridad, por conquista
Suculenta, la exponga como un cebo en la pista.
Hagan las fieras pasto de sus gracias,

(*Abriéndole bien el jubón.*)

                                        y aplaque
Primero su jactancia la furia del ataque.
Dense en ella los lobos carnívora reyerta.

IOLE (*Suplicante.*)

Tengo lástima, hermana, pues parece ya muerta.

NAIS (*Imperativa.*)

Vamos, Iole: las ánforas esperan.

(IOLE *la sigue, volviendo tristemente la cabeza.*)

ESCENA IV

*La luna da de lleno sobre el cuerpo de Daira. Agenor y
Anfiloquio entran por la izquierda lentamente, titubeando en
la obscuridad.*

AGENOR

                                Anfiloquio,
Tengo graves recelos; absorto en el coloquio
Que esta tarde emprendieron al sol nuestras palabras,
Descuidando el aprisco, no advertí que las cabras

Volvieron solas. Temo que el oráculo guarde
Algún triste secreto para esta última tarde.
Nunca demoran tanto Iole y Nais. El triste
Dairos, jamás al yugo de su deber resiste.
Su flauta ha mucho rato que calló en la arboleda.

ANFILOQUIO

Tranquilízate, ¡oh huésped! y mi valor remeda.

AGENOR

Llamemos nuevamente:

(*Alzando la voz.*)

¡Iole!

ANFILOQUIO

¡Nais!

(*Pausa.*)

AGENOR

La brisa
Dispersa nuestras voces. Vayámonos de prisa
Cada cual por su lado, y el gran Pan nos proteja.

ANFILOQUIO

Con avizora mano, da bocina a tu oreja.

(AGENOR *intérnase en el bosque.* ANFILOQUIO *da
unos pasos, y se encuentra bruscamente con* DAIRA,
bañada por la luna.)

ANFILOQUIO *(Casi en voz baja, entrecortada por la
emoción.)*

La doncella es, sin duda. Mas, si a ignorarlo llega
Mi ventura, admirando tanta gracia labriega,
Y tanto amor dormido bajo tanta blancura,
La creo retardada ninfa de la espesura.
Así el rayo de Diana con su claror prestigie
Eternamente, la honda palidez de su efigie.
Los sombríos cabellos agobian su cabeza
Con una grave fatalidad de belleza,
Y el sueño de sus párpados flota como una leve
Serenidad de luna sobre en lago. El relieve
De su joven garganta, mis hálitos conturba
Con la maravillosa sugestión de su curva.
Yo que nunca, ante el voto que a mi amor puso freno,
Apacenté mis ojos en el primor de un seno,
Hoy descubro el dominio fatal que en él denuncia
La mujer, y el destino que inspira la renuncia
De mi esperanza, al fruto de mi artístico empeño.
Mas, en tales delirios me sumerge el ensueño
Con que esta delicada criatura me inspira,
Que antes de obviar mi voto con la sensual mentira
Cuya mancha ante Diana de perjuro me tilde,
Olvidaré sus gracias, lleno de paz humilde,

(Volviéndole la espalda.)

Y llamaré al buen viejo que me hospeda en su choza.
¡Agenor!...

> (DAIRA *se incorpora en ese momento, cubriéndose el
> seno instintivamente con una mano, mientras se pasa
> la otra por los ojos.)*

DAIRA

Ya la luna los campos alboroza.

ANFILOQUIO *(Volviéndose.)*

Daira, no temas...

DAIRA *(Entre confusa y asustada.)*

...¿Daira?... ¡Un extranjero!...

ESCENA VI

(Entra AGENOR *presuroso.)*

AGENOR *(Con transporte.)*

¡Gloria
Al gran Pan! *(a* DAIRA*)* Hija mía, ¡qué espanto!

ANFILOQUIO

La victoria
Nos sonríe;
(A AGENOR, *con interés)*
mas, Iole y Nais?...

DAIRA *(Ansiosa.)*

¿Qué les pasa?

Hace un rato he oído que lloran en la casa.

ESCENA VII

Cena en la choza. Por la ventana abierta vese el cielo
nocturno iluminado por la luna que asciende. En una cabecera,
AGENOR; *en la otra, la silla vacía de la madre muerta. A*
un lado NAIS *y* IOLE, *cabizbajas. Al otro* ANFILOQUIO *y*
DAIRA *vestida ya de mujer.*

DAIRA

Mi desmayo provino de ver una culebra
Que hacia mí serpenteaba saliendo de su quiebra.

AGENOR

Gracias que al verte inmóvil te desdeñó, por cierto.
Si no, quizá a esta hora te contábamos muerto.

ANFILOQUIO *(Con intención.)*

¿Muerto?...

DAIRA *(Ruborosa.)*

   Varió mi suerte con transición tan brusca,
Que mi propia evidencia todavía se ofusca.
Mas, tan feliz fue Dairos aquí, que la sobrina
Actual, no guarda ahora bajo de su esclavina
Un corazón más sano ni más alegre.

295

ANFILOQUIO
(Señalando los platos intactos de NAIS *y de* IOLE)*

El susto
Os quitó, a lo que veo, la palabra y el gusto.

*(*IOLE *y* NAIS *sonríen cohibidas.)*

AGENOR *(Señalando una ánfora.)*

Nais, escancia de este vino negro; la cuba
A disipar las tristes aprensiones coadyuva.
   *(*NAIS *escancia.)*
Con los tempranos soles, este año para Agosto,
Veré ya en los lagares sangrar el nuevo mosto.
Hagamos, entretanto, libación a las musas.
   (Vuelca un poco de vino.)

ANFILOQUIO

Siento que mis palabras claudicarán confusas,
Agenor, al hacerte la confesión de un serio
Asunto, a cuya urgencia dio el Amor su misterio.
Pero tu equidad sea favorable a mi duda.
Sabrás que allá en el soto miré a Daira desnuda...

   *(*DAIRA *baja la cabeza, avergonzada.* NAIS *y* IOLE,
      *Muy confusas, comienzan a levantar lentamente la
      mesa.)*

Pues así estaba cuando me di con ella, al rayo
Lunar, en el desorden de su leve desmayo.
Aunque fue involuntaria profanación, he visto
Lo que sólo al esposo pertenece. Imprevisto
El caso, con más clara certeza significa
Un mandato imperioso de los dioses. Mi rica

Familia, hame otorgado permiso y testimonio
De contraer, por propia voluntad, matrimonio
Tan pronto como apiade con mi voto a la diosa.
Y así a Daira te pido, ¡oh Agenor!, por esposa.

(IOLE *deja caer una escudilla que se rompe.* NAIS *se
queda como petrificada.*)

AGENOR

Eres mozo y no piensas bien. Tu sangre sonora
Te embriaga fácilmente. Daira es una pastora
Formada al desamparo del viento, el sol y el risco.

ANFILOQUIO

Mi alma es tímida oveja que necesita aprisco.

AGENOR

Debes a Diana un voto que no admite sofisma.

ANFILOQUIO

Daira lleva el secreto de mi voto en sí misma,
Pues la diosa protege nuestro amor.

AGENOR

Ante Diana,
Fuerza es que se doblegue la voluntad humana.

(A DAIRA.)

Y tú, Daira, ¿has oído?

DAIRA *(Tímida.)*

Sí...

AGENOR

¿Consientes?

DAIRA *(Más bajo.)*

Sí...

AGENOR

Sea
Entonces, Anfiloquio, conforme con tu idea.
Vana toda firmeza cuando Eros se encapricha.
(A DAIRA.*)*
El destino se cumple. Ya has causado una dicha.

(ANFILOQUIO *y* DAIRA *se besan y quedan mirándose
cogidos de las manos.* IOLE *y* NAIS *se abrazan
llorando.)*

Dora mis viejos días tan amable espectáculo.
(Señalando con ternura irónica a su hijas.)
He aquí, ciertamente, las penas del oráculo.

*(Va hacia ellas y acaricia gravemente sus cabezas.
Pausa.)*

Iole, hija mía, el flujo de tus lágrimas corta
Ya. Nais, es preciso que agregues una torta
De miel, especia y vino, para él en tu pan leudo,
Pues los dioses sapientes nos lo traen por deudo.

ANFILOQUIO *(Dirigiéndose a la luna, cuyo disco no alcanza
todavía la ventana.)*

Oh, diosa, he encontrado molde para mi copa.
El purísimo seno que esta doncella arropa
Entre el lino y la vida de su propio perfume,
La castidad del tuyo con su elegancia asume.
En famoso alabastro, conforme a los preceptos
Del arte, con cinceles que no serán ineptos
Si me das de tu agrado la codiciada muestra,
Refrenando mis besos haré una obra maestra;
Y nuestros cuerpos vírgenes, bajo tu signo fausto,
Consumirán su urgente pureza en holocausto.

NAIS *(Tendiendo los brazos a la luna con un gran grito.)*

¡Oh Diana!...

IOLE *(Sollozando.)*

¡Oh dulce Dairos!

AGENOR

¡Oh divino consuelo!
*(La luna aparece por la ventana y su rayo transparen-
ta a través del peplo los senos de* DIARA.)

DAIRA *(Como inspirada.)*

¡La diosa me penetra!

ANFILOQUIO *(Señalando el pecho de* DIARA.)

Diana acepta el modelo.

FIN

EL PIERROT NEGRO

PANTOMIMA

DRAMATIS PERSONAE

Pierrot.
Colombina.
Arlequín.
Polichinela.
Un alquimista.
La Sílfide.
Ondinas.—Ninfas de la tierra.—Pastores y pastoras.

I

A los fondos de una tintorería, en el crepúsculo. Vagas construcciones de arrabal. Barracas, viviendas de tabla, dos o tres árboles raquíticos. Todo ello fundido en la suave tinta violeta de la hora.

En medio[1] del escenario, una ancha abertura que da luz al subsuelo donde están los tachos[2] de la tintorería. Vese el comienzo de una escalera que a ellos conduce, apoyada en el borde de la abertura.

II

Arlequín y Colombina llegan precipitadamente, riéndose de Pierrot, a quien acaban de dejar burlado. Trátase de renovar el traje de Arlequín, avivando la policromía de sus losanges.

Después de una burlesca reminiscencia de Pierrot, que a esa hora llorará furioso el nuevo desvío de Colombina, ésta y Arlequín bajan por la escalera, que retiran previsoramente.

III

Noche casi completa. Pierrot llega titubeando entre la doble confusión del crepúsculo ya turbio[3] y de sus

---

[1] En la primera edición aparece «En mitad».
[2] «Tacho»: vasija, normalmente metálica, de fondo redondeado y más ancha que profunda (es americanismo).
[3] En la primera edición dice «torvo».

ojos nublados por el llanto. Inquiere acá y allá, con desesperación impotente; cuando, de pronto, una carcajada de Colombina le hace volverse con tan súbita prisa hacia la abertura, que pierde pie y se precipita en ella.

IV

Un viejo portón de tablas da paso, poco depués, al tintorero y a Pierrot, completamente negro.

La luna ha asomado por el horizonte, y sus rayos comienzan a iluminar la escena.

Pierrot está desesperado. Se ha caído en un tacho de pintura negra, mientras Colombina y Arlequín huyeron mofándose de su accidente. Su ademán pregunta al tintorero si hay algo que lo destiña.

El tintorero no conoce ninguna substancia; pero reclama el precio de su tinte.

Pierrot le muestra sus bolsillos vacíos, y el otro, irritado, se va, manifestándole que la tinta es indeleble y que será menester desollarlo para quitársela.

V

Polichinela, que buscaba también a Colombina, entra por donde Pierrot vino, dándose con éste de manos a boca.

El desgraciado le pide un consejo. Él es grave y rico en experiencia. Su cráneo y su joroba están llenos de sabiduría.

Polichinela, un tanto ebrio, comienza por reírse de él. Pero, ante su insistencia, le expresa que, no existiendo sobre la tierra decolorante alguno, sólo un viaje a la luna, reino de la blancura, corregirá su defecto.

¡Un viaje a la luna! Pierrot, desesperado, implora al astro, mientras Polichinela se mofa de él a su espalda; hasta que, convencido de su impotencia y de su irreparable destino, el triste amante estalla en lágrimas.

CUADRO SEGUNDO

I

En el laboratorio de un alquimista. Larga y sombría sala. El alquimista, sentado ante su hornalla, atiende la consulta de Pierrot. Una estantería llena de *in-folios*[4] polvorientos, matraces y redomas, ocupa la mitad del muro, al fondo. En la otra mitad hay una ventana cerrada. Del techo y de las paredes cuelgan diversos instrumentos. En un rincón, un gran globo terrestre que lleva adheridos por vástagos giratorios de metal, el sol y la luna. Cerca de la estufa, una mesa llena de pergaminos.

II

Pierrot explica su amor, y exhibiendo al sabio un retrato de Colombina, a quien éste encuentra muy linda, le manifiesta que ella no lo querrá mientras se conserve negro.

El alquimista ensaya sobre él diversos decolorantes, sin éxito alguno.

Pierrot solicita entonces el medio de hacer el viaje a la luna, imperio de la blancura; pero el alquimista

---

[4] *«In-folios»:* infolios, libros o legajos del tamaño de un folio.

expresa que intentará curarlo primero por medio de un nuevo amor.

Negativa de Pierrot. Insistencia del sabio. Por último, aquél accede resignado, sentándose tristemente junto a la mesa.

III

El alquimista toma un libro del estante, y un frasco. Lee una fórmula mágica y arroja el contenido de la vasija a la estufa.

Una larga llama ilumina bruscamente la habitación; el muro del fondo se abre, y en un resplandor verdoso hacen su aparición las ondinas.

Danzan en torno de Pierrot, ofreciéndole los dones acuáticos que las adornan: sartas de corales y de perlas; nácares, madréporas, pececillos de colores, algas extrañas. Pierrot permanece inmóvil y mudo.

IV

El alquimista toma del estante otro grimorio[5] y otro frasco, repitiendo análogo conjuro. El muro se abre con un trueno sordo, y en un resplandor de oro aparecen las ninfas de la tierra.

Danzan en torno de Pierrot, ofreciéndole las galas minerales que las simbolizan. Chorros de metales preciosos y de pedrerías. Pierrot continúa mudo e inmóvil.

---

[5] «Grimorio»: libro de magia inferior usado por magos y alquimistas.

V

El alquimista hace una nueva evocación. Combina diversos líquidos, que arroja sobre el fuego, apagándolo. Da después tres golpes sobre un triángulo de cobre cubierto de signos cabalísticos, y una vaga música que tiene algo de brisa susurrante y de melodía, comienza a llenar el silencio. El muro se abre suavemente, y en un leve resplandor azul aparece la Sílfide.

Ella no ofrece a Pierrot sino su[6] guirnalda de rosas; pero el desgraciado amante la rechaza cuando, desfallecida en el postrer giro de su danza, va a besarlo, y la dulce aparición cae como una flor bruscamente marchita, al paso que la fantasmagoría se desvanece en repentina obscuridad acompañada por un rumor de terremoto.

VI

Pierrot insiste en su viaje a la luna. El alquimista expresa que costará muy caro. Mas aquél, con un gesto de gran señor, acepta todas las condiciones. Necesitará también para el viaje un telescopio y un espejo, que el alquimista le entrega y que él guarda majestuosamente.

Abre el sabio la ventana, y cubriendo después un papel de fórmulas mágicas, manifiesta que hará descender la luna hasta muy cerca. Una escoba que está apoyada contra el muro se animará, sirviendo de caballo al viajero, y éste no tendrá más que arrojarse al espacio.

A medida que lee sus fórmulas, acompañándolas de

---

6 En la tercera edición se ha corregido por «una».

signos trazados en el aire con su varita mágica, la luz lunar empieza a penetrar por la ventana con progresivo esplendor.

VII

Pierrot asiste estupefacto a aquel espectáculo. La escoba va animándose con pequeños sobresaltos. La luz se vuelve deslumbradora; y entonces, el alquimista, mostrando a Pierrot la luna, ya muy próxima, le manifiesta que antes de entregarle el talismán cuya posesión le dará el dominio de su caballo mágico, reclama el precio convenido.

El asombro de Pierrot comienza a expresarse en un vato ademán, cuando, de pronto, suena en la calle la carcajada de Colombina.

Una brusca decisión lo asalta al escuchar la risa cruel. Arrebata la vara al alquimista, y ahorcajándose en la escoba, salta sobre la mesa, y desde ésta precipítase por la ventana al dominio de los aires.

CUADRO TERCERO

I

En la luna. Paisaje absolutamente árido, de rocas sombrías, entre las que resaltan inmensos cristales. Lavas caprichosas yerguen absurdamente sus bruscas coagulaciones. Una luz, triste en su crudeza, ilumina aquella desolación mineral.

Pierrot aparece caminando lentamente a través de las rocas, con su telescopio en la mano. Está siempre negro. El silencio que reina en el astro muerto le preocupa y atemoriza. Por más que golpea con sus pies, nada oye.

Una enorme tristeza lo agobia. De cuando en cuando, dirige a la tierra su telescopio, y un ademán desesperado completa aquella inspección.

Su viaje ha sido inútil. La luna es obscura como la tierra. Hace la comparación levantando del suelo puñados de negro polvo.

Y ya no puede volver. Detrás de un peñasco yace rota la escoba que lo condujo. Sus pedazos, que va a buscar en una postrera tentativa, no sirven definitivamente para nada.

De pronto se estremece. La risa de Colombina acaba de llegar a sus oídos. No; es un sueño, una locura. Mas la risa vuelve a oírse. No; no; es absurdo. ¡Pero si es absurdo! Nada se oye en la luna. Para demostrárselo, ríe con una carcajada muda que acaba en mudo sollozo. Pero la risa de Colombina estalla por tercera vez. Entonces, desesperado, asesta de nuevo su telescopio a la tierra.

Lo que se ve, lo pone furioso. Mira una vez, y otra, y otra. ¡Su caballo está roto! ¡Se romperá la cabeza si salta solo! ¡Pero aquello es tan horrible, tan horrible! Y él no puede dejar de mirarlo.

Por último, arroja telescopio y espejo, y sacando de entre sus ropas la varita, describe un pase rápido, échase a correr, lánzase al infinito...

CUADRO CUARTO

I

Fiesta campestre en un bosque. Día primaveral con bellas arboledas y suaves nubes blancas. Nobles señores y lindas señoras vestidos de pastores, disfrutan del grato paseo, distribuidos en parejas sobre el césped, o discurriendo por entre los árboles. Polichinela toca un organillo. Arlequín y Colombina danzan un paso lánguidamente amoroso, que atrae a los señores poco a poco.

II

De pronto, las copas de los árboles se apartan con gran ruido, óyese un desgajamiento, y Pierrot, enteramente blanco, cae exánime al pie del árbol. Huyen todos, menos Colombina, cuyo primer movimiento fue cogerse del brazo de Arlequín; pero cuyo amor ha resucitado bruscamente ante lo que ella cree al muerte de Pierrot.

III

Al arrojarse sobre él, llorando, nota que su corazón palpita todavía. Corre por agua a la fuente, le hace aire con su delantal, lo reanima a caricias y a besos. Pierrot vuelve en sí, reconoce a Colombina, y todos sus rencores, sus penas, sus desventuras, desparecen para dejar sitio al coloquio de amor que acto continuo se entabla.

IV

Los fugados van volviendo poco a poco; mas, Pierrot y Colombina se hallan tan abstraídos en su amor, que no lo advierten.

Es necesario que Arlequín se acerque, y tocando en el hombro a Colombina, comience a dirigirle reproches.

Colombina le manifiesta que, habiendo huido cobardemente, no lo quiere ya, y que su amor por Pierrot ha renacido al contemplar sus desgracia. Conducta que los presentes aprueban.

V

Pero Polichinela quiere saber cómo ha hecho Pierrot para blanquearse, y Colombina está igualmente ansiosa de ello.

Recuerda Pierrot su viaje a la luna, su desencanto y su celoso arranque.

Al caer, ha pasado por la región de las nubes, cuyas aguas lavaron su negrura, y he aquí todo.

Una de las pastoras pregunta por qué no se blanqueó a la ida.

Pierrot contesta que entonces no había nubes.

Otra manifiesta su incredulidad de que Pierrot haya estado realmente en la luna, y sus compañeros la apoyan.

Entonces, Pierrot, angustiado, recuerda que se metió al bolsillo, cuando vagaba por los campos lunares, un puñado de guijarros. Es todo lo que tiene por prueba.

Cuando los exhibe, todos comprueban, maravillados, que son diamantes bellísimos. Hay allí una fortuna, y semejante dato convence a los más remisos.

Pierrot entrega a Colombina todas las piedras; pero ella, con un mohín altivo, las arroja detrás de sí, y mientras los otros se precipitan sobre el tesoro, busca amorosa los labios de Pierrot.

FIN

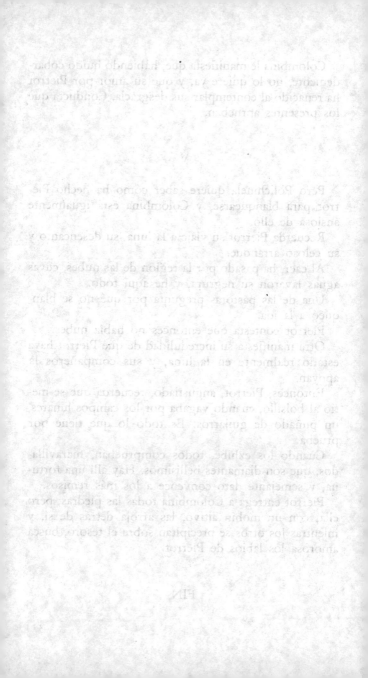

LOS TRES BESOS

CUENTO DE HADAS

DALINDA, 23 años, rubia ⎰
Jacinto, 26 años ⎱ hermanos

JACINTO, 20 años. Amigo de Jacinto y prometido de Dalinda.

DOROTEA, 50 años. Nodriza de Dalinda.

GRACIANA, 16 años, morena. Pastora, sobrina de Dorotea.

El hada DILY ⎰
El duende FROL ⎱ hermanos gemelos

CALISTO, 40 años. Caballerizo de Jacinto.

CUADRO PRIMERO

ESCENA I

Un claro de bosque. Frondas a la izquierda. Rocas escarpadas a la derecha. Mañana de claro sol. DALINDA, JACINTO *y* REINALDO, *acaban de elegir aquel sitio para el almuerzo que terminará su paseo campestre.*

JACINTO

El sitio es alegre y fresco.

REINALDO *(A Dalinda.)*

Una perfecta enramada
Pastoril.

DALINDA

Mucho me agrada
Su carácter pintoresco.
(Voluble.)
Sin duda aquí el aura inquieta
Irá contando a las flores
Loas y cuitas de amores...
(A REINALDO *con una venia.)*

315

Como diría un poeta.
En prosa menos ladina,
Nuestro apetito burgués
Saboreará un entremés
De jamón y de gallina...

REINALDO *(Galante.)*

Cuya autora...

DALINDA *(Riendo.)*

Dorotea
Mi nodriza, lleva en eso
Medio siglo...

JACINTO *(Cortando la conversación con ligera displicencia.)*

Aunque es espeso
El bosquecillo, clarea
Bastante aquí, y tal vez luego
Nos queme un sol imprevisto.
*(Volviéndose hacia la izquierda, y notando un
humo ligero que aparece entre los matorrales.)*
Parece que ya Calisto
Consiguió arreglar su fuego.

REINALDO

Busquemos mejor follaje,
Y así, a Dalinda, la siesta
Le será menos molesta.

DALINDA *(Petulante.)*

¡Bah! Yo soy una salvaje,
Una gitana. ¿No ve
Que lo revela mi facha?

JACINTO *(Protector.)*

No eres más que una muchacha...

REINALDO *(Apasionadamente.)*

...Genial.

DALINDA

     Gracias. No hay de qué.
(Entre irónica y vanidosa.)
¿No admiran el alto brío
Que implica entre mis monadas
(Recogiéndose ligeramente la falda.)
Venir con medias caladas
A desafiar el rocío?
Al sol, como una jamona
¿Temería? ¡Qué vergüenza!
(A REINALDO.)
¿No dice usted que mi trenza
De oro solar me corona?...

JACINTO *(Irónico.)*

La frescura matinal
Te ha vuelto poco concisa.

DALINDA *(Vanidosa.)*

«Gárrula como la brisa»
Me llama otro madrigal.

JACINTO

¿De Reinaldo?

DALINDA *(Distraída.)*

No...

JACINTO *(A* REINALDO *sentenciosamente.)*

¡Pesares

De lo bueno y de lo bello!

DALINDA *(Coqueta.)*

Reinaldo ¿cómo es aquello
Del Cantar de los Cantares,
Que un día ante el facistol[1],
Y tocando su violín
Usted me dijo en latín...

REINALDO *(Tristemente.)*

Pulchra ut luna, electa ut sol[2].

---

[1] «Facistol»: soporte o atril para libros de gran tamaño que se usa normalmente en los coros de las iglesias.

[2] *«Puchra ut luna, electa ut sol»: Hermosa como la luna, excelente como el sol.* Son palabras del *Cantar de los Cantares* (6, 10).

DALINDA

Aún recuerdo su romanza:
(Entonando.)
Tra la la ri la... Y su pena...

REINALDO

Aquel día fue usted buena...

DALINDA *(Picaresca.)*

No hay que perder la esperanza.
Y entretanto, voy a ver
(Encaminándose hacia el humo.)
Si está el almuerzo predicho.

JACINTO

Anda, musa del capricho.

DALINDA *(Juguetona.)*

«¡Oh, Inconstancia, eres mujer!»

exit[3].

---

[3] *«Exit»:* sale, se va (es palabra latina).

ESCENA II

REINALDO, JACINTO

REINALDO

Mi humillación, más grande que mi pena,
Sus sarcasmos inútiles infiere
A ese maldito amor que me encadena.
Ya lo has visto: Dalinda no me quiere...

JACINTO

Aunque a veces absurda y despareja
Te cause mal, su corazón amigo
Late por ti...

REINALDO *(Con triste ironía.)*

...riendo de mi queja.

JACINTO

Pero es tuya, por fin...

REINALDO *(Más irónico.)*

...juega conmigo.

JACINTO

Es con todos así. Congoja o lloro
Los menosprecia al par su alma insumisa;
Pero al reír, su corazón de oro
Salta a su boca amonedado en risa.

Es coqueta. Quien necio la contemple,
Hallará en su altivez ingrato choque.
La ironía es a su alma lo que el temple
A la íntegra excelencia del estoque.

Ebria de adulación, goza mi oprobio
Como la golosina de un banquete;
Y no sé entre su *diavolo*[4] y su novio
Cuál prefiriera al fin... como juguete.

JACINTO

Es prenda de conquista; nunca sierva.
Rendirse, no entregarse, es su destino.
Pero su rubio orgullo te reserva
La generosidad de un noble vino.
Ambicionara en su novela rosa
De doncella, por héroe más apto,
El paladín que a una instantánea esposa
Con dulce iniquidad impone el rapto.
Celebro en su crueldad, en su ironía,
La virtud de mi sangre. Su lozana
Juventud, ya lo ves, es mi poesía...

REINALDO

Sí, buen Jacinto, adoras a tu hermana.
Y es adorable. Bien lo corrobora
Esta debilidad que en mí persiste.
Comprendo su ironía seductora,

---

[4] *«Diavolo»:* diábolo, juguete que consiste en una pieza en forma de dos conos unidos por sus vértices que se hace girar en equilibrio mediante una cuerda unida a los extremos de dos varillas.

Su gracia cruel... Pero el amor es triste.
En el querer se pierde la palabra,
Ebrio de corazón. La dulce amiga
A la cual nuestro amor el pecho labra,
Mejor es que lo llore y no lo diga.
Su palidez acógese a tu imperio
Inmensa de ojos, en caricia muda,
Y tiembla un poco ante el pueril misterio
De sentirte mirar su alma desnuda.
Tan noble plenitud tiene por precio
Lágrimas que no son sino divinas;
Y en tu éxtasis de amor te pones necio
Como la luna, pero te iluminas.
El dolor ennoblece lo que ama
Como la palidez al ojo obscuro.
Todo puede reírlo el epigrama;
Pero en amor, sólo el llorado es puro.
Si no sabes llorar con el encanto
De una tarde cordial en que la esquila[5],
De su cáliz inverso, un suave llanto
En melodiosas lágrimas destila;
Si ignoras los deliquios sobrehumanos
Con que se sufre el magnetismo inerte
De irse infundiendo el alma por las manos
En una intimidad de amor y muerte;
Gozará tu jovial galantería
En un jardín de besos, cuanto existe
De pasión, mas no sabes todavía
Lo que es amor, porque el amor es triste.

JACINTO

Argumentos de artista...

---

[5] «Esquila»: cencerro en forma de campana.

Amarga y dura
Realidad... Pero escúchame y tú mismo
Discernirás la triste conjetura,
O, mejor, realidad en que me abismo:
La otra noche, rendido ante su reja
Como un amante en clásico infortunio,
Dejé irse una vez más mi pena vieja
Al lirismo triunfal del plenilunio.
Ella, de codos en la fiel baranda,
Con signo vago que tomé por rico
Lenguaje, discernía a mi demanda
El *sí* de su pañuelo y su abanico.
Trivialidad divina que era acaso
La inicial confusión de su alma pura,
Idealizada al fin en un fracaso
De vanagloria y de literatura.
Languideció de luna su cabeza;
Suspiró vagamente a lo lejano;
Y al fundirse en la mía su tristeza,
Se le cayó el pañuelo de la mano.
Recogíalo ya con la premura
De estamparle mi beso más ardiente,
Cuando en un sobresalto de amargura,
Noté que estaba liso enteramente.
La angustia del amor se estampa, amigo,
En esa prenda; y defraudó tu anhelo,
La que pudo charlar de amor contigo
Sin haber arrugado su pañuelo.

JACINTO

Nos ponemos solemnes, y no ignoras
Que si Dalinda vuelve en este instante,

Comentarán sus risas más sonoras
Mi faz de rodrigón[6] y tu semblante.
Oculta tu tristeza; te aconsejo
Que en breve decisión le digas todo.
Sé bravo y ágil; mírate en su espejo.
Nadie ha de conquistarla de otro modo.
Y mientras tanto, como el fresco invita
A emprender un paseo aperitivo,
Me marcharé al evento de una ermita
En misión de filósofo pasivo.
No iré lejos; y que te sea grato
El decisivo arranque de tu esfuerzo.

REINALDO

Descuida.

JACINTO

Da tres toques de silbato
Cuando llegue la hora del almuerzo.

exit.

ESCENA III

REINALDO, DALINDA

DALINDA

¿Y Jacinto?

---

[6] «Rodrigón»: antiguamente criado que acompañaba a las señoras.

REINALDO

Acaba ahora
De irse a pasear un momento.

DALINDA

Hay un acontecimiento
En el pic-nic[7]; a deshora
Calisto advierte que el vino
Se quedó olvidado en casa.
¡Véase cómo fracasa
Nuestra dicha ante el destino!

REINALDO

¡Siempre así! Pero aquí debe
De haber, por aquí muy cerca
(Indagando.)
Una vertiente o alberca...
Y el agua también se bebe.
Ya recuerdo con certeza
(Señala las rocas.)
Donde mismo está situada.

DALINDA *(Grave.)*

Pero es el agua embrujada
Que produce la tristeza.

REINALDO

¿Supersticiosa?...

---

[7] «Pic-nic»: merienda campestre (anglicismo).

Un poquito;
Y luego, en casero afán,
He cambiado ya de plan
Ante el suceso fortuito.
A la entrada de la aldea,
Por cierto muy oportunos
En la ocasión, viven unos
Parientes de Dorotea.
Hoy día, no sé a qué cosa,
Han debido irse algo lejos
Casualmente. Son dos viejos
Y una chica muy donosa,
A quien acompaña mi
Nodriza, pues quedó a cargo
De la casa; es menos largo
Irnos a almorzar allí.
El buen Calisto asegura
Que de allá, por un atajo,
Nos llevará sin trabajo
El vino de su aventura.
Se fue ya; su mal papel
Lo ha dejado medio loco.
Anda así... Creo que un poco
Enamorado...

REINALDO *(Dolorido y sarcástico.)*

¡Ay de él!

DALINDA *(Picaresca.)*

¿Señor poeta?... Certero
Es usted como una bala
En el corazón.

REINALDO

¡Qué mala,
(Cogiéndole la mano.)
Qué mala, y cómo la quiero!

DALINDA *(Recitando con malicia, aunque ligeramente
turbada.)*

Mire... que... la «dulce... amiga»,
Tiene... quejas... de su... afecto
También...
(Levantándose con repentina volubilidad.)
Reinaldo: ¡un proyecto!
(Golpeando las manos.)
Diga que sí, diga, diga.

REINALDO *(Desilusionado.)*

Sí... si quiere...

DALINDA

Bueno: yo,
Me escondo y usted me busca...

REINALDO *(Irónico.)*

¿Un *sport*[8] de ninfa etrusca?...

DALINDA *(Haciendo ademán de correr.)*

¡A que no me halla!... ¡A que no!...
Pongamos el aliciente
De alguna apuesta común:

---

[8] *«Sport»:* deporte (anglicismo).

REINALDO *(Decidiéndose.)*

Su pañuelo, contra un...

DALINDA *(Echando a correr.)*

...Soneto, naturalmente.

Exeunt[9].

Pausa.—(Óyese a lo lejos el trunco aire pastoril de una zampoña.)

ESCENA IV

DALINDA *que regresa por la derecha sujetándose de una supuesta carrera para despistar a* REINALDO. *Luego* JACINTO *y* CALISTO.

DALINDA *(Acalorada.)*

¡Qué sed...
(Reparando en la fuente.)
Ah... la fuente.

(Dirígese hacia ella; pero al llegar al borde hace un ligero movimiento de sorpresa y se queda pensativa mirándola, con las manos enclavijadas[10]. *Poco a poco se arrodilla para ver mejor.)*

---

[9] *«Exeunt»: salen, se van,* en latín.
[10] *«Enclavijadas»:* unidas, enlazadas, trabadas.

JACINTO

(Entra lentamente, y reparando en DALINDA arrodillada, hace una mueca de inteligencia consigo mismo; pónese de puntillas y se acerca para cosquillarle la oreja con una paja que trae en la mano; pero al mirar por encima de su hombro, queda extasiado a su vez durante un rato. El aire de la zampoña vuelve a oírse dulce y más lejano.)

CALISTO

(Llega presuroso, trepa las peñas en dos saltos, y dice bruscamente, deteniéndose ante los hermanos):

ESCENA V

Dichos y CALISTO

¡Ya
Está el vino!
(Dalinda arroja un ligero grito.)

JACINTO *(Como despertando colérico.)*

¡Imbécil!

DALINDA *(Azorada.)*

¡Vete!

CALISTO

Pero si yo... En un paquete...

DALINDA y JACINTO

¡Sal de aquí!

CALISTO (*Alejándose a zancadas y con un ademán de desesperación.*)

...¡Un paquete!... Allá...
Un paquete... Un paque...

DALINDA (*Siguiéndole con mirada rencorosa.*)

¡Idiota!

(*exit* CALISTO.)

ESCENA VI

JACINTO, DALINDA

Pausa.—(Óyese el último compás de la zampoña. DALINDA, *cabizbaja, traza figuras en el suelo con su sombrilla. Jacinto se muerde el bigote, distraído. Después poniendo paternalmente una mano sobre la cabeza de* DALINDA).

JACINTO

¿Qué tienes Dalinda?

DALINDA (*Evasiva.*)

Nada...

JACINTO (*Con cierta inquietud.*)

¿Bebiste el agua encantada?

DALINDA

No; no he probado una gota.

JACINTO *(Suspirando con alivio.)*

¡Más vale así!

DALINDA *(Cortando la conversación.)*

Tu admirable
Calisto, siempre en sus trece,
Olvidó el vino...

JACINTO

Merece,
Por cierto, un collar de cable.

DALINDA *(Impaciente.)*

Pero tú, siempre de broma,
Fomentas al haragán...

JACINTO *(Entre burlón y sentimental, haciendo que escucha.)*

Oye con qué tierno afán
Gime por ti esa paloma.

DALINDA

¡Qué cargoso!...

JACINTO

¿Es mala idea?

DALINDA

Viendo que la hora se pasa,
Envié el almuerzo a la casa
Del primo de Dorotea.
Es un poco cuesta arriba,
Bien que más corto.

JACINTO

          Lo acato.
Pero, ¿y tu novio?

(La voz de CALISTO *saliendo de un matorral):*

          Hace un rato
Yo lo encontré que ya iba.

DALINDA

¡Qué rabia Jacinto! ¡Escapa
Después de espiarnos!

JACINTO *(Dirigiéndose airado al sitio de donde salió la voz.)*

          ¡Gandul!

(Óyese entre los matorrales el ruido de la fuga de Calisto.)

DALINDA *(Sentenciosa.)*

¿Ves?

JACINTO

Se trata de un baúl
Que tiene floja la chapa.

DALINDA

Y has de saber que se inclina
Con ridículos amaños,
A un pimpollo de quince años:
A Graciana, la sobrina
De Dorotea. ¿Qué tal?

JACINTO *(Sentencioso.)*

Que debes tratar mejor
Los infortunios de amor
Pues que eres novia...

DALINDA *(Con fastidio e ironía.)*

¡Oficial!

JACINTO *(Aproximándose con disimulo a la fuente.)*

¿Y Reinaldo? ¿Hubo ya heridas?
¿Dudas? ¿Querellas mortales?...

DALINDA *(Siguiéndolo.)*

Lo extravié en los matorrales
Jugando a las escondidas.
(Miran un momento la fuente, pensativos.)

JACINTO

¿Viste algo en la fuente? Una
Leyenda, dice que quien
Bebe en ella, pierde el bien
De la dicha.

DALINDA

Tu oportuna
Llegada de hace un momento,
Me sirvió, quizá, de amparo.
Lo que descubrí es tan raro,
Que ya me parece cuento.
Figúrate que en el fondo
Vi transformarse, indecisa,
Mi cara, con la sonrisa
De un niño extático y blondo.
Luego desaparecí,
Viniéndome a suceder
Aquel adorable ser
Que se formara de mí.
Y en fulminante martirio,
Mezcla de dolor y miedo,
Comprendí que ya no puedo
Querer sino este delirio.
Sin duda es este el horror
De la leyenda paisana...

(Mimosa y entristecida.)

Hermano, tu pobre hermana,
Puede morirse de amor.
Siento una tristeza en mí
¡Tan dulce! Mas ¿quién creyera
Que tal disparate fuera
Verdad; que se amara así?
Mi ilusión será un abismo
De soledad desdichada...

JACINTO

Salvo en lo de ser un hada
El duende, yo vi lo mismo.

DALINDA

¿Un hada?...

JACINTO

Un hada de esquivo
Semblante, cuya belleza
Me dio también la certeza
Del amor definitivo.

DALINDA

¿Pero qué dices, por Dios?

JACINTO

Mi... quimera, mi locura...
Creo, pobre criatura,
Que estamos locos los dos.

DALINDA *(Ansiosa y risueña.)*

Pero, ahora, ¿ves la cara
En la fuente, hermano loco?

JACINTO

No. Y tú, ¿la ves?

DALINDA *(Tristemente.)*

Yo, tampoco...
El agua está yerta y clara.

JACINTO

Yo creo que el amor quiso,
Tal vez en justa sentencia,
Castigar nuestra inclemencia
Con la pena de Narciso...

DALINDA

Oh, no; mi amor es sincero,
No capricho o desvarío;
Lo que yo quiero no es mío
Y he aquí por qué lo quiero.

JACINTO *(Encaminándose hacia el fondo con Dalinda.)*

Ocultemos este mal
Que avergüenza y tiraniza.
Que ignore hasta tu nodriza
Nuestro chasco fraternal.
¡Hadas, duendes!... ¡Bufonadas
De una ilusión irrisoria!

DALINDA *(Dulcemente.)*

Pero ¿acaso toda historia
De amor, no es un cuento de hadas?

TELÓN

CUADRO SEGUNDO

ESCENA I

Junto a la cabaña. Instrumentos de labor esparcidos. Perspectiva rural. Dos árboles frondosos, un poco detrás de la casa. REINALDO *y* GRACIANA, *que vienen llegando por la izquierda, detiénense bajo el que está más inmediato al bosque.*

GRACIANA *(Coqueta y ruborosa.)*

¡Ah, sí!... ¡Muy sincero!... Sí...
¿Y su novia, qué dirá?
(Cuelga del árbol su zampoña.)

REINALDO *(Tierno.)*

¿Cuando me vaya de acá,
Se acordará algo de mí?

GRACIANA *(Evasiva.)*

No sé... quizá...

REINALDO

                    Ya ha de ver
(Intentando cogerle una mano.)
La crueldad con que me hiere.
Quiérame un poquito, ¿quiere?

GRACIANA

¿Por qué lo he de aborrecer?...

Pausa.—(REINALDO *mira vagamente los árboles, suspiran-*
do. GRACIANA, *más cohibida cada vez, roe lentamente un*
pétalo.)

REINALDO *(Cogiendo un dedo de* GRACIANA.)

¿Y esta sortija? *(Malicioso.)* Seguro
Que...

GRACIANA *(Más confusa.)*

¿Qué señor?

REINALDO

Si lo sé:
Se la dio un buen mozo, ¿eh?...

GRACIANA *(Vivamente y alzando los ojos con ingenuidad.)*

Oh, no, señor; se lo juro.
(Pausa.)

REINALDO *(Amoroso.)*

¿Cierto, no me va a olvidar?
Yo la adoro locamente.

GRACIANA *(Cubriéndose el rostro con el delantal y estallando*
en lágrimas.)

Señor, mi madre está ausente...
¿Por qué me quiere engañar?

338

CALISTO, *que llega en ese instante, advierte la escena y se escurre, disimulándose con astuto rencor, hasta quedar oculto al lado opuesto de la casa.)*

ESCENA II

Dichos y CALISTO

REINALDO *(Solícito.)*

Perdone si fue un desliz;
Yo quiero que se recobre.

GRACIANA *(Sollozando.)*

Es claro, soy una pobre...
Tengo que ser infeliz.

REINALDO *(Enternecido y suplicante.)*

No llore... Me voy... Quizá
Por última vez me mira.

GRACIANA *(Descubriéndose un poco el rostro para mirar a* REINALDO.)*

Sí; como todo es mentira,
Ya no quiere verme más.

REINALDO *(Apasionado.)*

Yo la adoraré, Graciana,
Por mi único ángel desde hoy.

CALISTO *(Poniéndose de un salto frente a la puerta de la cabaña y gritando con voz furiosa.)*

¡Doña Dorotea!...

ESCENA III

Dichos y DOROTEA *que aparece, calada la cofia, con los brazos desnudos y llenos de harina.*

DOROTEA

¡Voy!
(Detiénese un instante, y luego avanza hacia REINALDO *y* GRACIANA *con aire desconfiado.* CALISTO, *maligno, síguela a cierta distancia.)*

REINALDO *(Avanza hacia la nodriza con afectada serenidad.)*

Dorotea, esta mañana
Buscaba yo la vivienda
Con la más torpe rutina,
cuando encontré a su sobrina
Que me condujo a la senda.
Sin su ayuda, con certeza
Doy la pifia más bisoña[11].
(Por GRACIANA.)
Toca muy bien la zampoña...
(Disimulando su llanto reciente.)

---

[11] «La pifia más bisoña»: el golpe equivocado o el error más propio de un novato.

GRACIANA

¡Ay, qué dolor de cabeza!

DOROTEA

¡Se conoce! El tal encuentro
(Entre maliciosa y compasiva.)
Te preocupó en demasía
Y el sol te ardió.

REINALDO

Eso decía
Yo...

GRACIANA

¡Qué dolor!

DOROTEA

Vete adentro
A dormir.

ESCENA IV

Dichos, menos GRACIANA

(A REINALDO.)
Una loción
De vinagre bastará,
Si usted... Ya me entiende... ya...
Sería una mala acción.

¡Dorotea!

DOROTEA

Es una chica
Rural, y en usted, señor,
¿Verdad que un honrado amor
De esta suerte no se explica?
No se enfade si por ella
Tengo que salirle al paso.
Pues su novia ¿no es, acaso,
Mucho más fina y más bella?

CALISTO *(Husmeando.)*

Huele a pringue[12].

DOROTEA

¡Mi cebolla
Que se quema!
(Entra corriendo en la cabaña.)

---

[12] «Pringue»: grasa, tocino.

CALISTO y REINALDO

CALISTO *(A Dorotea consorna.)*

¡Mil afectos
A esa jaqueca!
(A REINALDO; insolente.)
                    ¿Proyectos
Con las mujeres?... ¡Bambolla![13]

REINALDO

Eh, gran Calisto, un consejo:
Guarda tu solicitud
Si con perfecta salud
Deseas llegar a viejo.

CALISTO

Yo sé también mi arrumaco
Para que la señorita
No se entere de la cita...

REINALDO *(Avanzando colérico.)*

¡Cómo, insolente bellaco!

---

[13] «Bambolla»: exceso de apariencia, presunción.

Jacinto Y Dalinda, *cogidos de la mano, aparecen por la derecha con aspecto triste, avanzando hacia* Reinaldo. Calisto, *al verlos, se mete a grandes pasos en el bosque, sin decir una palabra.*

DALINDA

¡Otra escena del truhán!
Al fin va a darme un ataque.

JACINTO

Sí, se ha vuelto un badulaque.

REINALDO

¡Pero qué mustios están!

DALINDA

¡La fatiga!...
(Sentándose con lentitud en un raigón.) [13]

JACINTO

                    La maraña,
La siesta que se avecina...

REINALDO

Dorotea y la sobrina
Están ahí, en la cabaña.

---

[14] «Raigón»: raíz, tronco de árbol cortado cerca del suelo.

DALINDA

Encuéntrase junto a mí
La zampoña de la bella;
(A Jacinto.)
Y debe de ser aquella
Que oímos...

JACINTO *(Cogiendo del brazo a REINALDO.)*

            Ven por aquí
Reinaldo.

REINALDO

¿A qué?

JACINTO

            La nodriza
Cuando vengo aquí, me inmola
Por primicia, la escarola
Más fresca de su hortaliza.
Y para mayor contento,
La he de cortar con mis manos.

DALINDA *(Viéndolos alejarse.)*

¡Maravilla de hortelanos
Con tal plan!

ESCENA VII

DALINDA Y CALISTO *que llega de puntillas, causando un
ligero sobresalto a la joven.*

CALISTO

Oiga un momento
Niña...

DALINDA

¡Quítate!

CALISTO

¿Qué gana
Con no oír?

DALINDA

¡Quita te digo!

CALISTO

Es que yo he sido testigo
De una cita entre Graciana
Y...

DALINDA

¿Reinaldo?

CALISTO *(Vivamente.)*

¡Eso, eso es!
¡Un enredo, un deshonor!

DALINDA

Sí, sí, una escena de amor
Que te hacía rabiar.

CALISTO *(Mohíno.)*

Pues...

DALINDA

Él le dio un beso; ella...

CALISTO

No;
Era algo grave: él muy ducho
Hablaba. Ella lloró mucho...

DALINDA

¡Pobres chicos!

CALISTO *(Asombrado.)*

¿Pobres?...

DALINDA *(Fríamente severa.)*

Yo
Tengo la seguridad
De que en su torpe relato,
Usted, señor don Pazguato,
Me miente con la verdad.

CALISTO *(Atontado.)*

¿Pero, y sus lágrimas? Toda
Chica que llora, confiesa
Alguna falta.

DALINDA

     ¿Y con esa
Moral, vas tirando a boda?
¿Esas son las gallardías
De tu amante corazón?
(Imperiosa.)
Llama a Graciana.

CALISTO *(Echando a correr hacia la cabaña.)*

¡Perdón!

ESCENA VIII

DALINDA *y* GRACIANA: *después* CALISTO.

GRACIANA *(Cortada.)*

Señorita, buenos días.

DALINDA

Buen día Graciana. ¿Tienes
Algo? ¡Te noto cambiada!

GRACIANA

Tuve ahora una puntada
Que me partía las sienes;
Pero ya estoy bien.

DALINDA

                        Los viejos
Siguen muy sanos los dos,
Ya lo sé.

                GRACIANA

                    Gracias a Dios.
¡Son tan buenos!

                DALINDA

                        Sus consejos
Te harán siempre falta, aunque eres
Una muchacha juiciosa.
(Mirando en torno.)
La granja está muy hermosa;
Veo que hay plantas y enseres
Nuevos; ya usan la calcárea[15]
Para abonar; muy bien hecho.
¿Y han aumentado el barbecho?

                GRACIANA

Sí señorita: una hectárea.

                DALINDA

¿Qué tal las cabras? ¿Verdad
que son divertidas?

                GRACIANA

                        Sí
Señorita, pero a mí
Me aburre la soledad.

---

[15] «Calcárea»: en este caso sales de calcio que se usan como abono.

DALINDA *(Señalando la zampoña.)*

¿Y tu compañera?...

GRACIANA

Grita

Muy mal.

DALINDA

No, no; es excelente.
Ahora desde la fuente
La oímos.

GRACIANA *(Confusa.)*

Sí, señorita.

(Pausa.)

DALINDA

Al eco de la tonada
Reinaldo te encontraría.

GRACIANA *(Más confusa.)*

Sí, sin duda... así sería...

DALINDA *(Picaresca.)*

¿Y qué te dijo?

GRACIANA *(Más confusa.)*

A mí, nada.

¿Si tendré en ti una rival,
Graciana?... Si entre la dos,
Él...

GRACIANA *(Afligida.)*

¡Señorita, por Dios!
¿Yo pretenderme su igual?
(Afectada.)
No; tendría menos seso
Que una mosca, si faltase
A una niña de su clase...

DALINDA

¿Graciana, quién te enseñó eso?

GRACIANA

Nadie...

DALINDA

¡Hum! Es muy ladino
Para ser tuyo, el traspié.
Dime la verdad, ¿quién fue?

(GRACIANA se muerde un dedo, muy turbada.)

GRACIANA

Calisto...

DALINDA *(Vivamente.)*

¡Ah, siempre el cretino!
Pero no quedes inquieta.
Yo te hago un trato preciso:
Te doy novio y compromiso
A cambio de una historieta.

GRACIANA *(Azorada.)*

¡Su novio!

DALINDA *(Concluyente.)*

Sí; ¿no es el pago
Mejor? Pues no haya contienda.
Quiero saber la leyenda
De la fuente.

GRACIANA *(Quedándose sumida en dolorosa reflexión.)*

¡Oh, Dios, qué hago!

DALINDA

Bien sé que cada pastor
La oculta como un peligro.
Pero, la dices, o emigro
Para siempre con tu amor.
Aunque con muchos amaños
Todos la callan prolijos,
La hacen saber de sus hijos
Desde que cumplen quince años.
Es la causa, no la intriga
Lo que ignoro, como ves.
Vamos, chica: una, dos, tres...

GRACIANA

Le hará mal que se lo diga.

DALINDA

No esperes verme más blanda
Ni agradecida al favor.
O la leyenda o tu amor.
¡Decide!

GRACIANA *(Resignada.)*

Si usted lo manda...
(Pausa.)

DALINDA *(Íntima.)*

Diz[16] que fue siglos atrás,
Concertada, aunque es secreta,
Por una antiguo poeta...

GRACIANA

Sí, pues...

DALINDA

No demores más.

---

16 «Diz»: apócope de «dice» o «se dice», muy frecuente en Hispanoamérica.

GRACIANA

Cuando la tierra estaba más próxima a los cielos,
Bajaron de la luna dos ángeles gemelos.
Incorpóreos, podían con gracias misteriosas,
Trocarse en atributos amables de las cosas.
Por infantil donaire, su mayor gozo era
Volverse hilo en los husos, frescura en la pradera,
Fuga en los manantiales, eco en los valles hondos,
Nobleza en la azucena, rizo en los niños blondos,
Suavidad en la pluma, confianza en la partida,
Y suspiro en los labios de la virgen unida.
Mas los hombres llegaron a abusar de tal modo
De aquel candor celeste, que instruidos por todo
Lo humano, los gemelos encontráronse un día
Roídos de pasiones y de filosofía;
Y como el ser angélico de la ilusión depende,
Transformárose de ángeles en un hada y un duende.
Su bondad defraudada se volvió maleficio.
Cada amable atributo degeneró en suplicio:
Y fue[17] horror en los cuartos obscuros; aspereza
En el haz de la sábana adoptiva; torpeza
En el eje del carro; cizaña[18] en la labranza;
Cólera en las esposas; demayo en la esperanza;
En el espejo impávido, fealdad; y en la tosca
Nariz del viejo, centro fatal para la mosca.
Yendo así, comprendieron pronto que no hay castigo
Humano, como el dardo del amor enemigo;
Y haciendo su morada de la fuente más pura,
Abrieron el período de una eterna tortura.

---

[17] «Y fue»: en la primera edición dice «Siendo».
[18] «Cizaña»: en la primera edición dice «masiega».

La clave del misterio que enuncia la leyenda,
Tiene muchos dolores y lágrimas por prenda.
La fuente está ofreciendo su caudal cristalino,
Sin agotarse nunca; mas, si algún peregrino
Se aproxima, en el fondo, cuando ya va a beber,
Mira un hada si es hombre y un duende si es mujer.
El amor, desde entonces, en su vida se aduna
A la mortal tristeza, pues no se ve más que una
Vez, los dulces semblantes en fugaz tentación:
Y después los amantes mueren del corazón.
A veces es más triste su suerte insatisfecha,
Pues en peores trances la muerte los acecha.
La maligna pareja les anuncia muy luego
Su presencia en el aire, con algún fútil juego
O suspiro, o quejumbre que el amor exaspera;
Pues han determinado por condición artera,
Que han de amar solamente y en corpóreo embeleso,
Al amante que pueda fijarlos con un beso.
Pero, a más de invisibles, son de tan indecisa
Astucia, que los lleva la más ligera brisa,
Y allá van los amantes rompiéndose los cascos
En vanas correrías por breñas y peñascos.
La fuente es intangible; siempre que alguno intenta
Obstruirla o desviarla de la gente sedienta,
Los burlones espíritus lo toman por vehículo
Expiatorio, colmándolo de fiasco y de ridículo,
Que sólo ha de quitarle, para que así su estrella
Sea más ardua, el beso de amor de una doncella.
Quien escuche esta historia, téngase por perdido
Si en la noche en que cumple los quince años no
  ha sido.
Pues sea anciano o joven, timorato o valiente,
Tarde o temprano acaba por beber en la fuente.
Húyela, pasajero, que el imposible habita
En las pérfidas aguas de la fuente maldita.

Allá, como al mandato de inexorable ley,
Ha perdido la vida más de un hijo de rey.
Allá hubo una princesa que con tristes folías[19],
Por un hilo de lágrimas dejó correr sus días,
Anulado en la pena su cuerpecillo seco,
Como el copo de lana que uno arrolla en el hueco
De la mano. Allá hubo cierto audaz paladín
Que en pos del beso aéreo se perdió en el confín,
Y a quien miraron luego, que fuera ya del mundo,
Ascendió[20] a inmenso trote por el cielo profundo,
Surcando con su estribo, sobre abismantes huellas,
El orbe de las Pléyades[21] como un trigal de estrellas.
Húyela, pasajero, que el imposible habita
En las pérfidas aguas de la fuente maldita.
Húyela, húyela; de esto depende tu fortuna.
Ella implica un dilema con la muerte o la luna.

DALINDA

¡Qué misterioso final!

GRACIANA

Señorita, ya lamento
Mi obediencia.

---

19 «Folías»: canciones.
20 «Ascendió»: en la primera edición, «se perdió».
21 «Pléyades»: las siete hijas de Atlas y Pleyorea a las que Zeus convirtió
para salvarlas en las estrellas que forman la constelación del mismo
nombre.

DALINDA

No; tu cuento
Me causa más bien que mal.
Hoy, con su habitual falacia,
La fuente me atrajo y vi
Lo que tú sabes, allí...

GRACIANA

¡Ah, Dios mío, qué desgracia!

DALINDA *(Resuelta.)*

No tanto, si se procura
Domar la suerte funesta;
Pues sabrás que estoy dispuesta
A continuar la aventura.

GRACIANA *(Suplicante.)*

¡Señorita!...

DALINDA

Oye y respeta
Lo que discurro en mi afán,
Para ayudarme en el plan
Con que alcanzaré la meta.
En combinación precisa,
Captaré ese amor pirata.
Creo que hay cierta sonata
Para adormecer la brisa...

GRACIANA

Sí, señorita.

DALINDA

¿La tocas?

GRACIANA

Sí, señorita.

DALINDA

Excelente.
Ahora, junto a la fuente,
Con la flauta te colocas,
Y aquietas el aire; en tanto
Yo evoco al duende travieso,
A ver si atrapo su beso
En la calma de tu encanto.

GRACIANA

¡Ah, qué desgracia! ¿Por qué
Le entró al alma esa ponzoña?

DALINDA *(Con vivo interés y señalando la flauta.)*

Algo suena en la zampoña.
Chist...

LA ZAMPOÑA

DALINDA *(Repitiendo las notas.)*

Sol, fa, re...

GRACIANA *(Asombrada.)*

¡El espíritu!

DALINDA

¿Será
Posible?
(Al ser imaginario):
¡Oh, amado ser!
Si es que acoges con placer
Mi amor, hazme un signo.

LA ZAMPOÑA

CALISTO *(Aparece en la puerta de la choza golpeando las manos.)*

¡El almuerzo!

DALINDA *(Indignada.)*

¡Quita, fuera!
(CALISTO se precipita en la cabaña.)
¡Ah, ya todo lo estorbó!
¡Lo aborrezco!

GRACIANA

¡También yo
Le tengo un odio!...

DALINDA

¿En qué hoguera
Extirpamos tan mal bicho?

GRACIANA *(Vivamente.)*

Señorita, una ocurrencia:
Confíele la sentencia
Al duende de su capricho.

DALINDA

Tienes razón, lo haré así.
(Al ser imaginario.)
Óyeme, espíritu amigo:
¿Aplicarás un castigo
A ese importuno?

LA ZAMPOÑA

DALINDA *y* GRACIANA *(Palmoteando.)*

¡Sí!

ESCENA IX

Dichos, REINALDO y JACINTO, *que vuelven cargados de ensaladas y flores. Después* DOROTEA.

JACINTO *(A* DALINDA.*)*

Ya ves qué bien nos ha ido.

DALINDA *(Por la cosecha.)*

¡Qué encanto!

CALISTO *(Corriendo a desembarazar a* JACINTO.*)*

Deme, señor.

REINALDO *(Presentando un poco furtivamente una margarita a* GRACIANA.*)*

¿Le interesaba esta flor?...

DOROTEA *(Apareciendo en la puerta.)*

El almuerzo está servido.

TELÓN

CUADRO TERCERO

En la fuente. Siesta. La fuente entre rocas. A la derecha una madreselva. Al fondo y a la izquierda, parte de la decoración del primer acto.

ESCENA I

CALISTO *y* GRACIANA *entran por derecha e izquierda sin verse, hasta que se encuentran junto a la fuente.*

GRACIANA

¡Ay!

CALISTO *(Remedándola con una mueca.)*

¡Ay! Parece que has visto
Alguna fiera. ¿Por quién
Me tomas? ¡Con qué desdén
Me tratas!

GRACIANA

¡Señor Calisto!

CALISTO *(Grosero.)*

¿Te he causado alguna ofensa
En quererte por mujer?

GRACIANA *(Fríamente.)*

No; mil gracias.

CALISTO

A mi ver
Tu vanidad es inmensa.
Aquí para entre los dos,
Tú odias a la señorita,
Tú te crees más bonita...

GRACIANA *(Volviéndose fastidiada.)*

Bueno, don Calisto, adiós.

CALISTO

No, no; no te irás así
(Cerrándole el paso.)
Sin sacarme de una duda
(Intentando cogerle la barbilla.)
Qué quizá hiciera... ¡zancuda![22]
Que te perdonase...

GRACIANA *(Indignada y sorprendida.)*

¿A mí?
¿Perdonarme?... ¿Usted?...

CALISTO *(Riendo.)*

¡Valiente
Rabieta!
(Inhábil.)
Vamos al grano:
¿Sabes qué vio con su hermano
La señorita en la fuente?

GRACIANA *(Secamente.)*

No. Déjeme.

CALISTO *(Desconcertado.)*

¡Se amoscó![23]
¿Pero, suele suceder
Algo malo al que va a ver?...

---

[22] «Zancuda»: mosquito, que revolotea y no se deja capturar.
[23] «Se amoscó»: se enfadó.

GRACIANA *(Intentando marcharse.)*

¡Yo qué sé! Creo que no.

CALISTO *(Agresivo.)*

¡Pues iré allá!

GRACIANA *(Burlona.)*

¡Buen viaje!

(Corre a ocultarse detrás de un árbol para ver lo que va a pasar.)

ESCENA II

Dichos, DALINDA *y* DOROTEA

CALISTO *avanza hacia la fuente con paso resuelto. Mira con alguna desconfianza, primero, sin percibir nada. Después se tiende de bruces y mete la cabeza en la cuenca, como quien va a beber. Dos manos imprevistas lo asen por las orejas, hundiéndole la cabeza en el agua. Óyese un chapuzón. El hombre se debate entre un rumor de aguas revueltas, conservando fuera nada más que las piernas; y cuando, por fin, lo dejan, sale todo empapado, con la cabeza y las mejillas adornadas por una cresta de gallo que el duende hizo brotar allí.*

CALISTO

¡Oh, oh!
(Pellizcándose el apéndice con un respingo.)
Me duele...

GRACIANA *(Apareciendo y lanzando una carcajada.)*

¡Qué horror!

CALISTO

¿Qué tengo? ¡Di, por favor!

DALINDA *(Seguida por* DOROTEA.*)*

¡Ay qué grotesco salvaje!

DOROTEA

¡Una cresta!

CALISTO

¡No; mentira!

GRACIANA

Sí, don Calisto, una cresta.

(CALISTO *mira azorado a* DALINDA.)

DALINDA

Sí, sí.

CALISTO

¡Por Dios! ¿quién me presta
Un espejo?

DALINDA *(Sacando uno de su bolsa.)*

Toma, mira.
(CALISTO se mira, y devolviendo el espejo permanece anonadado, con el rostro descompuesto por una mueca.)

DOROTEA *(A DALINDA.)*

¡Pero qué horrible accidente!
En esto anda Satanás.
Vámonos.

DALINDA

No finjas más.
Son los duendes de la fuente.

DOROTEA

¿Qué?...

DALINDA *(Con intrépida naturalidad.)*

Sí: la magia funesta.

DOROTEA *(A GRACIANA, desesperadamente.)*

¿Qué has hecho, niña liviana?

DALINDA

No, no es culpa de Graciana.
Cállate.
(DOROTEA hace un movimiento de contrariedad.)
¡Chist!

CALISTO *(Consternado.)*

¡Una cresta!

DOROTEA *(Insistiendo.)*

Será así, pero no hallo
Por medio de qué manejo...

DALINDA

Lo leí en un libro viejo.
¿Ves?

CALISTO *(Gimiendo.)*

¡Una cresta de gallo!

DOROTEA *(Compasiva.)*

¡Bah! Ya saldrás del aprieto.

DALINDA *(Señalando con interés burlón la boca de* CALISTO
a GRACIANA.)

Ve bien, pues yo no me explico:
Hay aquí algo... como un pico...

CALISTO *(Horrorizado.)*

¡Un pico!

GRACIANA

¡El gallo completo!

CALISTO *(Tartamudeando.)*

¿Có... có... cómo dices?

GRACIANA

¿Ve?
(Remedando el gallo.)
Co-co-co. Y lo hace con arte.

DALINDA *(A* CALISTO.*)*

Ya empiezas a transformarte.
Todo lo puede la fe.

GRACIANA *(Tocándole la cresta.)*

Y es linda.

DOROTEA

¡Tengan piedad!

DALINDA

La tendremos si se enmienda.

CALISTO *(A* DOROTEA.*)*

¿Usted sabe la leyenda
De la fuente, no es verdad?

DOROTEA *(Evasiva.)*

Algo.. sí...

DALINDA

Calma esa cuita;
Satisfarás tu deseo.

DOROTEA

¡Maldita fuente!

CALISTO

Ya veo
Que es una fuente maldita.
¿Y el que por su mala estrella
La turba, diga, por Dios,
Cómo se libra de los
Espíritus que hay en ella?

GRACIANA

. . . .
Los burlones espíritus lo toman por vehículo
Expiatorio, colmándolo de fiasco y de ridículo;
Que sólo ha de quitarle, para que así su estrella
Sea más ardua, *el beso de amor de una doncella*.

CALISTO *(Desolado.)*

¡Un beso de amor!... ¿Un beso
De amor, a mí, en este estado?

DALINDA

No eras más afortunado,
Sin duda, antes del suceso.

GRACIANA *(Maligna.)*

¡Y es tan fecundo el amor!...

DOROTEA

Niña, ¡qué maldad, qué instinto!

CALISTO *(A DOROTEA.)*

Si pidiera a don Jacinto
Un consejo...

DALINDA

Es lo mejor.

GRACIANA

Él lo tendrá más en cuenta.

CALISTO

Allá corro como un galgo.
(A DOROTEA, tocándose la cresta.)
Diga, ¿no disminuye... algo?...

DOROTEA *(Compasiva.)*

Sí...

GRACIANA *(Pronta.)*

No...

DALINDA *(Vivamente.)*

No; más bien aumenta.

(CALISTO echa a correr desesperado, mientras las jóvenes ríen a carcajadas.)

ESCENA III

DALINDA *(A GRACIANA.)*

El castigo justo.

GRACIANA

Sí;
Merecido, señorita.

DOROTEA

¡Qué crueldad!

DALINDA *(Mimosa.)*

¡Ah, mi viejita!
Déjanos solas aquí.

DOROTEA *(Inquieta.)*

¿Por qué? Toda precaución
Es poca en este arriesgado
Paraje.

DALINDA *(Exigente.)*

Pierde cuidado.
Confía en mi discreción.

DOROTEA *(A* GRACIANA, *con severa advertencia.)*

¡Graciana!...

DALINDA *(Incomodada, a* DOROTEA.)

¡Ten la bondad
De dejarnos!...

DOROTEA *(Retirándose lentamente y advirtiendo desde el
fondo de la escena.)*

¡Mucho juicio!

exit.

ESCENA IV

DALINDA

Al fin terminó el suplicio.
¡Qué difícil soledad!
 (A GRACIANA.)
No perdamos tiempo; el sol
Comienza a bajar de prisa.
Procura dormir la brisa
Con tu más hábil bemol.

*(*GRACIANA *se sienta en una piedra y preludia vagamente.
Pausa. Óyese en diferentes puntos de la enredadera el
chasquido de varios besos.)*

DALINDA *(Exaltada.)*

¿Oyes? ¡Cómo me palpita
El corazón de certeza!
(Suena otro beso en la madreselva.)

GRACIANA

Otro beso.

DALINDA *(Palpitante.)*

    Empieza, empieza
Cuanto antes.

GRACIANA

    Sí, señorita.

(Al compás de la zampoña, DALINDA corre a lo largo de la enredadera, procurando asir con sus labios la boca invisible. Después de un momento de inútiles esfuerzos, detiénese jadeante y descorazonada, diciendo):

DALINDA

¡Si será la insensatez
De una imposible pasión!

GRACIANA *(Sombría y pensativa.)*

Es la vieja maldición
Que mata.
(Suena otro beso en la enredadera.)

DALINDA *(Decidida.)*

Toda otra vez.

(El aire comienza más suave; DALINDA va y vuelve a lo largo de la madreselva, persiguiendo el beso, hasta que, de pronto, éste estalla más sonoro; la enredadera se abre sobre un fondo de helechos, y prendido por sus labios de la boca de DALINDA, el duende aparece con paso menudo y flotando, como si aún pugnaran por alzarlo del suelo las alitas doradas que tiemblan a su espalda. GRACIANA se alza, dejando caer la zampoña en el colmo del asombro. El duende, después de haber recorrido la escena con dos o tres giros caprichosos, como entre andando y volando, vuelve amoroso y pueril hacia DALINDA que lo contempla en éxtasis, y cogiéndole las manos, le da un beso en la boca.)

ESCENA V

GRACIANA *(Encantada.)*

¡Es el ángel! Ni un vestigio
Lleva del duende funesto.
¡Qué prodigio!

DALINDA *(Delirante de alegría.)*

Vamos presto
A que vean el prodigio.

exeunt.

374

REINALDO *y* CALISTO

REINALDO *(Por* JACINTO.)

¿Dónde estará? No lo sé;
Y él, ¿conoce ya tus penas?

CALISTO

Sí; me vio, sonrió apenas,
Me oyó callado y se fue.

REINALDO

También él anda embebido
Con la leyenda siniestra.
(Señalándole la cresta.)
¿Pero, y esa obra maestra,
Dime, al fin, cómo ha venido?

CALISTO *(Cubriéndose la cara con las manos.)*

¡Ah, don Reinaldo!

ESCENA VII

JACINTO *(Apareciendo por la derecha.)*

¿Qué pasa?

REINALDO

El gran Calisto protesta
Del destino.

JACINTO

   Están de fiesta
(Sentándose en una piedra.)
Las mujeres en la casa.
Pues, aunque parezca absurdo,
Salió verdad la conseja
Que ha enredado en su madeja
Tanto lírico palurdo.

REINALDO

¡Cómo! ¿Verdad?

JACINTO

   Y evidente.
Hace un rato, aquí, mi hermana
Ha sacado, con Graciana,
Vivo al numen de la fuente.

REINALDO *(Con displicente incredulidad.)*

¡Hombre, inventa algo mejor!

JACINTO

No; no; prodigio redondo:
Es un duendecillo blondo...

CALISTO *(Que se ha aproximado para oír.)*

¡Cómo! ¡Si es hembra, señor!

JACINTO *(Tristemente.)*

¡Tal creí yo!...

REINALDO *(Con vivo interés.)*

Aunque palpito[24]
Broma pesada, allá corro.

CALISTO

Y yo a implorar su socorro
(Se toca la cresta.)
Contra este... *órgano* maldito.

REINALDO

¡Pero qué raras escenas!

JACINTO

¡Ah!... Graciana preguntó
Por ti...

REINALDO *(Un tanto cohibido.)*

Gracias. ¿Vienes?...

---

[24] «Palpito»: presiento (parece americanismo).

JACINTO

No,
(Con intención levemente irónica.)
Me quedo aquí a ahogar mis penas.

(Exeunt REINALDO *y* CALISTO.)

ESCENA VIII

JACINTO

¡Uff!

(Con evidente satisfacción de hallarse solo, y paseando una mirada distraída por los ramajes.)
(Pausa.)
(Levántase luego, da dos o tres pasos, puliéndose[25] *las uñas. Guarda luego cuidadosamente el cortaplumas. Llega tarareando, como distraído, al borde de la fuente. La contempla un momento. Luego, con decisión):*
Es realmente insufrible
(Palpándose el corazón.)
Este dolorcillo aquí.
(Inclínase sobre el borde de la fuente, precipitándose dentro.)

ESCENA IX

DOROTEA *(Desde el fondo de la escena a la cual llega jadeante.)*

¡Ya me parecía a mí!
¡Qué desgracia tan terrible!
(Mientras cae el telón, llega a tiempo para asir a JACINTO *de una pierna.)*

---

[25] *«Puliéndose»:* en la primera edición, «mondándose».

CUADRO CUARTO

En casa de GRACIANA. *Una mesa rústica, dispuesta parale-*
lamente al hueco del fondo en el cual hay un postigo cerrado.
En la cabecera de la derecha, DALINDA *y el duende, sentados,*
en muda contemplación de amor. Apartados a la izquierda,
en coloquio íntimo, GRACIANA *y* REINALDO. *Puerta única, a*
la derecha. La luz irá bajando paulatinamente.

CALISTO *(Entra cariacontecido, con una cesta de frutas que*
coloca sobre la mesa. Luego, dirigiéndose al duende,
suplicante.)

Todo buen genio...

DALINDA *(Fastidiada.)*

¡Otra vez!

CALISTO *(Suplicante.)*

Señorita, por favor
Compadezca mi dolor.

DALINDA

Bien, habla; ¡qué pesadez!

CALISTO *(Al duende.)*

Yo a este lindo genio le hablo
En busca de mi perdón
Que su tierno corazón
No negará a un pobre diablo.
(A DALINDA.*)*
Y a su intercesión acudo
Señorita, ¡sea buena!

DALINDA

Sí, me apiado de tu pena;
Pero el lindo genio es mudo.

(GRACIANA *y* REINALDO *se aproximan lentamente.)*

CALISTO

¡Mudo!

DALINDA

Así es que tu homenaje
No obtendrá contestación.
Su reciente encarnación
Aún carece de lenguaje.

CALISTO

Tal vez será que lo finge
(A REINALDO.*)*
¿Verdad, señor?...

REINALDO

       Aunque todo
Entiende, no halla acomodo
La palabra en su laringe.

DALINDA

No es para seres divinos
Ese grosero aparato.

CALISTO

Pero creo que en un rato
Sabrán ponerse ladinos.

GRACIANA *(Maligna.)*

No sé por qué creo yo
Que el genio es poco benigno.

CALISTO *(Suplicante.)*

¡Oh, buen genio, hágame un signo!

(El duende hace que no con la cabeza.)

DALINDA

¿Has visto?

REINALDO *(Risueño.)*

       Dice que no.

CALISTO *(Desesperado.)*

¡No me queda más que el beso
De la doncella!

(El duende hace que sí con la cabeza.)

GRACIANA

¡Sin duda!

CALISTO

¿Pero, es posible que acuda
A nadie, con este exceso?...
(A GRACIANA, *tendiéndole los labios.)*
¡Sé buena un instante! ¡Cuesta
Tan poco abolir mi mal!
¡Deja!

GRACIANA *(Negándose indignada.)*

¡Vean al jastial![25]

REINALDO *(Rechazándolo fastidiado.)*

¡Vete al diablo con tu cresta!

CALISTO *(Desolado.)*

¡Dios mío, y a quién consagro
Mis ridículos dolores!

---

[26] «Jastial»: hastial, hombre grosero y basto.

ESCENA II

Entra DOROTEA *presurosa y palmoteando.*

DOROTEA

¡Triunfo del amor, señores!
¡Ya está completo el milagro!

(Todos se agrupan en torno suyo, mientras ella señala la puerta.)

ESCENA III

Entran JACINTO *y el hada que corre a abrazarse con el duende.* DALINDA *hace lo propio con su hermano.* DOROTEA *habla en voz baja con* CALISTO, *intentando consolarlo.*

DALINDA

¡Ay, hermano, qué infinito
De dicha!

JACINTO

Y es lo estupendo,
Que yo mismo aún no comprendo
Mi caso.

REINALDO

¡Te felicito!

(El duende y el hada vuelven, respectivamente, al lado de DALINDA *y de* JACINTO. DOROTEA *con ellos.)*

JACINTO *(Con intención.)*

Todos tenemos de qué
Felicitarnos hoy día.

CALISTO *(Lúgubre.)*

¡Menos yo!

DALINDA

Sí, ¡qué alegría!
(A JACINTO *y* DOROTEA.)
Pero, digan, ¿cómo fue?

DOROTEA

Yo iba llegando a la fuente
A tiempo que...

JACINTO *(Presuroso.)*

dando un mal
Paso, caí yo al fatal
Abismo...

REINALDO *(Riendo.)*

...oportunamente.

JACINTO

Verdad es. ¡Feliz percance!

DOROTEA

¡Las hemos pasado buenas!
El caso es que llegué apenas
A tiempo de darle alcance.
Logro asirlo de una pierna,
Y tira que tira luego,
Siento, al fin, que lo despego
De la maldita caverna.
Pero cuando sale al fin,
Por poco me vuelvo loca,
Al ver pegado a su boca
Tal pichón de serafín[26].

JACINTO

Sí, mi beso fue el anzuelo
Con que a riesgo de la vida,
La pesqué en su honda guarida
Al impulso de mi anhelo.
(El hada asiente sonriendo.)

GRACIANA

El fatal beso de amor
Que previene la leyenda.

DALINDA *(A GRACIANA, con intención.)*

¡Ya van dos!

---

[27] «Pichón de serafín»: cría de esta categoría de ángeles; en sentido figurado se aplica la palabra *serafín* a una persona de extraordinaria belleza, especialmente mujer o niño.

CALISTO *(Suplicando ante el hada.)*

Señora duenda [28],
Perdone a su servidor.
Yo también, un tanto absorto,
Chapucé en aquella roca,
Pero no alcancé su boca
(Midiéndose con JACINTO.)
Por ser un poco más corto.
Cuanto podía me hundí
Hará poco más de una hora,
De modo que usted, señora,
Debe acordarse de mí.
Pero caído en su red,
Para perpetuo bochorno,
Saqué tan sólo este... adorno.
(Tocándose la cresta.)
Contra el cual suplico a usted
Disipe la horrible duda
Que injustamente me labra [29].
Diga una sola palabra...

JACINTO

No la dirá, porque es muda.

CALISTO *(Desolado.)*

¿Muda también? Pero empieza
A comprender, según creo.
(Al hada.)

---

[28] «Duenda»: es neologismo, para formar el femenino de duende.
«Duenda», como adjetivo, quiere decir «mansa», «doméstica».
[29] «Me labra»: me causa.

Satisfaga mi deseo
Con un signo de cabeza.
(El hada hace que no.)

DALINDA

No hay más que el beso; el detalle
Fatal, que agrava tu pena.

CALISTO *(Al hada.)*

Entonces, sea usted buena
Y tire un beso a la calle.
¡Hágalo por caridad!...
¡Como quien pasa una droga!

*(El hada hace un mohín de disgusto y corre a ponerse entre la
mesa y la pared.* JACINTO *la sigue.)*

JACINTO *(Severo.)*

Este necio no se ahoga
En poca agua, a la verdad.
¡Cállate!

REINALDO *(A GRACIANA.)*

¡Extraña leyenda!
¡Lo que puede producir!

DALINDA *(A CALISTO.)*

Ocúpate de servir
Las frutas de la merienda.

(El hada y JACINTO, DALINDA *y el duende, siéntanse en parejas, con la espalda apoyada al muro. Al frente y a la izquierda,* GRACIANA *y* REINALDO. CALISTO *y* DOROTEA *sírvenles las frutas que aquéllos van gustando lentamente con enamorados mimos. La pastora y el poeta lo hacen ocultándose de* DOROTEA.*)*

CALISTO *(A* DALINDA.*)*

Señorita, aunque en mí arguya
El respeto más profundo,
Toda mi esperanza fundo
En una limosna suya.

DOROTEA

Habrá que poner aldaba
Al verbo de este muchacho.

CALISTO *(Afligido.)*

Si tuviera este penacho,
Vería usted cómo hablaba.
(A DALINDA.*)*
¡Uno tan sólo!...

DALINDA

¡Qué idea!
¿Pues no me pides un beso?

CALISTO

¡Sí, señorita, eso es, eso!

DALINDA *(Riendo.)*

Pídeselo a Dorotea.
Ella es la única vacante...

(CALISTO se endereza, encontrándose de manos a boca con DOROTEA. Ambos giran rápidamente dándose la espalda.)

CALISTO

No; prefiero mi adminículo.

DOROTEA

¿Qué se creerá el muy ridículo?

CALISTO *(Burlón.)*

Mil gracias... ¡mamá!

DOROTEA

¡Tunante!

(GRACIANA aprovecha el incidente para dar a REINALDO una cereza con los labios. Pausa. Los criados sirven nuevas frutas.)

JACINTO *(A REINALDO.)*

Si no estamos en los cielos,
Cerca nos puso el amor.

Creo que aun allá, señor,
No irán mal unos buñuelos.
Los tendré en un santiamén
La fritada calentita.
¿Esperarán, señorita?
Queda algún vino.

DALINDA *(Distraída.)*

Está bien.

(DOROTEA arregla los trastos de la fritada, dando la espalda a la mesa. GRACIANA da a REINALDO otra cereza con la boca. CALISTO, que lo advierte, escúrrese agazapado hasta ponerse detrás de ella; y cuando REINALDO ofrece a su vez una fruta del mismo modo a la pastora, mete bruscamente la cabeza en el momento de ir ésta a cogerla, recibiendo su beso. La cresta se desprende acto continuo, y un sonoro cachete castiga su audacia.)

CALISTO *(Cubriéndose la cara con una mano, mientras con la otra se araña regocijado la cabeza.)*

¡Viva el amor!

REINALDO

¡Tarambana!

DALINDA

¡Insolente!

GRACIANA

¡Vil, ladrón!

CALISTO

¡Bendigo mi bofetón,
Y viva el amor!

DOROTEA

¡Graciana!

CALISTO *(A* DOROTEA.)

No hay en ello culpa alguna;
Es la leyenda funesta.

REINALDO *(A* JACINTO.)

Así, pues, ya sólo resta
El percance de la luna.

JACINTO

¿Qué percance?

REINALDO

Uno tremendo.
La leyenda en su final,
Pone un dilema fatal
De muerte y luna, diciendo:

Húyela, pasajero, que el imposible habita
En las pérfidas aguas de la fuente maldita.
Húyela pronto; de esto depende tu fortuna.
Ella implica un dilema con la muerte o la luna.

(Pausa.)

DALINDA

¡Ay qué sofocante está!

GRACIANA

Cómo se ha puesto de obscuro!

JACINTO

Si es nuestro país futuro
La luna, vamos allá.

REINALDO

Eh, no tientes al destino...

JACINTO *(Exaltado.)*

¡A la luna fiel y oronda!
Ella es la Tabla Redonda
De los locos. ¡En camino!

(Abre bruscamente el postigo; pero, en ese momento, el muro se derrumba. Una masa de luz lunar cae sobre la choza, convirtiendo aquella brecha en un blanco y deslumbrador abismo. REINALDO, GRACIANA, CALISTO y DOROTEA retroceden espantados, llevándose las manos a los ojos para resistir el esplendor; y cuando éste se disipa, el hada, el duende JACINTO y DALINDA han desaparecido, arrebatados a la luna cuyo disco enorme ocupa su sitio de costumbre en el horizonte.)

REINALDO

Pues salió verdad la broma.

GRACIANA *(Consternada.)*

¡La señorita!

DOROTEA *(Llorando.)*

¡Infeliz!

CALISTO

¡Atención! Una nariz
(Señalando la luna.)
Allá en lo más blanco asoma.
(Exaltándose.)
¡Sí, sí, don Jacinto. Es él!

GRACIANA *(Con sentenciosa displicencia y señalándole la
cresta que yace por el suelo.)*

¡Cuidado con otra cresta!

DOROTEA

¡Esos espíritus!...

REINALDO *(A GRACIANA.)*

Esta
Sí que es la luna de miel.

DOROTEA

Pero, ¿qué hacemos?

REINALDO

         Bien poco
Puede hacerse, por supuesto,
Dado que a quien hable de esto
Van a tomarlo por loco.

DOROTEA *(A* GRACIANA.*)*

¡Irse a la luna por arte
De magia! ¡Qué horror! ¿Comprendes?...

REINALDO

Amores de hadas y duendes
No conducen a otra parte.

GRACIANA

A mí me da el corazón,
Que por un nuevo suceso
Volverán al mundo.

CALISTO

         Y eso
Bien vale otro bofetón.

DOROTEA

Quizá lo hicieron adrede.
¡Ah mi pobre señorita!

CALISTO

¡Bah!, desechemos la cuita,
Y mientras eso sucede,
(*A* REINALDO.)
Como es mi convencimiento
Que el llanto nada remedia,
Señor, haga una comedia
Con esto por argumento.

DOROTEA

Mejor sería una endecha
Bien triste...

GRACIANA

No, no, es mejor
La comedia... Sí, señor.

CALISTO

Callando algo...

REINALDO

Ya está hecha.

GRACIANA *y* CALISTO

¡Cómo!

REINALDO

¿Pero qué ha sido esto
Sino una comedia?...

DOROTEA

¡Una
Comedia!

REINALDO

Sí, que en la luna
Cierto colega ha compuesto.

GRACIANA

¿Y entiende algo de poesía?

REINALDO

Ha tomado sus lecciones.

GRACIANA

¿Quién es?

REINALDO

Leopoldo Lugones,
Doctor en lunología[30].

FIN

---

[30] «Lunología»: Lugones crea una supuesta ciencia que estudia la luna.

FRANCESCA[1]

Conocílo en Forlí, adonde había ido para visitar el famoso salón municipal decorado por Rafael.

Era un estudiante italiano, perfecto en su género. La conversación sobrevino a propósito de un dato sobre horarios de ferrocarril, que le pedí para trasladarme a Rímini, la estación inmediata; pues en mi programa de joven viajero, entraba, naturalmente, una visita a la patria de Francesca.

Con la más exquisita cortesía, pero también con una franqueza encomiable, me declaró que era pobre y me ofreció en venta un documento —del cual nunca había querido desprenderse—, un pergamino del siglo XIII, en el cual pretendía darse la verdadera historia del célebre episodio. Ni por miseria ni por interés, habríase desprendido jamás del códice; pero creía tener conmigo deberes «de confraternidad»[2], y además le era

---

[1] «Francesca»: se refiere a Francesca de Rímini (siglo XIII), dama italiana, hija de Guido da Polenta, que fue casada con el jorobado Gianciotto Malatesta; enamorada de su cuñado Paolo, parece que —en contra de lo que aquí defiende Lugones— fueron sorprendidos y asesinados por el marido. Esta desdichada historia ha sido muy repetida por escritores, especialmente a partir de hacerlo Dante Alighieri, amigo de la familia de la joven, que la usa para cerrar el Canto V del «Infierno» en su *Divina Comedia*.

[2] Con esta misteriosa expresión Lugones parece referirse a una relación entre masones.

simpático. Mi fervor por la antigua heroína, que él compartía con mayor fuego ciertamente, entraba también por mucho en la transacción.

Adquirí el palimpsesto[3] sin gran estusiasmo, poco dado como soy a las investigaciones históricas; más, apenas lo tuve en mi poder, cambié de tal modo a su respecto, que la hora escasa concedida en mi itinerario para salvar los cuarenta kilómetros medianeros entre Forlí y Rímini, se transformó en una semana entera. Quiero decir que permanecí siete días en Forlí.

La lectura del documento habría sido en extremo difícil sin la ayuda de mi amigo fortuito; pero éste se lo sabía de memoria, casi como una tradición de familia, pues pertenecía a la suya desde remota antigüedad.

Cuanta duda pudo caberme sobre la autenticidad de aquel pergamino, quedó desvanecida ante su minuciosa inspección. Esto fue lo que me tomó más tiempo.

El documento está en latín, caligrafiado con esas bellas y fuertes góticas tan características del siglo XIII, y que, no obstante un avanzado deterioro, son bastante legibles, gracias a la cabal individualización de cada letra en el encadenamiento de los renglones, y a la anchura de los espacios intermedios entre éstos. Hasta se halla legalizado por un *signum tabellionis*[4], ciertamente muy complicado con sus nueve lazadas, y perteneciente al notario Balzarino de Cervis. Su data es el 12 de junio de 1292.

Si descifrar las letras no era del todo fácil, la lectura del texto resultaba pesadísima, por las innumerables abreviaturas y signos convencionales que habrían hecho indispensable la colaboración de un paleógrafo, a

---

[3] «Palimpsesto»: manuscrito antiguo con restos de escritura anterior.
[4] *«Signum tabellionis»:* signatura, signo de registro que se añadía a los documentos para certificar su autenticidad.

no encontrarse allí su antiguo dueño como una clave tradicional; pero esas mismas abreviaturas y signos eran precisos, por otra parte, como pruebas de autenticidad.

Había entre ellos datos concluyentes. La *o* atravesada por una línea oblicua que baja de derecha a izquierda, significando *cum,* signo peculiar de los últimos años del siglo XIII, al comienzo del cual, así como en los anteriores y en los sucesivos, tuvo otras formas; el 2, coronado por una *b* a manera de exponente algebraico (2^b) significando *duabus,* y agregando con su presencia un dato más, puesto que las cifras arábigas no se generalizaron en Europa hasta el siglo XIII; el 7, representado por una *A* sin travesaño, como para marcar dicha transición; la palabra *corpus* abreviada en su primera sílaba y coronada por un 9 (cor^9) y el vocablo *fratribus* abreviado en *ftbz* con una *a* superpuesta a la *f* y una *i* a la *t;* amén de diversos signos que omito. No quiero olvidar, sin embargo, las iniciales de la heroína, aquella *F* y aquella *R* tan características también en su parecido con las PP manuscritas de nuestra caligrafía, salvo el travesaño que las corta[5].

Existen, además, en la margen del texto, a manera de apostilla, dos escudos: uno en forma de ancha almendra, característico también del siglo XIII, y el otro romboidal, es decir, blasón de dama, salvo excepciones rarísimas como las de algunos Visconti[6]; pero los Visconti eran lombardos, y en la época de mi documento, recién conquistaban la soberanía milanesa.

---

[5] Todos estos son rasgos frecuentes en los documentos escritos en la antigüedad. Lugones hace alarde, una vez más, de sus conocimientos para complementar la verosimilitud de un manuscrito que se opone a la historia más admitida.

[6] «Visconti»: familia que dominó en Milán entre los siglos XIII y XV.

Además, los blasones en cuestión se hallan acolados[7], lo que indica la unión conyugal. Desgraciadamente, su campo no conserva sino partículas informes de las piezas[8] y colores heráldicos.

Lo que dice el documento es imposible de traducir sin desventaja para el lector, pues su rudo latín perjudica desde luego el interés, con su retórica curial[9]; sin contar la sequedad del concepto. Haré, en consecuencia, una traducción tan libre como me plazca, poniendo el original a disposición de los escrupulosos, con cuyo fin lo he depositado en nuestra Biblioteca Nacional, donde puede verse a las horas de práctica.

Comienza en estos términos que, como se verá, contradicen al Dante, a Boccaccio y al falso Boccaccio[10], quienes coinciden en afirmar la consumación del adulterio:

«Jamás hubo otra relación que una *exaltada amistad* entre Paolo y Francesca. Aun sus manos estuvieron exentas de culpa; y sus labios no tuvieron otra que la de estremecerse y palidecer en la dulce angustia de la pasión inconfesa.»

El autor dice haber tenido esta confidencia del marido mismo, cuyo amigo afirma que fue.

Francesca tenía dieciséis años (la historia es conocida) cuando la desposaron con Giovanni Malatesta, como certificación de la paz concluida entre los Polentas de Rávena y los Malatestas de Rímini.

---

[7] «Acolados»: unidos bajo un mismo timbre o corona como símbolo de matrimonio.

[8] «Piezas»: en Heráldica, figuras que no representan objetos naturales o artificiales.

[9] «Curial»: relativa a la curia a los tribunales de justicia.

[10] «Falso Boccaccio»: es muy probablemente Andreas Capellanus (o André Le Chapelain), escritor francés que, a principios del siglo XIII, compuso *Liber de arte honeste amandi et de reprobatione inhonesti amoris* o *De amore,* obra que, desde finales del XV y en el XVI, fue atribuida a Boccaccio, aunque con claras dudas de que en efecto fuera suya.

El esposo, contrahecho y feo, envió a su hermano Paolo para que se casara por poder suyo, no atreviéndose a presentarse en persona ante la joven, en previsión de un desengaño fatal y del rechazo consiguiente.

Hallábase Francesca en una ventana del palacio solariego, cuando entró al patio de honor la cabalgata nupcial; y una dama de su séquito, equivocada también, o sobornada quizá por el futuro esposo, sañalóle a Paolo como al que iba a ser su efectivo dueño.

De este error provino la tragedia.

Paolo era bello y joven; culto en letras, tanto como valeroso caballero; cortés hasta el rendimiento y alegre hasta la jovialidad; todo lo contrario de su hermano, cuya sombría astucia rayaba en crueldad, y cuya desgracia física había dado en el torvo pesimismo que es patrimonio de los contrahechos con talento.

La joven se desposó, así engañada; y conducida que fue al castillo conyugal, el esposo verdadero pasó con ella la primera noche sin dejarse ver, pues había entrado a la alcoba en la obscuridad.

Creía que, consumado el matrimonio, la altivez de la dama sería la mejor custodia de sus derechos de esposo, y no se equivocaba en ello, por cierto; pero el acto demuestra con claridad, así la violencia de sus pasiones, como el frío cálculo que en satisfacerlas ponía.

El desengaño del despertar fue horrible, como es fácil colegir, para la joven desposada; y tanto como engendró desprecio y odio hacia el tirano que así abusara de su buena fe virginal, acreció hasta el amor la simpatía que por el otro había empezado a nacer.

Cuánta y cuán atroz diferencia, en efecto, entre la curiosa ansiedad del breve noviazgo, satisfecha hasta el deleite con la presentación del falso prometido; el regocijado orgullo del desposorio, bajo la pompa religiosa y el esplendor mundano que parejamente realzaban la gallardía del caballero; y aquel despertar en los brazos del monstruo cuya primer mirada de esposo, aumentó ya con el ultraje de una desconfianza el cruel imperio de su fatalidad.

Uno, era todo recuerdos de dicha entrevista, de satisfacción juvenil, de belleza inmolada en ternuras; el otro, sólo tiranía del deber antipático, engaño innoble, fealdad cobarde.

No tenía más que un rasgo de grandeza, y era el miedo que inspiraba; miedo que en traílla[11] con el deber, custodiaban su honra como dos mastines.

Francesca empezaba así a encontrar, en el fracaso de la dicha legítima, la dulzura prohibida del infierno.

En su torva primavera, que la rebelión de los cortos años no dejaba cubrirse con nieves de resignación, Paolo era el rayo de sol que recordaba, único, los marchitos pimpollos.

Alejado primero como un peligro, su discreción había vencido las desconfianzas, hasta substituir con una fraternidad melancólica las repulsiones del mal fingido desdén.

Francesca en su misantropía que la inclinaba a la soledad, después de todo grande en el castillo, no estaba a gusto sino con él; pero sólo se veían a la luz del sol, en tácito convenio de no encontrarse por la noche.

Giovanni, ocupado en estudios tácticos que —Dios nos libre— llenaban sus horas a medias con la magia, nada advertía al parecer; pero los jorobados son tan celosos como perversos; y él, sabiendo que los jóvenes se amaban, divertíase en verlos padecer. Aquel peligroso juego atraíalo como una emoción a la vez lancinante[12] y deliciosa, por más que el fin estuviese previsto como una obra de su puñal.

[11] «Traílla»: cuerda para atar los perros.
[12] «Lancinante»: punzante, desgarrador.

Su horrendo beso cruzaba a veces, sugiriendo tentaciones, por entre aquella tortura de la dignidad y del amor, como un refinamiento del infierno; y eso llevaba diez años, esa perversidad, fortaleciéndose de tiempo y de sombra, como el vino.

Mientras se contuviesen, sentíase vengado por la tortura de su continencia; en caso contrario, era la muerte fatal, aquella muerte *caína*[13] que el canto V del poema rememora, adjetivándola con el nombre del círculo infernal mencionado por el XXXII, como para mejor expresar su amargura única en lo anómalo del epíteto. Así habían pasado diez años.

Ultra[14] heroísmos y deberes, el amor hizo al fin su obra. La misma sencillez de relaciones entre esposa y cuñado, creó una intimidad aun acrecida por la frecuencia de verse.

Paolo se ingeniaba de todos modos para hacer a aquella juventud más llevadera su clausura en castillo tan lóbrego; y su exquisita cortesía, tanto como su grave ternura, derretían hasta las heces el corazón de aquella mujer, en quien los refinamientos todavía bizantinos de su ciudad natal, habían profundizado sensibilidades.

No alcanzaba a perder en la ruda prueba su gusto por las sederías suntuosas, por las joyas y el marfil; y es de creer que en su dulce molicie entrara no poco el espíritu de aquel legendario *malvasía*[15], que consolaba la decadencia de los Andrónicos[16], sus contemporáneos,

---

[13] *«Caína»:* de Caín, el personaje bíblico que mató a su hermano Abel. Caína es una de las secciones del círculo noveno del Infierno en la obra de Dante (canto XXXII), que sitúa en él a los que traicionaron a su familia; las palabras de los jóvenes amantes son: *Amor nos condujo a una misma muerte: | Caína está esperando a quien la vida nos quitó.*

[14] «Ultra»: además de.

[15] «Malvasía»: vino hecho con uva muy dulce. Fue muy famoso el de la isla de Quío.

[16] «Andrónicos»: dinastía de emperadores de Bizancio que gobernó entre el siglo XII y el XIV.

inmortalizando la ruda[17] pequeñez de la helénica Monembasía[18]. Magias de Bizancio, que el viento conducía a través de Adriático familiar; filtros de Bizancio diluidos en su sangre antigua; pompas de Bizancio, aún coetáneas en el lujo y en el arte, predisponíanla ciertamente al amor; a aquel amor más deseado en lo extremo de su crueldad.

Paolo era diestro en componer enigmas, que el gusto de la época había elevado a un puesto[19] superior de literatura, empleándolos hasta en la correspondencia a través del Adriático familiar; filtros de Bizancio consistía en usar, para los que componía a Francesca, el único doble tema de su hermosura y del amor.

Los primeros pasos fueron tímidos, disimulando la intención en la vaguedad. El pergamino recuerda uno de aquellos juegos, cuya solución consistente en una palabra que tuviese sentido, recta o inversamente leída, daba la solución en *legna-angel*.

Cita igualmente uno, al que llama «la cruz de amor», así dispuesto:

E C A T E
N E M E A
A M O R E
F U R I E
I M E N E[20]

[17] «Ruda»: en la primera edición dice «sombría».
[18] «Monembasía»: Monemvasía, nombre griego de la ciudad de Malvasía.
[19] «Puesto»: en la primera edición aparece «rango».
[20] Estos logogrifos o juegos lingüísticos, que Lugones menciona en otra parte de este mismo libro, estuvieron muy de moda desde la Edad Media

O este otro, en palabras angulares, que pueden ser leídas lo mismo de izquierda a derecha, que de arriba a abajo, y en el cual se precisa más el balbuceo del amor:

A M A I
M I M E
A M O R
I E R I[21]

O este último, del mismo carácter, y que el documento llama un enigma en V:

A N I M E
A M A R O
C U O R E[22]

Pero vengamos a la tragedia.

Habían llegado para Francesca los veintiséis años, la segunda primavera del amor, grave y ardorosa como un estío. Su decenio de padecer, clamaba por una hora de dicha; y en la tristeza que la juventud trae consigo al definirse, y que es como el adiós amigo a la aturdida adolescencia, habíanla asaltado miedos de morir sin gustar una vez siquiera el ósculo redentor de toda su vida tan injustamente negra.

Aquel otoño habíalos fraternizado más, en largas lecturas que eran vidas de santos, sangrientas de he-

---

en ambientes cortesanos y clericales. En este caso son palabras italianas que tienen significados muy determinantes: Hécate era la temible diosa de las almas de los muertos, de los conjuros y desgracias. Nemea es el nombre de un valle griego de la Argólida en el que Hércules mató un león que asolaba el territorio. Las Furias, Erinias o Euménides eran también diosas del infierno que se encargaban de ejecutar lo que mandaban los dioses. Himeneo fue el joven dios del matrimonio en la mitología clásica.

[21] Amai = amé. Mime = mimas (femenino de «mimos»). Amore = amor. Ieri = ayer.

[22] Anime = almas. Amaro = amargo. Cuore = corazón.

roísmos y singularizadas por geografías monstruosas; pero un día, aciago día, el malvado cuyos diez años de goce infernal exigían por fin el desenlace de la sangre, puso al alcance de sus penas la galante colección del *Novellino*[23].

¿Cuántas leyeron de aquellas cien narraciones halladas por ahí, al azar, en una alacena? Quizá pocas, desde que tanto llegó a turbarlos la de Lanzarote del Lago.

Fue en el balcón que abría sobre el poniente la alcoba de la castellana, durante un crepúsculo cuya divina tenuidad rosa empezaba a espolvorear, como una tibia escarcha, la vislumbre de la luna. Desde aquel piso, que era el segundo, se dominaba todo el paisaje condensado como un borrón de tinta bajo la luz lunar. Las densas cortinas obligábanlos a unirse mucho para aprovechar el escaso vano abierto sobre el cielo. Juntos en el diván, el libro unía sus rodillas y aproximaba sus rostros hasta producir ese rozamiento de cabellos cuya vaguedad eléctrica inicia el vértigo de la tentación. Sus pies casi se tocaban, compartiendo el escabel[24]. Sobre la inmensa chimenea, una licorera bizantina que acababa de regalarlos con el delicioso licor de Zara[25], despedía en la sombra de la habitación el florido aroma de la guindas de Dalmacia[26].

Ya no leían; y así pasaron muchas horas, con las manos tan heladas sobre el libro, que poco a poco se les fue congelando toda la carne. Sólo allá adentro, con grandes golpes sordos, los corazones seguían

---

[23] *«Novellino»*: Título de una colección de cien novelas escritas por un autor anónimo del siglo XIII, de temas muy variados, que se publicó por primera vez en Florencia en 1525.

[24] «Escabel»: mueble bajo que se utiliza para apoyar los pies.

[25] «Zara»: nombre italiano de la ciudad yugoslava de Zadar, famosa por su producción de licor marrasquino.

[26] «Dalmacia»: región balcanica en Yugoslavia.

viviendo en una sombría intensidad de crimen. Y tantas horas pasaron, que la luna acabó por bañarlos con su luz.

Galeoto fue el libro... —dice el poeta[27]. ¡Oh, no, Dios mío! Fue el astro.

Miráronse entonces; y lo que había en sus ojos no era delicia, sino dolor. Algo tan distante del beso, que en ello cabía la eternidad. El alma de la joven asomábase a sus ojos desecha en llanto, como una blanca nube que se vuelve lluvia al fresco de la tarde. ¡Y aquellos ojos, oh, aquellos ojos negros como dos golondrinas de la Pasión[28], qué sacrificio de ternura abismaban en el heroísmo de su silencio! ¡Ay!, vosotros los que sólo en la dicha habéis amado, envidiad la tortura de esos amantes que, en el crepúsculo llorado por las esquilas, gozaban, padeciendo de amor, toda la poesía de las tardes amorosas, difundida en penas de navegantes, de ausentes y de sentimentales peregrinos, como en el canto VIII del *Purgatorio*:

> Era giá l'ora che volge'l disío
> A'naviganti, e'ntenerisce il cuore
> Lo di ch'han detto a'dolci amici a Dio;
> E che lo nuovo peregrin d'amore
> Punge, se ode squilla di lontano
> Che paia'l giorno pianger che si muore[29].

---

[27] Se refiere a Dante, que en su *Divina comedia* dice esta misma frase. Galeoto fue otro caballero de la Mesa Redonda que ayudó en sus amores a Lanzarote y Ginebra; por eso Dante dice que el libro que unió a Francesca y Paolo fue Galeoto.

[28] El hecho de que las golondrinas en su movimiento migratorio lleguen a Europa en primavera ha dado lugar a que se asocien en muchas leyendas con la pasión de Cristo que se conmemora en esas mismas fechas.

[29] Es el comienzo del canto VIII:

> Era ya la hora en que el deseo oprime
> a los navegantes y el día que enternece el corazón
> a los que han dicho adiós a sus dulces amigos;

Pálidos hasta la muerte, la luna aguzaba todavía su palidez con una desoladora convicción de eternidad; y cuando el llanto desbordó en gotas vivas —lo único que vivía en ellos— sobre sus manos, comprendieron que las palabras, los besos, la posesión misma, eran nada como afirmación de amor, ante la dicha de haber llorado juntos.

La luna seguía su obra, su obra de blancura y de redención, más allá del deber y de la vida...

Una sombra emergió de la trasalcoba, manchó fugazmente el pavimento de losas blancas y negras, se escabulló por la puertecilla que daba acceso al piso, y por él a la torre. Era el enano del castillo.

Malatesta se hallaba en la torre por no sé qué consulta de astrología; pero todo lo abandonó, descendiendo la escalera interior hasta la planta donde estaba la alcoba de la castellana; aun debió correr para llegar a tiempo, pues era la pieza más distante de la torre.

El éxtasis duraba aún; pero los ojos, secos ahora, brillaban como astros de condenación con toda la ponzoña narcótica de la luna. Aquella palidez desencajada tenía el hielo inconmovible de la fatalidad; y una pureza absoluta como la muerte, los aislaba en la excepción de la vida.

Materialmente, no habían pecado, pues ni a tocarse llegaron, ni a hablarse siquiera; pero el esposo *vio* en sus ojos el adulterio con tan vertiginosa claridad, con tal consentimiento de rebelión y de delito, que les partió el corazón sin vacilar un ápice. Y el pergamino le halla razón, a fe mía.

FIN

---

y que hiere de amor al joven peregrino
si oye a lo lejos el cencerro
como si el día moribundo pareciera llorar.

Colección Letras Hispánicas

DE PRÓXIMA APARICIÓN

Luna
Selena
Luna M los amores